传染病防治法、国境卫生检疫法一本通

法规应用研究中心　编

中国法治出版社
CHINA LEGAL PUBLISHING HOUSE

编辑说明

“法律一本通”系列丛书自2005年出版以来，以其科学的体系、实用的内容，深受广大读者的喜爱。2007年、2011年、2014年、2016年、2018年、2019年、2021年、2023年我们对其进行了改版，丰富了其内容，增强了其实用性，博得了广大读者的赞誉。

我们秉承“以法释法”的宗旨，在保持原有的体例之上，今年再次对“法律一本通”系列丛书进行改版，以达到“应办案所需，适学习所用”的目标。新版丛书具有以下特点：

1. 丛书以主体法的条文为序，逐条穿插关联的现行有效的法律、行政法规、部门规章、司法解释、请示答复和部分地方规范性文件，以方便读者理解和适用。

2. 丛书紧扣实践和学习两个主题，在目录上标注了重点法条，并在某些重点法条的相关规定之前，对收录的相关文件进行分类，再按分类归纳核心要点，以便读者最便捷地查找使用。

3. 丛书紧扣法律条文，在主法条的相关规定之后附上案例指引，收录最高人民法院、最高人民检察院指导性案例、公报案例以及相关机构公布的典型案例的裁判摘要、案例要旨或案情摘要等。通过相关案例，可以进一步领会和把握法律条文的适用，从而作为解决实际问题的参考。并对案例指引制作索引目录，方便读者查找。

4. 丛书以脚注的形式，对各类法律文件之间或者同一法律文件不同条文之间的适用关系、重点法条疑难之处进行说明，以便读者系统地理解我国现行各个法律部门的规则体系，从而更好地为教学科研和司法实践服务。

5. 丛书结合二维码技术的应用为广大读者提供增值服务，扫描前勒口二维码，即可在图书出版之日起一年内免费部分使用中国法治出版社推出的【法融】数据库。【法融】数据库中“国家法律法规”栏目便于读者查阅法律文件准确全文及效力，“最高法指导案例”和“最高检指导案例”两个栏目提供最高人民法院和最高人民检察院指导性案例的全文，为读者提供更多增值服务。

目　录

中华人民共和国传染病防治法

第一章　总　　则

第二章 预　防

第三章 监测、报告和预警

第五章　医疗救治

第六章　保障措施

第七章 监督管理

第八章 法律责任

第九章 附 则

中华人民共和国国境卫生检疫法

第一章 总 则

第二章 检疫查验

第三章 传染病监测

案例索引目录

中华人民共和国传染病防治法

（1989年2月21日第七届全国人民代表大会常务委员会第六次会议通过　2004年8月28日第十届全国人民代表大会常务委员会第十一次会议第一次修订　根据2013年6月29日第十二届全国人民代表大会常务委员会第三次会议《关于修改〈中华人民共和国文物保护法〉等十二部法律的决定》修正　2025年4月30日第十四届全国人民代表大会常务委员会第十五次会议第二次修订　2025年4月30日中华人民共和国主席令第47号公布　自2025年9月1日起施行）

目　　录

第一章　总　　则

第一条　立法目的[1]

为了预防、控制和消除传染病的发生与流行，保障公众生命安全和身体健康，防范和化解公共卫生风险，维护国家安全和社会稳定，根据宪法，制定本法。

第二条　指导方针和基本原则

传染病防治工作坚持中国共产党的领导，坚持人民至上、生命至上，坚持预防为主、防治结合的方针，坚持依法防控、科学防控的原则。

第三条　传染病定义、病种和目录调整

本法所称传染病，分为甲类传染病、乙类传染病、丙类传染病，以及突发原因不明的传染病等其他传染病。

甲类传染病，是指对人体健康和生命安全危害特别严重，可能造成重大经济损失和社会影响，需要特别严格管理、控制疫情蔓延的传染病，包括鼠疫、霍乱。

乙类传染病，是指对人体健康和生命安全危害严重，可能造成较大经济损失和社会影响，需要严格管理、降低发病率、减少危害的传染病，包括新型冠状病毒感染、传染性非典型肺炎、艾滋病、病毒性肝炎、脊髓灰质炎、人感染新亚型流感、麻疹、流行性出血热、狂犬病、流行性乙型脑炎、登

---

① 条文主旨为编者所加，下同。

革热、猴痘、炭疽、细菌性和阿米巴性痢疾、肺结核、伤寒和副伤寒、流行性脑脊髓膜炎、百日咳、白喉、新生儿破伤风、猩红热、布鲁氏菌病、淋病、梅毒、钩端螺旋体病、血吸虫病、疟疾。

丙类传染病，是指常见多发，对人体健康和生命安全造成危害，可能造成一定程度的经济损失和社会影响，需要关注流行趋势、控制暴发和流行的传染病，包括流行性感冒、流行性腮腺炎、风疹、急性出血性结膜炎、麻风病、流行性和地方性斑疹伤寒、黑热病、包虫病、丝虫病、手足口病，除霍乱、细菌性和阿米巴性痢疾、伤寒和副伤寒以外的感染性腹泻病。

国务院疾病预防控制部门根据传染病暴发、流行情况和危害程度，及时提出调整各类传染病目录的建议。调整甲类传染病目录，由国务院卫生健康主管部门报经国务院批准后予以公布；调整乙类、丙类传染病目录，由国务院卫生健康主管部门批准、公布。

● 法　律

1.《刑法》（2023 年 12 月 29 日）①

第 330 条　违反传染病防治法的规定，有下列情形之一，引起甲类传染病以及依法确定采取甲类传染病预防、控制措施的传染病传播或者有传播严重危险的，处三年以下有期徒刑或者拘役；后果特别严重的，处三年以上七年以下有期徒刑：

（一）供水单位供应的饮用水不符合国家规定的卫生标准的；

（二）拒绝按照疾病预防控制机构提出的卫生要求，对传染

① 本书法律文件使用简称，以下不再标注。本书所标规范性文件的日期为该文件的通过、发布、修改后公布日期之一。以下不再标注。

病病原体污染的污水、污物、场所和物品进行消毒处理的；

（三）准许或者纵容传染病病人、病原携带者和疑似传染病病人从事国务院卫生行政部门规定禁止从事的易使该传染病扩散的工作的；

（四）出售、运输疫区中被传染病病原体污染或者可能被传染病病原体污染的物品，未进行消毒处理的；

（五）拒绝执行县级以上人民政府、疾病预防控制机构依照传染病防治法提出的预防、控制措施的。

单位犯前款罪的，对单位判处罚金，并对其直接负责的主管人员和其他直接责任人员，依照前款的规定处罚。

甲类传染病的范围，依照《中华人民共和国传染病防治法》和国务院有关规定确定。

2.《母婴保健法》（2017 年 11 月 4 日）

第 8 条　婚前医学检查包括对下列疾病的检查：

（一）严重遗传性疾病；

（二）指定传染病；

（三）有关精神病。

经婚前医学检查，医疗保健机构应当出具婚前医学检查证明。

第 9 条　经婚前医学检查，对患指定传染病在传染期内或者有关精神病在发病期内的，医师应当提出医学意见；准备结婚的男女双方应当暂缓结婚。

第 38 条　本法下列用语的含义：

指定传染病，是指《中华人民共和国传染病防治法》中规定的艾滋病、淋病、梅毒、麻疯病以及医学上认为影响结婚和生育的其他传染病。

严重遗传性疾病，是指由于遗传因素先天形成，患者全部或者部分丧失自主生活能力，后代再现风险高，医学上认为不宜生育的遗传性疾病。

有关精神病，是指精神分裂症、躁狂抑郁型精神病以及其他重型精神病。

产前诊断，是指对胎儿进行先天性缺陷和遗传性疾病的诊断。

● 行政法规及文件

3.《突发公共卫生事件应急条例》（2011年1月8日）

第30条 国务院卫生行政主管部门对新发现的突发传染病，根据危害程度、流行强度，依照《中华人民共和国传染病防治法》的规定及时宣布为法定传染病；宣布为甲类传染病的，由国务院决定。

● 部门规章及文件

4.《关于加强和改进全国鼠疫防控工作的指导意见》（2024年7月15日）

一、充分认识鼠疫防控工作的重要性

各地要切实提高政治站位，深刻认识做好鼠疫防控工作的重要性、艰巨性和长期性。要从自然、社会、生态和历史等角度科学认识鼠疫，明确其疫情风险长期持续存在的客观实际，以及其全球范围内仍然存在的传播风险。要清醒认识到，鼠疫防控工作关系经济发展与社会稳定，关系广大人民群众的生命安全和身体健康。新时期鼠疫防控工作，应进一步深化风险管理概念，统筹在卫生应急体系之下，综合、全面、系统开展，落实党中央、国务院关于传染病防控高质量发展的总体要求。

二、坚持预防为主、因地制宜、科学防控的防控原则

坚持预防为主，防治结合。持续开展鼠疫监测，强化医防协同与融合，促进早发现，早报告、早诊断、早隔离、早治疗，严格疫情处置措施，遏制疫情传播，减少病例死亡。

坚持因地制宜，分类施策。从不同鼠疫疫源地特点、疫情形

势及经济社会发展水平出发，构建契合当地鼠疫防控实际需要、可持续发展的鼠疫防控体系。

坚持科学防控，依法依规。坚决贯彻落实各项法律法规，不断完善各类防控技术标准，积极应用各类新技术新方法，持续提高鼠疫防控科学精准水平。

三、加强鼠疫防控体系建设

（一）完善鼠疫监测预警体系。基于我国现有鼠疫监测工作基础，进一步健全鼠疫多点触发监测预警机制，完善人间及动物间疫情监测，健全和畅通多渠道信息报告。结合各疫源地当前鼠疫疫情风险特点，优化监测策略，科学调整监测方案，完善监测技术，提高监测质量和效率，探索开展监测点的标准化建设。各地政府应建立和优化疫情风险信息、警示信息的通报和传递流程，依据风险评估结果，及时通报或发布疫情信息和健康风险提示，实现预警信息的及时、准确发送和转化利用。

（二）强化鼠疫实验室检测管理体系。继续推进全国鼠疫实验室标准化建设和老旧实验室升级改造，有效提升各级鼠疫实验室软硬件水平和检测质量。强化现有国家、省、市、县四级实验室检测管理体系，明确各级实验室鼠疫检测职责分工，推动新检测技术的应用。完善鼠疫实验室质量控制体系，提升实验室管理体系的信息化程度，进一步提高各层级实验室检测能力。同时，加强实验室生物安全管理工作，健全实验室管理制度，提高生物安全风险防范能力。

（三）加强鼠疫医防融合机制建设。创新医防协同、医防融合机制，落实《医疗机构传染病防控责任清单》和首诊医生负责制度，规范重点鼠疫防控地区发热门诊开设和预检分诊制度运行，提高各级医疗卫生服务机构鼠疫疫情的早期发现、诊断、报告和处置能力，降低病例死亡风险，严防鼠疫病例“异地就医”情况发生。全面推进医疗机构和公共卫生机构的深度协作，建立人才交流、培训交叉、服务融合、信息共享等机制。重点鼠疫防控地区探索建立鼠疫防控网格化管理制度，提高鼠疫防控干预措施的执行力度。

（四）加强应急队伍和专家委员会建设。卫生应急队伍建设应结合鼠疫防控任务及工作需要，确保应急队伍具备开展鼠疫防控与应急处置的工作能力。疫源地省份省级卫生应急队伍需包含鼠疫防控专业人员，对于疫情风险较高的省份，鼓励建立独立的鼠疫防控应急队伍，统筹在卫生应急队伍下管理，以提高省内鼠疫疫情应急处置能力。进一步发挥国家级鼠疫防控专家委员会作用，疫源地省份可参照建立省级专家委员会，并设立首席专家，定期召开专家会议，开展形势分析研判和科研交流，提升疫情监测分析与研判能力，为防控策略调整提供科学依据。

（五）完善鼠疫防控法规和技术规范。系统梳理现行鼠疫防控标准、预案、方案等各类指导性技术规范，科学评估现行措施的作用及成本效益，基于现有防控措施和技术，结合现阶段我国防疫体系和防控能力，明确其中需要调整完善的部分，更新和优化诊断标准、应急预案、监测方案等相关技术规范，以及国家和行业标准。鼓励重点疫源省份制定鼠疫防控地方性法规。

四、巩固联防联控工作机制

（六）建立健全部门间鼠疫防控联防联控工作机制。疾控机构（含鼠疫防控专业机构，下同）与医疗、公安、交通、农业农村、林草、市场监督、文旅、海关等相关部门按职责开展防控工作，强化部门间协作配合，及时共享疫情风险信息，沟通防控工作进展，提高疫情监测和防控的工作效率。巩固完善现有区域联防联控工作机制。加强联防区域内不同地区间疫情防控的信息共享和联动协防，为区域间鼠疫防控信息的交流提供平台支撑。加大打击非法贩运疫源动物力度，必要时开展鼠疫交通检疫，有效防范和控制疫情的跨区域传播。

五、加强鼠疫防控能力建设

（七）组织开展多层次应急演练。各地根据当地鼠疫防控形势和工作的实际，应定期组织不同层级鼠疫防控人员及应急队伍开展跨地区、多部门参与的鼠疫防控应急演练，通过演练检验并发现应急预案中存在的问题，改进处置技术，规范处置的流程，磨合工作机制，提高应急监测、检测、处置等全方位的鼠疫疫情应对能力。鼓励并支持重点疫源地省份建设鼠疫防控应急实训基地，同时强化中国疾控中心、中国疾控中心鼠布基地和国家鼠疫防控应急演练基地（河北）的作用，不定期组织开展国家级鼠疫防控应急演练。

（八）强化鼠疫专项卫生学评价和风险评估工作。严格按照《中华人民共和国传染病防治法》关于自然疫源地大型建设项目相关规定，落实鼠疫自然疫源地大型建设项目卫生学评价制度，避免因大型建设项目施工引起鼠疫疫情发生与流行。建立疫源地发生地震、洪涝等自然灾害后的鼠疫疫情风险评估机制，结合灾害类型、发生时间、发生地点、自然生境等多方面因素开展风险评估，落实防控措施。大型活动举办地在活动筹备和举办期间要做好鼠疫疫情风险评估和防控工作。

六、加强人才队伍建设

（九）稳定和优化岗位及人员配置。各地应根据鼠疫防控工作实际需要，明确疾控机构鼠疫防控工作职能，合理设置工作岗位及数量。各疫源县应设立专职鼠疫防控岗位及人员，疫源地省份内其他非疫源县也需固定相关科室和人员负责鼠疫防控工作。鼓励各地通过公开招聘、退休人员返聘等多种形式，充实基层鼠疫防控力量，满足鼠疫监测和防控的工作需要。

（十）加强专业人才培养。根据当前我国鼠疫的防控策略和目标，建立健全符合专业发展规律的人才培养机制，配合公共卫生人才培养机制改革，培养兼顾鼠疫防控专业能力的复合型公共卫生人才。深化疾控机构与高校合作，探索医学院校鼠疫防控定向医学生培养模式，鼓励高校开设鼠疫等自然疫源性疾病防控专业课程，并聘请疾控机构专业技术人员兼职带教，增强应用型人才培养。重点疫源地省份可探索制定鼠疫防控人才长期培养制度，保障鼠疫防控人才队伍的可持续发展。

（十一）强化专业能力培训。加强各级疾控机构鼠疫实验室检测、动物疫情监测、流行病学调查和疫情应急处置等专业的技术培训，提高疫情常态化防控和应急处置能力。

积极拓展鼠疫防制专业技术培训范围，加大对各级医疗机构医务人员的培训力度，特别针对重点疫源地地区医疗机构和基层医疗卫生机构医务人员，应提升鼠疫病例识别、应急处置、临床诊治、院感防控等相关能力，不断强化公共卫生意识。

七、加强鼠疫防控工作组织保障

（十二）加强组织领导。把加强党的领导和党的建设贯穿鼠疫防控工作中，积极争取将鼠疫防控工作列入各级政府社会经济发展总体规划，依法履行鼠疫防控职责，形成防控合力，确保各项措施落地落细。

（十三）建立合理的经费投入机制。各地应结合实际需要、财力状况等，依法保障鼠疫防控日常工作经费。按照统筹规划、分级负责原则，按规定落实相关经费投入政策。

（十四）落实鼠疫防控专业人员待遇。落实《关于建立保护关心爱护医务人员长效机制的指导意见》和《关于建立传染病疫情防治人员临时性工作补助的通知》等政策文件，保障鼠疫防控专业人员待遇。将专业人员在鼠疫防控工作中的现实表现作为职称评审的重要内容。

（十五）加强奖惩机制。各地应压实鼠疫防控责任，严格落实各部门工作职责，按照国家有关规定，对在鼠疫防控日常工作及应急处置中表现突出或做出突出贡献的集体和个人给予表彰奖励；对有玩忽职守、失职、渎职等违纪违法行为的集体和个人，依据有关法律法规追究责任。

八、加强鼠疫防控领域新技术研发及应用

（十六）优化信息化管理。根据有关法律法规、技术规范要求，运用全国“鼠疫防治管理信息系统”，及时准确登记报告，提升监测预警能力；鼓励各省级疾控机构统筹区域传染病监测预警与应急指挥信息平台加强信息整合，实现医防信息互联互通，进一步做好医疗机构鼠疫病例监测工作；加强疫情监测资料分析与利用，及时掌握疫情的流行特征和变化，不断优化防控策略和措施；研究探索鼠疫疫情监测新技术，与常规监测手段形成互补；强化网络安全建设，提高各级疾控机构信息安全防护能力，提升专业人员对鼠疫防控重要数据的保护意识。

（十七）充分利用北斗系统、无人机、遥感、空间分析等新技术。结合鼠疫防控工作需求，基于多学科交叉融合理念，探索无人机、遥感、空间分析等地理信息技术在鼠疫防控和科研工作中的应用。各地应充分利用北斗系统收集鼠疫相关数据，建立地理及空间信息数据库，结合预测预警模型和空间分析方法，实现多元异构数据的统一交汇存储。研发鼠疫防控大数据挖掘、融合和应用软件平台，实现疫源地鼠疫潜在风险的监测识别、时空分析和智能预警。

（十八）推进鼠疫防控重点领域科研攻关。发挥国家级鼠疫防控机构科研引领作用，联合高校和相关科研机构推进鼠疫菌在自然界的保存机理、动物鼠疫流行规律等科研攻关和鼠疫病原与宿主媒介相互作用、发病机理、检测鉴定、预测预警、综合防治等基础和应用研究。持续开展鼠疫快速检测方法和不同技术路线疫苗的研发，以及对鼠疫菌敏感药物及治疗药物的筛选研究。

九、加强鼠疫防控的健康教育宣传

（十九）提升鼠疫防控宣传教育能力。继承和发扬爱国卫生运动的优良传统，广泛的组织发动群众，加强对鼠疫防控的健康教育宣传力度，因地制宜采取“三不三报”等针对性策略，开展宣传教育，强化公众，特别是牧区牧民、游客、疫源地施工人员等高风险人群的健康教育工作，提高自我保护意识，增强防护能力，养成良好卫生习惯。加强正面宣传，营造有利于鼠疫防控的舆论氛围。同时，在传统宣传教育方式中融入新媒体宣教形式，充分利用移动互联网、智能手机等健康教育平台，增加鼠疫可防、可控、可治等内容，内容应通俗易懂、贴近生活，提升宣传效果。

十、加强国际合作

（二十）推动鼠疫防控国际交流与合作。积极推动与世界卫生组织等国际组织在鼠疫防控领域的交流合作，密切关注国际发展动态与趋势，分享我国鼠疫防控经验。支持边境地区巩固和完善跨境联防机制，提高边境地区鼠疫应对准备、监测预警和应急处置能力。

十一、加强鼠疫防控的指导

（二十一）夯实鼠疫防控工作基础。国家和省级疾控部门应加强鼠疫监测、检测、宣教等防控措施落实情况的指导，及时发现工作中的薄弱环节，提出整改意见，确保各项鼠疫防控措施落实到位。同时，强化上级疾控机构对下级疾控机构的业务领导和沟通合作，引领全国鼠疫防控体系共同发展。

● 案例指引

1. 赵某某传播性病罪【（2024）青0103刑初236号】①

裁判要旨：法院认为，被告人赵某某明知自己患有艾滋病仍实施卖淫行为，侵犯了他人的身体健康和社会治安管理秩序，其行为已构成传播性病罪，应予惩处。公诉机关指控的犯罪事实及罪名成立，予以支持；提出的量刑建议适当，予以采纳。被告人赵某某经

---

① 若无特殊标注，本书的案例一般出自中国裁判文书网，最后访问日期：2025年4月30日。案例中引用的法律法规等文件均为案件裁判时有效，以下不另外提示。

公安机关电话传唤到案，到案后如实供述犯罪事实，系自首，可从轻处罚。被告人赵某某自愿认罪认罚，可以从宽处理。鉴于被告人赵某某确有悔罪表现，没有再犯罪的危险，宣告缓刑对所居住的社区没有重大不良影响，可适用缓刑。

2. 外贸公司、张某等提供劳务者受害责任纠纷【(2023) 鲁07民终4109号】

裁判要旨：法院认为，双方当事人的争议的焦点问题是上诉人外贸公司对被上诉人张某主张的损失是否应当承担相应赔偿责任。流行性出血热，又称肾综合征出血热，是由汉坦病毒引起的，以鼠类为主要传染源的自然疫源性疾病，主要通过接触传播、呼吸道传播、消化道传播、母婴传播、通过相关媒介传播。根据被上诉人张某提交的病历、录音，结合当事人的陈述等，可以认定被上诉人张某关于其在为上诉人外贸公司工作期间感染病毒的主张，具有证据上的优势，一审法院根据查明的事实判令上诉人外贸公司赔偿被上诉人张某70%的损失并无不当，二审法院予以确认。上诉人外贸公司关于被上诉人张某应承担全部责任或者主要责任的主张不成立，不予支持。

第四条 采取预防、控制措施的权限和程序

突发原因不明的传染病需要采取本法规定的甲类传染病预防、控制措施的，国务院疾病预防控制部门及时提出建议，由国务院卫生健康主管部门报经国务院批准后予以公布。

对乙类传染病中的传染性非典型肺炎、炭疽中的肺炭疽，采取本法规定的甲类传染病预防、控制措施。其他乙类传染病需要采取本法规定的甲类传染病预防、控制措施的，依照前款规定的程序批准、公布。

需要解除依照本条规定采取的甲类传染病预防、控制措施的，国务院疾病预防控制部门及时提出建议，由国务院卫生健康主管部门报经国务院批准后予以公布。

依照本法规定采取甲类传染病预防、控制措施的传染病，适用本法有关甲类传染病的规定。

第五条 常见多发的其他传染病的管理

省级人民政府对本行政区域常见多发的其他传染病，可以根据情况决定按照乙类或者丙类传染病管理并予以公布，报国务院疾病预防控制部门备案。

第六条 传染病防治的“四方责任”

国家建立健全传染病防治体制机制，明确属地、部门、单位和个人责任，实行联防联控、群防群控。

第七条 传染病防治体系和能力建设

各级人民政府加强对传染病防治工作的领导。

县级以上人民政府建立健全传染病防治的疾病预防控制、医疗救治、应急处置、物资保障和监督管理体系，加强传染病防治能力建设。

第八条 传染病防治工作体制

国务院卫生健康主管部门牵头组织协调全国传染病疫情应对工作，负责全国传染病医疗救治的组织指导工作。国务院疾病预防控制部门负责全国传染病预防、控制的组织指导工作，负责全国传染病疫情应对相关工作。国务院其他有关部门在各自职责范围内负责传染病防治有关工作。

县级以上地方人民政府卫生健康主管部门牵头组织协调本行政区域传染病疫情应对工作，负责本行政区域传染病医疗救治的组织指导工作。县级以上地方人民政府疾病预防控制部门负责本行政区域传染病预防、控制的组织指导工作，负责本行政区域传染病疫情应对相关工作。县级以上地方人民政府其他有关部门在各自职责范围内负责传染病防治有关工作。

中国人民解放军、中国人民武装警察部队的传染病防治工作，依照本法和中央军事委员会的有关规定办理，由中央军事委员会负责卫生工作的部门实施监督管理。

第九条 联防联控机制和应急指挥机构

国务院和县级以上地方人民政府的重大传染病疫情联防联控机制开展疫情会商研判，组织协调、督促推进疫情防控工作。

发生重大传染病疫情，构成突发公共卫生事件的，国务院和县级以上地方人民政府依照有关突发公共卫生事件应对的法律、行政法规规定设立应急指挥机构、启动应急响应。

第十条 疾病预防控制网络

国家建立健全城乡一体、上下联动、功能完备的疾病预防控制网络。

国务院疾病预防控制部门领导各级疾病预防控制机构业务工作，建立上下联动的分工协作机制。

国家、省级疾病预防控制机构成立疾病预防控制专家委员会，为传染病防治提供咨询、评估、论证等专业技术支持。

第十一条 中西医结合

国家坚持中西医并重，加强中西医结合，充分发挥中医药在传染病防治中的作用。

法 律

1.《中医药法》（2016年12月25日）

第41条 国家采取措施，加强对中医药基础理论和辨证论治方法，常见病、多发病、慢性病和重大疑难疾病、重大传染病的中医药防治，以及其他对中医药理论和实践发展有重大促进作用的项目的科学研究。

行政法规及文件

2.《国务院办公厅关于提升中药质量促进中医药产业高质量发展的意见》（2025年3月15日）

二、加强中药资源保护利用

（一）加大中药资源保护力度。编制中药资源保护和发展规划。研究修订《野生药材资源保护管理条例》，完善分级保护制度。加强药用野生动植物物种就地和迁地保护。

（二）规范珍稀中药资源开发利用。严格依照法律法规保护野生动植物。建立珍稀中药资源调查机制。开展关键技术攻关，突破一批珍稀中药资源的繁育、仿生、替代技术。编制资源受限类矿物药合理使用清单。

（三）推进中药资源统计监测。加强中药资源数据库建设，促进数据共享。完善中药材生产相关统计，开展常用中药材种植养殖、流通等信息统计。加强中医药、农业农村、林草、工业和信息化等部门数据互通共享，强化信息分析、应用和预警。

三、提升中药材产业发展水平

（四）发展中药材现代种业。研究制定中药材种子管理办法。

加强中药材种质资源保护和利用，鼓励开展中药材育种攻关，完善中药材种业基地布局，结合实施现代种业提升工程等，建设高质量良种繁育基地，推广应用优质种子种苗。

（五）推进中药材生态种植养殖。持续推行《中药材生产质量管理规范》，推动常用中药材规范化种植，推行订单生产、定制药园等模式。因地制宜发展林草中药材，依托符合条件的林场发展生态种植、野生抚育、仿野生栽培，健全中药材生态产品价值实现机制、拓宽实现路径。推进用于药用作物的农药登记，推行病虫害绿色防控和安全用药。加强中药材种植技术集成创新，鼓励研发推广适用于中药材生产的农机装备。鼓励中药材种植养殖基地获得国际通行的质量管理体系认证。

（六）加强中药材流通和储备体系建设。指导建设一批产地加工基地，推广建设产地仓，有效缩减产区向生产、流通企业以及大型终端用户供应的中间环节。加强中药材市场管理，明确责任主体，规范中药材流通秩序，开展“丰储欠补”稳定市场供应。支持第三方检测平台建设，加大对线上线下销售中药材的质量监管力度，坚决查处掺杂掺假、以假充真等违规违法行为。完善中药材价格监管机制，严厉打击哄抬价格等违法行为。提升中药材储备和供应保障能力，指导企业在大宗中药材产地建设一批储备库。

四、加快推进中药产业转型升级

（七）优化产业结构布局。持续更新中药产业链图谱，促进中药产业链强链补链，培育壮大“链主”和“链长”企业，发展优势产业集群。打造民族药特色产业高地。专注创新和特色化发展，深耕细分领域，培育发展一批中药领域专精特新中小企业。鼓励战略性并购重组和资源整合，培优扶强龙头企业。以“中药+”促进产业延链发展，丰富保健食品、食药物质等产品高质量供给。研究制定推动中药工业企业全产业链布局的政策。

（八）提升中药制造品质。推进中药工业数字化智能化发展，运用数智技术、绿色技术赋能全产业链，建设高水平数字化车间和智能工厂、绿色工厂。支持中药企业向中药材产地延伸产业链，健全全产业链追溯体系，提升中药生产全过程质量控制水平。统筹实施产业基础再造工程和重大技术装备攻关工程，围绕中药制造业领域数字化绿色化转型典型场景编制攻关清单，突破一批关键技术、产品和装备。

（九）培育名优中药品种。加强中药炮制技术传承创新，依法依规对特殊饮片实施批准文号管理。支持中药大品种创新改良，运用新技术、新工艺等进行二次开发。推进古代经典名方中药复方制剂上市工作，强化上市后临床研究，推动精准用药和产品创新。

（十）打造知名中药品牌。推动中药老字号企业加强文化传承和品牌建设。实施中药商标品牌战略，培育中国知名中药商标品牌，鼓励各地打造优势区域品牌。加强商标品牌价值评估和知识产权融资，推动中药品牌价值提升。

五、推进中药药品价值评估和配备使用

（十一）强化临床价值评估。依托专业机构，遵循中医药规律和特点，利用循证医学等手段，开发中医药临床疗效评价大模型，促进人用经验向临床证据转化。构建中成药临床综合评价指标体系和评价路径，健全临床应用指南规范，有序推动评价结果与国家基本药物目录、国家医保目录调整协调联动。鼓励开展已上市中成药评价研究，提升临床价值证据等级。

（十二）加强中药配备使用。强化基本药物临床应用指南、处方集的临床指导作用。加强中医、中西医结合临床诊疗规范和指南的运用。优化中药集中采购、招标采购政策，实现优质优价。推动实施中成药全过程赋码监测，并探索应用于中药饮片管理，促进道地药材、中药创新药、中药改良型新药和古代经典名方中药复方制剂的配备使用。支持特色优势医疗机构中药制剂依法调剂使用。鼓励建设基层共享中药房。

六、推进中药科技创新

（十三）提升科技创新能力。强化有组织科研，推进多学科、多部门联合攻关，加强中医药基础研究，发展中药监管科学，加大产学研用协同创新和科技成果转化力度。加强中医类国家医学中心和中药领域全国重点实验室、国家技术创新中心、国家制造业创新中心建设。构建中医药临床试验网络和资源库，完善临床资源信息化平台，推进跨区域临床资源协商调配。强化中药企业科技创新主体地位，研究探索企业主导的中药重大科研选题机制，提升技术攻关、中试验证和产业化能力，加快推进绿色智能制造和关键装备研发应用。

（十四）加强中药创新研发。加大国家科技计划对中药的支持力度，深化中药作用机理和质量控制研究，推进中药材种质资源创新和生态栽培、中药资源循环利用以及中药科学监管、临床价值提升等关键技术攻关。聚焦重大慢病、重大疑难疾病、新发突发传染病、特殊环境疾病等，推出一批临床疗效突出、竞争优势显著的中药创新药。加强对医疗机构中药制剂、名医验方等的挖掘和转化。鼓励儿童药品研发申报。提升民族药开发利用水平。

七、强化中药质量监管

（十五）完善中药标准体系。持续实施中药标准化行动。完善国家中药材质量规范、种子种苗标准。修订完善《国家中药饮片炮制规范》。优化中药药用辅料、包装材料质量标准。加强中药国家标准、地方标准以及中医药行业标准统筹管理。完善中药国家标准动态数据库，加快中药数字化标准推广。

（十六）健全中药监管体系。加强中药产品生产流通使用全生命周期监管。持续优化审评审批流程，进一步加快中药新药上市。针对病证结合类中药，加快建设突出临床价值的技术审评标准体系。优化中药生产工艺变更管理。加强中成药说明书管理。理顺中药品种保护审评管理体制。逐步完善中成药批准文号退出机制，指导改良一批，依法淘汰一批。进一步优化和规范医疗机构中药制剂注册管理。

八、推动中药开放发展

（十七）促进更高水平开放。完善中医药国际合作机制，发展中医药服务贸易，推动中医药开放创新发展。高质量推进中医药“走出去”，推动中药产品国际注册和市场开拓。深化与国际组织合作，积极参与国际草药典、中药监管国际规则制修订，推动中药国际标准化体系建设。加强粤港澳大湾区中医药研发、检测、交易等产业平台建设，加大对香港特区政府中药检测中心的技术支持。

（十八）维护产业发展安全。综合运用专利、商标、地理标志、植物新品种权、科技秘密定密、商业秘密、中药品种保护、传统知识保护等方式，完善中药领域保护体系。加强中药资源、核心技术工艺保护力度。结合中药行业管理，建立健全产业安全风险评估机制。

九、提高综合治理能力和保障水平

（十九）加强统筹领导。强化中药管理和产业发展重大战略、规划、政策的顶层设计和系统集成。指导各地结合实际健全推动中医药产业高质量发展的工作机制，提供便捷服务，推广产业发展典型经验，弘扬中医药文化，营造良好的中医药发展环境。加强对中医药行业社会组织的领导和监督，发挥行业社会组织的纽带和行业自律作用，加强对中药企业的指导服务与合规提醒。

（二十）推进人才队伍建设。完善中药产业人才培养体系，加大人才培养、培训、选拔力度，扩大岗位供给。推动教育科技人才一体发展，推进中药相关专业教育教学改革，支持中药学一流学科、一流专业和博士点布局建设，培养更多复合型人才。完善高校、科研院所与中药企业的人员柔性流动机制。建设一批老药工传承工作室。培养一批中药领域科技创新领军人才和卓越工程师，培育造就一批中药领域大国工匠、能工巧匠、高技能人才。

（二十一）加强资金支持。统筹多渠道资金支持中药产业发展，加强相关产业政策集成。鼓励银行业金融机构结合中药产业特点创新金融服务，丰富信贷产品供给，优化贷款审批流程，提高金融服务质效。积极支持符合条件的中药企业通过发行债券等方式融资。加大对中药材种植、新药研发等重点环节保险保障力度。

第十二条 传染病防治科学研究

国家支持和鼓励开展传染病防治的科学研究，组织开展传染病防治和公共卫生研究工作以及多学科联合攻关，提高传染病防治的科学技术水平。

第十三条 现代信息技术运用和个人信息保护

国家支持和鼓励在传染病防治中运用现代信息技术。

传染病防治中开展个人信息收集、存储、使用、加工、传输、提供、公开、删除等个人信息处理活动，应当遵守《中华人民共和国民法典》、《中华人民共和国个人信息保护法》等法律、行政法规的规定，采取措施确保个人信息安全，保护个人隐私，不得过度收集个人信息；相关信息不得用于传染病防治以外的目的。

● 法 律

1. 《民法典》（2020 年 5 月 28 日）

第 1032 条　自然人享有隐私权。任何组织或者个人不得以刺探、侵扰、泄露、公开等方式侵害他人的隐私权。

隐私是自然人的私人生活安宁和不愿为他人知晓的私密空间、私密活动、私密信息。

第 1033 条　除法律另有规定或者权利人明确同意外，任何组织或者个人不得实施下列行为：

（一）以电话、短信、即时通讯工具、电子邮件、传单等方式侵扰他人的私人生活安宁；

（二）进入、拍摄、窥视他人的住宅、宾馆房间等私密空间；

（三）拍摄、窥视、窃听、公开他人的私密活动；

（四）拍摄、窥视他人身体的私密部位；

（五）处理他人的私密信息；

（六）以其他方式侵害他人的隐私权。

第 1034 条　自然人的个人信息受法律保护。

个人信息是以电子或者其他方式记录的能够单独或者与其他信息结合识别特定自然人的各种信息，包括自然人的姓名、出生日期、身份证件号码、生物识别信息、住址、电话号码、电子邮箱、健康信息、行踪信息等。

个人信息中的私密信息，适用有关隐私权的规定；没有规定的，适用有关个人信息保护的规定。

第 1035 条　处理个人信息的，应当遵循合法、正当、必要原则，不得过度处理，并符合下列条件：

（一）征得该自然人或者其监护人同意，但是法律、行政法规另有规定的除外；

（二）公开处理信息的规则；

（三）明示处理信息的目的、方式和范围；

（四）不违反法律、行政法规的规定和双方的约定。

个人信息的处理包括个人信息的收集、存储、使用、加工、传输、提供、公开等。

第 1036 条　处理个人信息，有下列情形之一的，行为人不承担民事责任：

（一）在该自然人或者其监护人同意的范围内合理实施的行为；

（二）合理处理该自然人自行公开的或者其他已经合法公开的信息，但是该自然人明确拒绝或者处理该信息侵害其重大利益的除外；

（三）为维护公共利益或者该自然人合法权益，合理实施的其他行为。

第 1037 条　自然人可以依法向信息处理者查阅或者复制其个人信息；发现信息有错误的，有权提出异议并请求及时采取更正等必要措施。

自然人发现信息处理者违反法律、行政法规的规定或者双方的约定处理其个人信息的，有权请求信息处理者及时删除。

第 1038 条　信息处理者不得泄露或者篡改其收集、存储的个人信息；未经自然人同意，不得向他人非法提供其个人信息，但是经过加工无法识别特定个人且不能复原的除外。

信息处理者应当采取技术措施和其他必要措施，确保其收集、存储的个人信息安全，防止信息泄露、篡改、丢失；发生或者可能发生个人信息泄露、篡改、丢失的，应当及时采取补救措施，按照规定告知自然人并向有关主管部门报告。

第 1039 条　国家机关、承担行政职能的法定机构及其工作人员对于履行职责过程中知悉的自然人的隐私和个人信息，应当予以保密，不得泄露或者向他人非法提供。

2.《个人信息保护法》（2021 年 8 月 20 日）

第 13 条　符合下列情形之一的，个人信息处理者方可处理个人信息：

（一）取得个人的同意；

（二）为订立、履行个人作为一方当事人的合同所必需，或者按照依法制定的劳动规章制度和依法签订的集体合同实施人力资源管理所必需；

（三）为履行法定职责或者法定义务所必需；

（四）为应对突发公共卫生事件，或者紧急情况下为保护自然人的生命健康和财产安全所必需；

（五）为公共利益实施新闻报道、舆论监督等行为，在合理的范围内处理个人信息；

（六）依照本法规定在合理的范围内处理个人自行公开或者其他已经合法公开的个人信息；

（七）法律、行政法规规定的其他情形。

依照本法其他有关规定，处理个人信息应当取得个人同意，但是有前款第二项至第七项规定情形的，不需取得个人同意。

第14条　基于个人同意处理个人信息的，该同意应当由个人在充分知情的前提下自愿、明确作出。法律、行政法规规定处理个人信息应当取得个人单独同意或者书面同意的，从其规定。

个人信息的处理目的、处理方式和处理的个人信息种类发生变更的，应当重新取得个人同意。

第15条　基于个人同意处理个人信息的，个人有权撤回其同意。个人信息处理者应当提供便捷的撤回同意的方式。

个人撤回同意，不影响撤回前基于个人同意已进行的个人信息处理活动的效力。

第16条　个人信息处理者不得以个人不同意处理其个人信息或者撤回同意为由，拒绝提供产品或者服务；处理个人信息属于提供产品或者服务所必需的除外。

第17条　个人信息处理者在处理个人信息前，应当以显著方式、清晰易懂的语言真实、准确、完整地向个人告知下列事项：

（一）个人信息处理者的名称或者姓名和联系方式；

（二）个人信息的处理目的、处理方式，处理的个人信息种类、保存期限；

（三）个人行使本法规定权利的方式和程序；

（四）法律、行政法规规定应当告知的其他事项。

前款规定事项发生变更的，应当将变更部分告知个人。

个人信息处理者通过制定个人信息处理规则的方式告知第一款规定事项的，处理规则应当公开，并且便于查阅和保存。

第 18 条　个人信息处理者处理个人信息，有法律、行政法规规定应当保密或者不需要告知的情形的，可以不向个人告知前条第一款规定的事项。

紧急情况下为保护自然人的生命健康和财产安全无法及时向个人告知的，个人信息处理者应当在紧急情况消除后及时告知。

第 19 条　除法律、行政法规另有规定外，个人信息的保存期限应当为实现处理目的所必要的最短时间。

第 20 条　两个以上的个人信息处理者共同决定个人信息的处理目的和处理方式的，应当约定各自的权利和义务。但是，该约定不影响个人向其中任何一个个人信息处理者要求行使本法规定的权利。

个人信息处理者共同处理个人信息，侵害个人信息权益造成损害的，应当依法承担连带责任。

第 21 条　个人信息处理者委托处理个人信息的，应当与受托人约定委托处理的目的、期限、处理方式、个人信息的种类、保护措施以及双方的权利和义务等，并对受托人的个人信息处理活动进行监督。

受托人应当按照约定处理个人信息，不得超出约定的处理目的、处理方式等处理个人信息；委托合同不生效、无效、被撤销或者终止的，受托人应当将个人信息返还个人信息处理者或者予以删除，不得保留。

未经个人信息处理者同意，受托人不得转委托他人处理个人信息。

第 22 条　个人信息处理者因合并、分立、解散、被宣告破产等原因需要转移个人信息的，应当向个人告知接收方的名称或者姓名和联系方式。接收方应当继续履行个人信息处理者的义务。接收方变更原先的处理目的、处理方式的，应当依照本法规定重新取得个人同意。

第 23 条　个人信息处理者向其他个人信息处理者提供其处理的个人信息的，应当向个人告知接收方的名称或者姓名、联系方式、处理目的、处理方式和个人信息的种类，并取得个人的单独同意。接收方应当在上述处理目的、处理方式和个人信息的种类等范围内处理个人信息。接收方变更原先的处理目的、处理方式的，应当依照本法规定重新取得个人同意。

第 24 条　个人信息处理者利用个人信息进行自动化决策，应当保证决策的透明度和结果公平、公正，不得对个人在交易价格等交易条件上实行不合理的差别待遇。

通过自动化决策方式向个人进行信息推送、商业营销，应当同时提供不针对其个人特征的选项，或者向个人提供便捷的拒绝方式。

通过自动化决策方式作出对个人权益有重大影响的决定，个人有权要求个人信息处理者予以说明，并有权拒绝个人信息处理者仅通过自动化决策的方式作出决定。

第 25 条　个人信息处理者不得公开其处理的个人信息，取得个人单独同意的除外。

第 26 条　在公共场所安装图像采集、个人身份识别设备，应当为维护公共安全所必需，遵守国家有关规定，并设置显著的提示标识。所收集的个人图像、身份识别信息只能用于维护公共安全的目的，不得用于其他目的；取得个人单独同意的除外。

第27条　个人信息处理者可以在合理的范围内处理个人自行公开或者其他已经合法公开的个人信息；个人明确拒绝的除外。个人信息处理者处理已公开的个人信息，对个人权益有重大影响的，应当依照本法规定取得个人同意。

第28条　敏感个人信息是一旦泄露或者非法使用，容易导致自然人的人格尊严受到侵害或者人身、财产安全受到危害的个人信息，包括生物识别、宗教信仰、特定身份、医疗健康、金融账户、行踪轨迹等信息，以及不满十四周岁未成年人的个人信息。

只有在具有特定的目的和充分的必要性，并采取严格保护措施的情形下，个人信息处理者方可处理敏感个人信息。

第29条　处理敏感个人信息应当取得个人的单独同意；法律、行政法规规定处理敏感个人信息应当取得书面同意的，从其规定。

第30条　个人信息处理者处理敏感个人信息的，除本法第十七条第一款规定的事项外，还应当向个人告知处理敏感个人信息的必要性以及对个人权益的影响；依照本法规定可以不向个人告知的除外。

第31条　个人信息处理者处理不满十四周岁未成年人个人信息的，应当取得未成年人的父母或者其他监护人的同意。

个人信息处理者处理不满十四周岁未成年人个人信息的，应当制定专门的个人信息处理规则。

第32条　法律、行政法规对处理敏感个人信息规定应当取得相关行政许可或者作出其他限制的，从其规定。

第33条　国家机关处理个人信息的活动，适用本法；本节有特别规定的，适用本节规定。

第34条　国家机关为履行法定职责处理个人信息，应当依照法律、行政法规规定的权限、程序进行，不得超出履行法定职责所必需的范围和限度。

第 35 条　国家机关为履行法定职责处理个人信息，应当依照本法规定履行告知义务；有本法第十八条第一款规定的情形，或者告知将妨碍国家机关履行法定职责的除外。

第 36 条　国家机关处理的个人信息应当在中华人民共和国境内存储；确需向境外提供的，应当进行安全评估。安全评估可以要求有关部门提供支持与协助。

第 37 条　法律、法规授权的具有管理公共事务职能的组织为履行法定职责处理个人信息，适用本法关于国家机关处理个人信息的规定。

第十四条　单位和个人义务

中华人民共和国领域内的一切单位和个人应当支持传染病防治工作，接受和配合为预防、控制、消除传染病危害依法采取的调查、采集样本、检验检测、隔离治疗、医学观察等措施，根据传染病预防、控制需要采取必要的防护措施。

国家支持和鼓励单位和个人参与传染病防治工作。各级人民政府应当完善有关制度，提供便利措施，引导单位和个人参与传染病防治的宣传教育、疫情报告、志愿服务和捐赠等活动。

● 部门规章及文件

《国家疾控局综合司关于组织开展 2025 年全国儿童预防接种日宣传活动的通知》（2025 年 3 月 31 日）

（三）丰富宣传途径，提升宣传效果。各地疾控部门要动员社会各方面力量，开展形式多样、内容丰富、群众喜闻乐见的宣传活动。要充分利用广播、电视、报刊、网络等媒体，提高科普宣传的覆盖面。疾控机构、接种单位要发挥专业优势，对群众加强预防接种、疫苗针对传染病防控知识的健康教育，提升群众对疫苗针对传染病的认识，主动接种疫苗。为便于各地更好地开展主题宣传活动，我局委托中国疾控中心制作宣传海报，各地可在国家疾控局和中国疾控中心官方网站下载使用。

第十五条 基层传染病预防、控制工作

疾病预防控制部门、街道办事处和乡镇人民政府应当开展群防群控工作，指导居民委员会、村民委员会协助做好城乡社区的传染病预防、控制工作。

居民委员会、村民委员会应当协助县级以上人民政府及其有关部门、街道办事处和乡镇人民政府做好城乡社区传染病预防、控制的宣传教育、健康提示以及疫情防控工作，组织城乡居民参与城乡社区的传染病预防、控制活动。

县级以上人民政府及其有关部门、街道办事处和乡镇人民政府应当为居民委员会、村民委员会开展传染病预防、控制工作提供必要的支持和保障。

第十六条 传染病患者等人群保护

国家和社会应当关心、帮助传染病患者、病原携带者和疑似患者，使其得到及时救治。

任何单位或者个人不得歧视传染病患者、病原携带者和疑似患者，不得泄露个人隐私、个人信息。

● 法　律

《就业促进法》（2015 年 4 月 24 日）

第 30 条　用人单位招用人员，不得以是传染病病原携带者为由拒绝录用。但是，经医学鉴定传染病病原携带者在治愈前或者排除传染嫌疑前，不得从事法律、行政法规和国务院卫生行政部门规定禁止从事的易使传染病扩散的工作。

第十七条 疫情防控措施的比例原则和救济途径

采取传染病预防、控制措施，应当依照法定权限和程序，与传染病暴发、流行和可能造成危害的程度、范围等相适应；有多种措施可供选择的，应当选择有利于最大程度保护单位和个人合法权益，且对他人权益损害和生产生活影响较小的措施，并根据情况变化及时调整。

单位和个人认为有关地方人民政府、卫生健康主管部门、疾病预防控制部门和其他有关部门，以及疾病预防控制机构、医疗机构等实施的相关行政行为或者传染病预防、控制措施，侵犯其合法权益的，可以依法申请行政复议、提起诉讼。

第十八条 传染病防治健康教育

国家开展传染病防治健康教育工作，加强传染病防治法治宣传，提高公众传染病防治健康素养和法治意识。

学校、托育机构应当结合年龄特点对学生和幼儿进行健康知识和传染病防治知识的教育。

新闻媒体应当开展传染病防治和公共卫生知识的公益宣传。

个人应当学习传染病防治知识，养成良好的卫生习惯，培养健康的生活方式。

法　律

1. **《学前教育法》**（2024 年 11 月 8 日）

第 53 条　幼儿园应当建立科学合理的一日生活制度，保证户外活动时间，做好儿童营养膳食、体格锻炼、全日健康观察、食品安全、卫生与消毒、传染病预防与控制、常见病预防等卫生保健管理工作，加强健康教育。

● 部门规章及文件

2.《医疗机构传染病防控责任清单》（2023 年 10 月 11 日）

六、传染病防控能力提升

（二十八）传染病防治培训。医疗机构应当对全院医务人员和新上岗人员定期开展传染病防治相关知识、法律法规和临床技能培训，并组织开展传染病防治应急演练，介绍和推广传染病防治先进技术。

（二十九）公共卫生技能培训。医疗机构应当加强临床医师公共卫生技能培训，鼓励公共卫生医师参加公共卫生医师规范化培训。

（三十）机构间人员交流协作。医疗机构应当配合疾病预防控制部门加强与疾病预防控制机构人员沟通交流，建立并完善人员交流及交叉培训等工作制度，开展原因不明传染病会商、流调和现场处置等工作。

（三十一）传染病防治研究。鼓励医疗机构持续开展对重点、少见罕见传染病的基础性和应用性研究；开展传染病防治药品、诊断试剂、器械设备等研究和转化。支持医疗机构联合疾病预防控制机构开展公共卫生领域研究工作。

第十九条 国际交流与合作

国家支持和鼓励开展传染病防治的国际交流与合作。

第二十条 表彰和奖励，补助、抚恤和优待

对在传染病防治工作中做出显著成绩和贡献的单位和个人，按照国家有关规定给予表彰、奖励。

对因参与传染病防治工作致病、致残、死亡的人员，按照有关规定给予补助、抚恤和优待。

第二章　预　　防

第二十一条　爱国卫生运动

各级人民政府组织开展爱国卫生运动，完善公共卫生设施，改善人居环境状况，加强社会健康管理，提升全民健康水平。

第二十二条　公共卫生和医疗废物处置

地方各级人民政府应当有计划地建设和改造城乡公共卫生设施，改善饮用水卫生条件，对污水、污物、粪便进行无害化处置。城市应当按照国家和地方有关标准修建公共厕所、垃圾和粪便无害化处置场以及排水和污水处理系统等公共卫生设施。农村应当逐步改造厕所，建立必要的卫生管理制度。

县级以上地方人民政府应当加强医疗废物收集处置能力建设。设区的市级人民政府应当确定医疗废物协同应急处置设施，提高重大传染病疫情医疗废物应急处置能力。

● 法　律

《生物安全法》（2024 年 4 月 26 日）

第 27 条　国务院卫生健康、农业农村、林业草原、海关、生态环境主管部门应当建立新发突发传染病、动植物疫情、进出境检疫、生物技术环境安全监测网络，组织监测站点布局、建设，完善监测信息报告系统，开展主动监测和病原检测，并纳入国家生物安全风险监测预警体系。

第 28 条　疾病预防控制机构、动物疫病预防控制机构、植物病虫害预防控制机构（以下统称专业机构）应当对传染病、动植物疫病和列入监测范围的不明原因疾病开展主动监测，收集、分析、报告监测信息，预测新发突发传染病、动植物疫病的发生、流行趋势。

国务院有关部门、县级以上地方人民政府及其有关部门应当根据预测和职责权限及时发布预警，并采取相应的防控措施。

第 29 条　任何单位和个人发现传染病、动植物疫病的，应当及时向医疗机构、有关专业机构或者部门报告。

医疗机构、专业机构及其工作人员发现传染病、动植物疫病或者不明原因的聚集性疾病的，应当及时报告，并采取保护性措施。

依法应当报告的，任何单位和个人不得瞒报、谎报、缓报、漏报，不得授意他人瞒报、谎报、缓报，不得阻碍他人报告。

第 30 条　国家建立重大新发突发传染病、动植物疫情联防联控机制。

发生重大新发突发传染病、动植物疫情，应当依照有关法律法规和应急预案的规定及时采取控制措施；国务院卫生健康、农业农村、林业草原主管部门应当立即组织疫情会商研判，将会商研判结论向中央国家安全领导机构和国务院报告，并通报国家生物安全工作协调机制其他成员单位和国务院其他有关部门。

发生重大新发突发传染病、动植物疫情，地方各级人民政府统一履行本行政区域内疫情防控职责，加强组织领导，开展群防群控、医疗救治，动员和鼓励社会力量依法有序参与疫情防控工作。

第 31 条　国家加强国境、口岸传染病和动植物疫情联合防控能力建设，建立传染病、动植物疫情防控国际合作网络，尽早发现、控制重大新发突发传染病、动植物疫情。

第 32 条　国家保护野生动物，加强动物防疫，防止动物源性传染病传播。

第 33 条　国家加强对抗生素药物等抗微生物药物使用和残留的管理，支持应对微生物耐药的基础研究和科技攻关。

县级以上人民政府卫生健康主管部门应当加强对医疗机构合理用药的指导和监督，采取措施防止抗微生物药物的不合理使用。县级以上人民政府农业农村、林业草原主管部门应当加强对农业生产中合理用药的指导和监督，采取措施防止抗微生物药物的不合理使用，降低在农业生产环境中的残留。

国务院卫生健康、农业农村、林业草原、生态环境等主管部门和药品监督管理部门应当根据职责分工，评估抗微生物药物残留对人体健康、环境的危害，建立抗微生物药物污染物指标评价体系。

第二十三条　传播传染病动物和病媒生物的危害消除

县级以上人民政府农业农村、水利、林业草原等部门依据职责指导、组织控制和消除农田、湖区、河流、牧场、林区、草原地区的鼠害与血吸虫危害，以及其他传播传染病的动物和病媒生物的危害。

交通运输、铁路、民用航空等部门依据职责指导、监督交通运输经营单位以及车站、港口、机场等相关场所的运营单位消除鼠害和蚊、蝇等病媒生物的危害。

法　律

《固体废物污染环境防治法》（2020 年 4 月 29 日）

第 91 条　重大传染病疫情等突发事件发生时，县级以上人民政府应当统筹协调医疗废物等危险废物收集、贮存、运输、处置等工作，保障所需的车辆、场地、处置设施和防护物资。卫生健康、生态环境、环境卫生、交通运输等主管部门应当协同配合，依法履行应急处置职责。

第95条　各级人民政府应当加强固体废物污染环境的防治，按照事权划分的原则安排必要的资金用于下列事项：

（一）固体废物污染环境防治的科学研究、技术开发；

（二）生活垃圾分类；

（三）固体废物集中处置设施建设；

（四）重大传染病疫情等突发事件产生的医疗废物等危险废物应急处置；

（五）涉及固体废物污染环境防治的其他事项。

使用资金应当加强绩效管理和审计监督，确保资金使用效益。

第二十四条　免疫规划制度

国家实行免疫规划制度。政府免费向居民提供免疫规划疫苗。

国务院疾病预防控制部门制定国家免疫规划。省级人民政府在执行国家免疫规划时，可以根据本行政区域疾病预防、控制需要，增加免疫规划疫苗种类，加强重点地区、重点人群的预防接种，报国务院疾病预防控制部门备案并公布。

国家对儿童实行预防接种证制度。医疗机构、疾病预防控制机构与儿童的监护人、所在学校和托育机构应当相互配合，保证儿童及时接种免疫规划疫苗。

出现特别重大突发公共卫生事件或者其他严重威胁公众健康的紧急事件，可以依照《中华人民共和国疫苗管理法》的规定在一定范围和期限内紧急使用疫苗。

● 法　律

1.《未成年人保护法》（2024 年 4 月 26 日）

第 90 条　各级人民政府及其有关部门应当对未成年人进行卫生保健和营养指导，提供卫生保健服务。

卫生健康部门应当依法对未成年人的疫苗预防接种进行规范，防治未成年人常见病、多发病，加强传染病防治和监督管理，做好伤害预防和干预，指导和监督学校、幼儿园、婴幼儿照护服务机构开展卫生保健工作。

教育行政部门应当加强未成年人的心理健康教育，建立未成年人心理问题的早期发现和及时干预机制。卫生健康部门应当做好未成年人心理治疗、心理危机干预以及精神障碍早期识别和诊断治疗等工作。

2.《疫苗管理法》（2019 年 6 月 29 日）

第 20 条　应对重大突发公共卫生事件急需的疫苗或者国务院卫生健康主管部门认定急需的其他疫苗，经评估获益大于风险的，国务院药品监督管理部门可以附条件批准疫苗注册申请。

出现特别重大突发公共卫生事件或者其他严重威胁公众健康的紧急事件，国务院卫生健康主管部门根据传染病预防、控制需要提出紧急使用疫苗的建议，经国务院药品监督管理部门组织论证同意后可以在一定范围和期限内紧急使用。

第 28 条　预防、控制传染病疫情或者应对突发事件急需的疫苗，经国务院药品监督管理部门批准，免予批签发。

第 51 条　传染病暴发、流行时，县级以上地方人民政府或者其卫生健康主管部门需要采取应急接种措施的，依照法律、行政法规的规定执行。

第 64 条　省、自治区、直辖市人民政府根据本行政区域传染病流行趋势，在国务院卫生健康主管部门确定的传染病预防、控制项目范围内，确定本行政区域与预防接种相关的项目，并保证项目的实施。

第69条 传染病暴发、流行时，相关疫苗上市许可持有人应当及时生产和供应预防、控制传染病的疫苗。交通运输单位应当优先运输预防、控制传染病的疫苗。县级以上人民政府及其有关部门应当做好组织、协调、保障工作。

● 部门规章及文件

3.《医疗机构传染病防控责任清单》（2023年10月11日）

五、预防接种

（二十三）疫苗预防接种。承担疫苗接种服务的医疗机构应当依法如实记录疫苗流通、预防接种等情况，并按照规定向全国疫苗电子追溯协同平台提供追溯信息。承担辖区免疫规划疫苗接种服务的医疗机构，依法依规设置预防接种门诊，按照规定做好预防接种工作。

（二十四）预防接种资料管理。承担疫苗接种服务的医疗机构应当按照规定建立真实、准确、完整的疫苗购进、接收、储存、使用等记录，并保存至疫苗有效期满后不少于五年备查。

（二十五）预防接种医学建议。承担疫苗接种服务的医疗机构应当对因有接种禁忌而不能接种的受种者或者其监护人提出医学建议，并如实记录提出医学建议情况。

（二十六）新生儿疫苗接种。具有助产资质的医疗机构应当按照预防接种工作要求组织做好新生儿的乙肝疫苗第一针和卡介苗等接种、建卡及数据信息报告等相关工作。

（二十七）疑似预防接种异常反应报告。医疗机构等发现疑似预防接种异常反应的，应当按照规定向疾病预防控制机构报告。

第二十五条 疾控机构职责

各级疾病预防控制机构在传染病预防、控制中履行下列职责：

（一）实施传染病预防控制规划，制定传染病预防控制技术方案并组织实施；

（二）组织开展传染病监测，收集、分析和报告传染病监测信息，预测传染病的发生、流行趋势；

（三）开展对传染病疫情和突发公共卫生事件的流行病学调查、风险评估、现场处理及其效果评价；

（四）开展传染病实验室检验检测、诊断、病原学鉴定；

（五）实施免疫规划，负责预防性生物制品的使用管理；

（六）开展健康教育、咨询，普及传染病防治知识；

（七）指导、培训下级疾病预防控制机构及其工作人员开展传染病预防、控制工作；

（八）指导医疗机构和学校、托育机构、养老机构、康复机构、福利机构、未成年人救助保护机构、救助管理机构、体育场馆、监管场所、车站、港口、机场等重点场所开展传染病预防、控制工作；

（九）开展传染病防治基础性研究、应用性研究和卫生评价，提供技术咨询。

国家、省级疾病预防控制机构主要负责对传染病发生、流行以及分布进行监测，对重点传染病流行趋势进行预测，提出预防、控制对策，参与并指导对暴发的传染病疫情进行调查处理，开展传染病病原学鉴定，建立检验检测质量控制体系，开展基础性研究、应用性研究、卫生评价以及标准规范制定。

设区的市级、县级疾病预防控制机构主要负责传染病预防控制规划、预防控制技术方案的落实，组织实施免疫、消毒，指导病媒生物危害控制，普及传染病防治知识，负责本地区传染病和突发公共卫生事件监测、报告，开展流行病学调查和常见病原微生物检测，开展应用性研究和卫生评价。

● 法　律

1.《生物安全法》（2024 年 4 月 26 日）

第 28 条　疾病预防控制机构、动物疫病预防控制机构、植物病虫害预防控制机构（以下统称专业机构）应当对传染病、动植物疫病和列入监测范围的不明原因疾病开展主动监测，收集、分析、报告监测信息，预测新发突发传染病、动植物疫病的发生、流行趋势。

国务院有关部门、县级以上地方人民政府及其有关部门应当根据预测和职责权限及时发布预警，并采取相应的防控措施。

2.《医师法》（2021 年 8 月 20 日）

第 45 条　国家加强疾病预防控制人才队伍建设，建立适应现代化疾病预防控制体系的医师培养和使用机制。

疾病预防控制机构、二级以上医疗机构以及乡镇卫生院、社区卫生服务中心等基层医疗卫生机构应当配备一定数量的公共卫生医师，从事人群疾病及危害因素监测、风险评估研判、监测预警、流行病学调查、免疫规划管理、职业健康管理等公共卫生工作。医疗机构应当建立健全管理制度，严格执行院内感染防控措施。

国家建立公共卫生与临床医学相结合的人才培养机制，通过多种途径对临床医师进行疾病预防控制、突发公共卫生事件应对等方面业务培训，对公共卫生医师进行临床医学业务培训，完善医防结合和中西医协同防治的体制机制。

3. 《食品安全法》（2021 年 4 月 29 日）

第 105 条　县级以上人民政府食品安全监督管理部门接到食品安全事故的报告后，应当立即会同同级卫生行政、农业行政等部门进行调查处理，并采取下列措施，防止或者减轻社会危害：

（一）开展应急救援工作，组织救治因食品安全事故导致人身伤害的人员；

（二）封存可能导致食品安全事故的食品及其原料，并立即进行检验；对确认属于被污染的食品及其原料，责令食品生产经营者依照本法第六十三条的规定召回或者停止经营；

（三）封存被污染的食品相关产品，并责令进行清洗消毒；

（四）做好信息发布工作，依法对食品安全事故及其处理情况进行发布，并对可能产生的危害加以解释、说明。

发生食品安全事故需要启动应急预案的，县级以上人民政府应当立即成立事故处置指挥机构，启动应急预案，依照前款和应急预案的规定进行处置。

发生食品安全事故，县级以上疾病预防控制机构应当对事故现场进行卫生处理，并对与事故有关的因素开展流行病学调查，有关部门应当予以协助。县级以上疾病预防控制机构应当向同级食品安全监督管理、卫生行政部门提交流行病学调查报告。

第二十六条　医疗机构专门科室和指定人员职责

二级以上医疗机构应当有专门的科室并指定专门的人员，承担本机构的传染病预防、控制和传染病疫情报告以及责任区域内的传染病预防工作。

基层医疗卫生机构应当有专门的科室或者指定人员负责传染病预防、控制管理工作，在疾病预防控制机构指导下，承担本机构的传染病预防、控制和责任区域内的传染病防治健康教育、预防接种、传染病疫情报告、传染病患者健康监测以及城乡社区传染病疫情防控指导等工作。

第二十七条 医疗机构内传染病的预防和防止传播

医疗机构的基本标准、建筑设计和服务流程应当符合预防医疗机构感染的要求，降低传染病在医疗机构内传播的风险。

医疗机构应当严格执行国家规定的管理制度、操作规范，加强与医疗机构感染有关的危险因素监测、安全防护、消毒、隔离和医疗废物、医疗污水处置工作，防止传染病在医疗机构内的传播。

医疗机构应当按照规定对使用的医疗器械进行消毒或者灭菌；对按照规定一次性使用的医疗器械，应当在使用后予以销毁。

第二十八条 重点传染病和突发原因不明的传染病预防控制应急预案

国务院疾病预防控制部门拟订国家重点传染病和突发原因不明的传染病预防控制应急预案，由国务院卫生健康主管部门批准、公布。

县级以上地方人民政府制定本行政区域重点传染病和突发原因不明的传染病预防控制应急预案，报上一级人民政府备案并予以公布。鼓励毗邻、相近地区的地方人民政府制定应对区域性传染病的联合预防控制应急预案。

传染病预防控制应急预案应当根据本法和其他有关法律、法规的规定，针对传染病暴发、流行情况和危害程度，具体规定传染病预防、控制工作的组织指挥体系和职责，传染病预防、监测、疫情报告和通报、疫情风险评估、预警、应急工作方案、人员调集以及物资和技术储备与调用等内容。

第二十九条 医疗卫生机构和重点场所应急预案

医疗卫生机构和学校、托育机构、养老机构、康复机构、福利机构、未成年人救助保护机构、救助管理机构、体育场馆、监管场所、车站、港口、机场等重点场所，应当制定本单位传染病预防控制应急预案。

第三十条 应急预案要求和演练

传染病预防控制应急预案应当增强科学性、针对性和可操作性，并根据实际需要和形势变化及时修订。

县级以上人民政府疾病预防控制部门应当根据有关传染病预防控制应急预案定期组织开展演练。医疗卫生机构和学校、托育机构、养老机构、康复机构、福利机构、未成年人救助保护机构、救助管理机构、体育场馆、监管场所、车站、港口、机场等重点场所应当根据本单位传染病预防控制应急预案开展演练。

第三十一条 病原微生物实验室生物安全

疾病预防控制机构、医疗机构的实验室和从事病原微生物实验的单位，应当遵守有关病原微生物实验室生物安全的法律、行政法规规定，符合国家规定的条件和技术标准，建立严格的管理制度，对传染病病原体和样本按照规定的措施实行严格管理，严防传染病病原体的实验室感染和扩散。

● 法　律

1.《刑法》（2023 年 12 月 29 日）

第 114 条　放火、决水、爆炸以及投放毒害性、放射性、传染病病原体等物质或者以其他危险方法危害公共安全，尚未造成严重后果的，处三年以上十年以下有期徒刑。

第 115 条　放火、决水、爆炸以及投放毒害性、放射性、传染病病原体等物质或者以其他危险方法致人重伤、死亡或者使公私财产遭受重大损失的，处十年以上有期徒刑、无期徒刑或者死刑。

过失犯前款罪的，处三年以上七年以下有期徒刑；情节较轻的，处三年以下有期徒刑或者拘役。

第 125 条　非法制造、买卖、运输、邮寄、储存枪支、弹药、爆炸物的，处三年以上十年以下有期徒刑；情节严重的，处十年以上有期徒刑、无期徒刑或者死刑。

非法制造、买卖、运输、储存毒害性、放射性、传染病病原体等物质，危害公共安全的，依照前款的规定处罚。

单位犯前两款罪的，对单位判处罚金，并对其直接负责的主管人员和其他直接责任人员，依照第一款的规定处罚。

第 127 条　盗窃、抢夺枪支、弹药、爆炸物的，或者盗窃、抢夺毒害性、放射性、传染病病原体等物质，危害公共安全的，处三年以上十年以下有期徒刑；情节严重的，处十年以上有期徒刑、无期徒刑或者死刑。

抢劫枪支、弹药、爆炸物的，或者抢劫毒害性、放射性、传染病病原体等物质，危害公共安全的，或者盗窃、抢夺国家机关、军警人员、民兵的枪支、弹药、爆炸物的，处十年以上有期徒刑、无期徒刑或者死刑。

第 290 条　聚众扰乱社会秩序，情节严重，致使工作、生产、营业和教学、科研、医疗无法进行，造成严重损失的，对首要分子，处三年以上七年以下有期徒刑；对其他积极参加的，处三年以下有期徒刑、拘役、管制或者剥夺政治权利。

聚众冲击国家机关，致使国家机关工作无法进行，造成严重损失的，对首要分子，处五年以上十年以下有期徒刑；对其他积极参加的，处五年以下有期徒刑、拘役、管制或者剥夺政治权利。

多次扰乱国家机关工作秩序，经行政处罚后仍不改正，造成严重后果的，处三年以下有期徒刑、拘役或者管制。

多次组织、资助他人非法聚集，扰乱社会秩序，情节严重的，依照前款的规定处罚。

第 331 条 从事实验、保藏、携带、运输传染病菌种、毒种的人员，违反国务院卫生行政部门的有关规定，造成传染病菌种、毒种扩散，后果严重的，处三年以下有期徒刑或者拘役；后果特别严重的，处三年以上七年以下有期徒刑。

● 行政法规及文件

2.《**病原微生物实验室生物安全管理条例**》（2024 年 12 月 6 日）

第 1 条 为了加强病原微生物实验室（以下称实验室）生物安全管理，保护实验室工作人员和公众的健康，制定本条例。

第 2 条 对中华人民共和国境内的实验室及其从事实验活动的生物安全管理，适用本条例。

本条例所称病原微生物，是指能够使人或者动物致病的微生物。

本条例所称实验活动，是指实验室从事与病原微生物菌（毒）种、样本有关的研究、教学、检测、诊断等活动。

第 3 条 国务院卫生主管部门主管与人体健康有关的实验室及其实验活动的生物安全监督工作。

国务院兽医主管部门主管与动物有关的实验室及其实验活动

的生物安全监督工作。

国务院其他有关部门在各自职责范围内负责实验室及其实验活动的生物安全管理工作。

县级以上地方人民政府及其有关部门在各自职责范围内负责实验室及其实验活动的生物安全管理工作。

第4条　国家对病原微生物实行分类管理，对实验室实行分级管理。

第5条　国家实行统一的实验室生物安全标准。实验室应当符合国家标准和要求。

第6条　实验室的设立单位及其主管部门负责实验室日常活动的管理，承担建立健全安全管理制度，检查、维护实验设施、设备，控制实验室感染的职责。

第7条　国家根据病原微生物的传染性、感染后对个体或者群体的危害程度，将病原微生物分为四类：

第一类病原微生物，是指能够引起人类或者动物非常严重疾病的微生物，以及我国尚未发现或者已经宣布消灭的微生物。

第二类病原微生物，是指能够引起人类或者动物严重疾病，比较容易直接或者间接在人与人、动物与人、动物与动物间传播的微生物。

第三类病原微生物，是指能够引起人类或者动物疾病，但一般情况下对人、动物或者环境不构成严重危害，传播风险有限，实验室感染后很少引起严重疾病，并且具备有效治疗和预防措施的微生物。

第四类病原微生物，是指在通常情况下不会引起人类或者动物疾病的微生物。

第一类、第二类病原微生物统称为高致病性病原微生物。

第8条　人间传染的病原微生物目录由国务院卫生主管部门商国务院有关部门后制定、调整并予以公布；动物间传染的病原微生物目录由国务院兽医主管部门商国务院有关部门后制定、调整并予以公布。

第 9 条　采集病原微生物样本应当具备下列条件：

（一）具有与采集病原微生物样本所需要的生物安全防护水平相适应的设备；

（二）具有掌握相关专业知识和操作技能的工作人员；

（三）具有有效的防止病原微生物扩散和感染的措施；

（四）具有保证病原微生物样本质量的技术方法和手段。

采集高致病性病原微生物样本的工作人员在采集过程中应当防止病原微生物扩散和感染，并对样本的来源、采集过程和方法等作详细记录。

第 10 条　运输高致病性病原微生物菌（毒）种或者样本，应当通过陆路运输；没有陆路通道，必须经水路运输的，可以通过水路运输；紧急情况下或者需要将高致病性病原微生物菌（毒）种或者样本运往国外的，可以通过民用航空运输。

第 11 条　运输高致病性病原微生物菌（毒）种或者样本，应当具备下列条件：

（一）运输目的、高致病性病原微生物的用途和接收单位符合国务院卫生主管部门或者兽医主管部门的规定；

（二）高致病性病原微生物菌（毒）种或者样本的容器应当密封，容器或者包装材料还应当符合防水、防破损、防外泄、耐高（低）温、耐高压的要求；

（三）容器或者包装材料上应当印有国务院卫生主管部门或者兽医主管部门规定的生物危险标识、警告用语和提示用语。

运输高致病性病原微生物菌（毒）种或者样本，应当经省级以上人民政府卫生主管部门或者兽医主管部门批准。在省、自治区、直辖市行政区域内运输的，由省、自治区、直辖市人民政府卫生主管部门或者兽医主管部门批准；需要跨省、自治区、直辖市运输或者运往国外的，由出发地的省、自治区、直辖市人民政府卫生主管部门或者兽医主管部门进行初审后，分别报国务院卫生主管部门或者兽医主管部门批准。

出入境检验检疫机构在检验检疫过程中需要运输病原微生物样本的，由国务院出入境检验检疫部门批准，并同时向国务院卫生主管部门或者兽医主管部门通报。

通过民用航空运输高致病性病原微生物菌（毒）种或者样本的，除依照本条第二款、第三款规定取得批准外，还应当经国务院民用航空主管部门批准。

有关主管部门应当对申请人提交的关于运输高致病性病原微生物菌（毒）种或者样本的申请材料进行审查，对符合本条第一款规定条件的，应当即时批准。

第 12 条　运输高致病性病原微生物菌（毒）种或者样本，应当由不少于 2 人的专人护送，并采取相应的防护措施。

有关单位或者个人不得通过公共电（汽）车和城市铁路运输病原微生物菌（毒）种或者样本。

第 13 条　需要通过铁路、公路、民用航空等公共交通工具运输高致病性病原微生物菌（毒）种或者样本的，承运单位应当凭本条例第十一条规定的批准文件予以运输。

承运单位应当与护送人共同采取措施，确保所运输的高致病性病原微生物菌（毒）种或者样本的安全，严防发生被盗、被抢、丢失、泄漏事件。

第 14 条　国务院卫生主管部门或者兽医主管部门指定的菌（毒）种保藏中心或者专业实验室（以下称保藏机构），承担集中储存病原微生物菌（毒）种和样本的任务。

保藏机构应当依照国务院卫生主管部门或者兽医主管部门的规定，储存实验室送交的病原微生物菌（毒）种和样本，并向实验室提供病原微生物菌（毒）种和样本。

保藏机构应当制定严格的安全保管制度，作好病原微生物菌（毒）种和样本进出和储存的记录，建立档案制度，并指定专人负责。对高致病性病原微生物菌（毒）种和样本应当设专库或者专柜单独储存。

保藏机构储存、提供病原微生物菌（毒）种和样本，不得收取任何费用，其经费由同级财政在单位预算中予以保障。

保藏机构的管理办法由国务院卫生主管部门会同国务院兽医主管部门制定。

第 15 条　保藏机构应当凭实验室依照本条例的规定取得的从事高致病性病原微生物相关实验活动的批准文件或者设区的市级人民政府卫生主管部门或者兽医主管部门发放的实验室备案凭证，向实验室提供高致病性病原微生物菌（毒）种和样本，并予以登记。

第 16 条　实验室在相关实验活动结束后，应当依照国务院卫生主管部门或者兽医主管部门的规定，及时将病原微生物菌（毒）种和样本就地销毁或者送交保藏机构保管。

保藏机构接受实验室送交的病原微生物菌（毒）种和样本，应当予以登记，并开具接收证明。

第 17 条　高致病性病原微生物菌（毒）种或者样本在运输、储存中被盗、被抢、丢失、泄漏的，承运单位、护送人、保藏机构应当采取必要的控制措施，并在 2 小时内分别向承运单位的主管部门、护送人所在单位和保藏机构的主管部门报告，同时向所在地的县级人民政府卫生主管部门或者兽医主管部门报告，发生被盗、被抢、丢失的，还应当向公安机关报告；接到报告的卫生主管部门或者兽医主管部门应当在 2 小时内向本级人民政府报告，并同时向上级人民政府卫生主管部门或者兽医主管部门和国务院卫生主管部门或者兽医主管部门报告。

县级人民政府应当在接到报告后 2 小时内向设区的市级人民

政府或者上一级人民政府报告；设区的市级人民政府应当在接到报告后2小时内向省、自治区、直辖市人民政府报告。省、自治区、直辖市人民政府应当在接到报告后1小时内，向国务院卫生主管部门或者兽医主管部门报告。

任何单位和个人发现高致病性病原微生物菌（毒）种或者样本的容器或者包装材料，应当及时向附近的卫生主管部门或者兽医主管部门报告；接到报告的卫生主管部门或者兽医主管部门应当及时组织调查核实，并依法采取必要的控制措施。

第18条　国家根据实验室对病原微生物的生物安全防护水平，并依照实验室生物安全国家标准的规定，将实验室分为一级、二级、三级、四级。

第19条　新建、改建、扩建三级、四级实验室或者生产、进口移动式三级、四级实验室应当遵守下列规定：

（一）符合国家生物安全实验室体系规划并依法履行有关审批手续；

（二）经国务院卫生主管部门审查同意；

（三）符合国家生物安全实验室建筑技术规范；

（四）依照《中华人民共和国环境影响评价法》的规定进行环境影响评价并经环境保护主管部门审查批准；

（五）生物安全防护级别与其拟从事的实验活动相适应。

前款规定所称国家生物安全实验室体系规划，由国务院投资主管部门会同国务院有关部门制定。制定国家生物安全实验室体系规划应当遵循总量控制、合理布局、资源共享的原则，并应当召开听证会或者论证会，听取公共卫生、环境保护、投资管理和实验室管理等方面专家的意见。

第20条　三级、四级实验室应当通过实验室国家认可。

国务院认证认可监督管理部门确定的认可机构应当依照实验室生物安全国家标准以及本条例的有关规定，对三级、四级实验室进行认可；实验室通过认可的，颁发相应级别的生物安全实验室证书。证书有效期为5年。

第21条　从事病原微生物实验活动应当在相应级别的实验室进行。实验室从事病原微生物实验活动，其级别应当不低于病原微生物目录规定的该项实验活动所需的实验室级别。

一级、二级实验室仅可从事病原微生物目录规定的可以在一级、二级实验室进行的高致病性病原微生物实验活动。三级、四级实验室从事高致病性病原微生物实验活动，应当具备下列条件：

（一）实验目的和拟从事的实验活动符合国务院卫生主管部门或者兽医主管部门的规定；

（二）通过实验室国家认可；

（三）具有与拟从事的实验活动相适应的工作人员；

（四）工程质量经建筑主管部门依法检测验收合格。

第22条　三级、四级实验室，需要从事病原微生物目录规定的应当在三级、四级实验室进行的高致病性病原微生物实验活动或者疑似高致病性病原微生物实验活动的，应当依照国务院卫生主管部门或者兽医主管部门的规定报省级以上人民政府卫生主管部门或者兽医主管部门批准。实验活动结果以及工作情况应当向原批准部门报告。

实验室申报或者接受与高致病性病原微生物有关的科研项目，应当符合科研需要和生物安全要求，具有相应的生物安全防护水平。与动物间传染的高致病性病原微生物有关的科研项目，应当经国务院兽医主管部门同意；与人体健康有关的高致病性病原微生物科研项目，实验室应当将立项结果告知省级以上人民政府卫生主管部门。

第23条　出入境检验检疫机构、医疗卫生机构、动物疫病预防控制机构在实验室开展检测、诊断工作时，发现高致病性病原微生物或者疑似高致病性病原微生物，需要进一步从事这类高致病性病原微生物相关实验活动的，应当在具备相应条件的实验室中进行；依照本条例的规定需要经过批准的，应当取得批准。

专门从事检测、诊断的实验室应当严格依照国务院卫生主管部门或者兽医主管部门的规定，建立健全规章制度，保证实验室生物安全。

第 24 条　省级以上人民政府卫生主管部门或者兽医主管部门应当自收到需要从事高致病性病原微生物相关实验活动的申请之日起 15 日内作出是否批准的决定。

对出入境检验检疫机构为了检验检疫工作的紧急需要，申请在实验室对高致病性病原微生物或者疑似高致病性病原微生物开展进一步实验活动的，省级以上人民政府卫生主管部门或者兽医主管部门应当自收到申请之时起 2 小时内作出是否批准的决定；2 小时内未作出决定的，实验室可以从事相应的实验活动。

省级以上人民政府卫生主管部门或者兽医主管部门应当为申请人通过电报、电传、传真、电子数据交换和电子邮件等方式提出申请提供方便。

第 25 条　新建、改建或者扩建一级、二级实验室，应当向设区的市级人民政府卫生主管部门或者兽医主管部门备案。设区的市级人民政府卫生主管部门或者兽医主管部门应当每年将备案情况汇总后报省、自治区、直辖市人民政府卫生主管部门或者兽医主管部门。

第 26 条　国务院卫生主管部门和兽医主管部门应当定期汇总并互相通报实验室数量和实验室设立、分布情况，以及三级、四级实验室从事高致病性病原微生物实验活动的情况。

第 27 条　已经建成并通过实验室国家认可的三级、四级实验室应当向所在地的县级人民政府环境保护主管部门备案。环境保护主管部门依照法律、行政法规的规定对实验室排放的废水、废气和其他废物处置情况进行监督检查。

第 28 条　对我国尚未发现或者已经宣布消灭的病原微生物，任何单位和个人未经批准不得从事相关实验活动。

为了预防、控制传染病，需要从事前款所指病原微生物相关实验活动的，应当经国务院卫生主管部门或者兽医主管部门批准，并在批准部门指定的专业实验室中进行。

第 29 条　实验室使用新技术、新方法从事高致病性病原微生物相关实验活动的，应当符合防止高致病性病原微生物扩散、保证生物安全和操作者人身安全的要求，并经国家病原微生物实验室生物安全专家委员会论证；经论证可行的，方可使用。

第 30 条　需要在动物体上从事高致病性病原微生物相关实验活动的，应当按照病原微生物目录的规定，在符合动物实验室生物安全国家标准的相应级别的实验室进行。

第 31 条　实验室的设立单位负责实验室的生物安全管理。

实验室的设立单位应当依照本条例的规定制定科学、严格的管理制度，并定期对有关生物安全规定的落实情况进行检查，定期对实验室设施、设备、材料等进行检查、维护和更新，以确保其符合国家标准。

实验室的设立单位及其主管部门应当加强对实验室日常活动的管理。

第 32 条　实验室负责人为实验室生物安全的第一责任人。

实验室从事实验活动应当严格遵守有关国家标准和实验室技术规范、操作规程。实验室负责人应当指定专人监督检查实验室技术规范和操作规程的落实情况。

第 33 条　从事高致病性病原微生物相关实验活动的实验室的设立单位，应当建立健全安全保卫制度，采取安全保卫措施，严防高致病性病原微生物被盗、被抢、丢失、泄漏，保障实验室及其病原微生物的安全。实验室发生高致病性病原微生物被盗、被抢、丢失、泄漏的，实验室的设立单位应当依照本条例第十七条的规定进行报告。

从事高致病性病原微生物相关实验活动的实验室应当向当地公安机关备案，并接受公安机关有关实验室安全保卫工作的监督指导。

第 34 条　实验室或者实验室的设立单位应当每年定期对工作人员进行培训，保证其掌握实验室技术规范、操作规程、生物安全防护知识和实际操作技能，并进行考核。工作人员经考核合格的，方可上岗。

从事高致病性病原微生物相关实验活动的实验室，应当每半年将培训、考核其工作人员的情况和实验室运行情况向省、自治区、直辖市人民政府卫生主管部门或者兽医主管部门报告。

第 35 条　从事高致病性病原微生物相关实验活动应当有 2 名以上的工作人员共同进行。

进入从事高致病性病原微生物相关实验活动的实验室的工作人员或者其他有关人员，应当经实验室负责人批准。实验室应当为其提供符合防护要求的防护用品并采取其他职业防护措施。从事高致病性病原微生物相关实验活动的实验室，还应当对实验室工作人员进行健康监测，每年组织对其进行体检，并建立健康档案；必要时，应当对实验室工作人员进行预防接种。

第 36 条　在同一个实验室的同一个独立安全区域内，只能同时从事一种高致病性病原微生物的相关实验活动。

第 37 条　实验室应当建立实验档案，记录实验室使用情况和安全监督情况。实验室从事高致病性病原微生物相关实验活动的实验档案保存期，不得少于 20 年。

第 38 条　实验室应当依照环境保护的有关法律、行政法规和国务院有关部门的规定，对废水、废气以及其他废物进行处置，并制定相应的环境保护措施，防止环境污染。

第 39 条　三级、四级实验室应当在明显位置标示国务院卫生主管部门和兽医主管部门规定的生物危险标识和生物安全实验室级别标志。

第 40 条　从事高致病性病原微生物相关实验活动的实验室应当制定实验室生物安全事件应急处置预案，并向该实验室所在地的省、自治区、直辖市人民政府卫生主管部门或者兽医主管部门备案。

第 41 条　国务院卫生主管部门和兽医主管部门会同国务院有关部门组织病原学、免疫学、检验医学、流行病学、预防兽医学、环境保护和实验室管理等方面的专家，组成国家病原微生物实验室生物安全专家委员会。该委员会承担从事高致病性病原微生物相关实验活动的实验室的设立与运行的生物安全评估和技术咨询、论证工作。

省、自治区、直辖市人民政府卫生主管部门和兽医主管部门会同同级人民政府有关部门组织病原学、免疫学、检验医学、流行病学、预防兽医学、环境保护和实验室管理等方面的专家，组成本地区病原微生物实验室生物安全专家委员会。该委员会承担本地区实验室设立和运行的技术咨询工作。

第 42 条　实验室的设立单位应当指定专门的机构或者人员承担实验室感染控制工作，定期检查实验室的生物安全防护、病原微生物菌（毒）种和样本保存与使用、安全操作、实验室排放的废水和废气以及其他废物处置等规章制度的实施情况。

负责实验室感染控制工作的机构或者人员应当具有与该实验室中的病原微生物有关的传染病防治知识，并定期调查、了解实验室工作人员的健康状况。

第 43 条　实验室工作人员出现与本实验室从事的高致病性病原微生物相关实验活动有关的感染临床症状或者体征时，实验室负责人应当向负责实验室感染控制工作的机构或者人员报告，同时派专人陪同及时就诊；实验室工作人员应当将近期所接触的病原微生物的种类和危险程度如实告知诊治医疗机构。接诊的医疗机构应当及时救治；不具备相应救治条件的，应当依照规定将感染的实验室工作人员转诊至具备相应传染病救治条件的医疗机构；具备相应传染病救治条件的医疗机构应当接诊治疗，不得拒绝救治。

第44条　实验室发生高致病性病原微生物泄漏时，实验室工作人员应当立即采取控制措施，防止高致病性病原微生物扩散，并同时向负责实验室感染控制工作的机构或者人员报告。

第45条　负责实验室感染控制工作的机构或者人员接到本条例第四十三条、第四十四条规定的报告后，应当立即启动实验室生物安全事件应急处置预案，并组织人员对该实验室生物安全状况等情况进行调查；确认发生实验室感染或者高致病性病原微生物泄漏的，应当依照本条例第十七条的规定进行报告，并同时采取控制措施，对有关人员进行医学观察或者隔离治疗，封闭实验室，防止扩散。

第46条　卫生主管部门或者兽医主管部门接到关于实验室发生工作人员感染事故或者病原微生物泄漏事件的报告，或者发现实验室从事病原微生物相关实验活动造成实验室感染事故的，应当立即组织疾病预防控制机构、动物疫病预防控制机构和医疗机构以及其他有关机构依法采取下列预防、控制措施：

（一）封闭被病原微生物污染的实验室或者可能造成病原微生物扩散的场所；

（二）开展流行病学调查；

（三）对病人进行隔离治疗，对相关人员进行医学检查；

（四）对密切接触者进行医学观察；

（五）进行现场消毒；

（六）对染疫或者疑似染疫的动物采取隔离、扑杀等措施；

（七）其他需要采取的预防、控制措施。

第 47 条　医疗机构或者兽医医疗机构及其执行职务的医务人员发现由于实验室感染而引起的与高致病性病原微生物相关的传染病病人、疑似传染病病人或者患有疫病、疑似患有疫病的动物，诊治的医疗机构或者兽医医疗机构应当在 2 小时内报告所在地的县级人民政府卫生主管部门或者兽医主管部门；接到报告的卫生主管部门或者兽医主管部门应当在 2 小时内通报实验室所在地的县级人民政府卫生主管部门或者兽医主管部门。接到通报的卫生主管部门或者兽医主管部门应当依照本条例第四十六条的规定采取预防、控制措施。

第 48 条　发生病原微生物扩散，有可能造成传染病暴发、流行时，县级以上人民政府卫生主管部门或者兽医主管部门应当依照有关法律、行政法规的规定以及实验室生物安全事件应急处置预案进行处理。

第 49 条　县级以上地方人民政府卫生主管部门、兽医主管部门依照各自分工，履行下列职责：

（一）对病原微生物菌（毒）种、样本的采集、运输、储存进行监督检查；

（二）对从事高致病性病原微生物相关实验活动的实验室是否符合本条例规定的条件进行监督检查；

（三）对实验室或者实验室的设立单位培训、考核其工作人员以及上岗人员的情况进行监督检查；

（四）对实验室是否按照有关国家标准、技术规范和操作规程从事病原微生物相关实验活动进行监督检查。

县级以上地方人民政府卫生主管部门、兽医主管部门，应当主要通过检查反映实验室执行国家有关法律、行政法规以及国家标准和要求的记录、档案、报告，切实履行监督管理职责。

第 50 条　县级以上人民政府卫生主管部门、兽医主管部门、环境保护主管部门在履行监督检查职责时，有权进入被检查单位和病原微生物泄漏或者扩散现场调查取证、采集样品，查阅复制有关资料。需要进入从事高致病性病原微生物相关实验活动的实验室调查取证、采集样品的，应当指定或者委托专业机构实施。被检查单位应当予以配合，不得拒绝、阻挠。

第 51 条　国务院认证认可监督管理部门依照《中华人民共和国认证认可条例》的规定对实验室认可活动进行监督检查。

第 52 条　卫生主管部门、兽医主管部门、环境保护主管部门应当依据法定的职权和程序履行职责，做到公正、公平、公开、文明、高效。

第 53 条　卫生主管部门、兽医主管部门、环境保护主管部门的执法人员执行职务时，应当有 2 名以上执法人员参加，出示执法证件，并依照规定填写执法文书。

现场检查笔录、采样记录等文书经核对无误后，应当由执法人员和被检查人、被采样人签名。被检查人、被采样人拒绝签名的，执法人员应当在自己签名后注明情况。

第 54 条　卫生主管部门、兽医主管部门、环境保护主管部门及其执法人员执行职务，应当自觉接受社会和公民的监督。公民、法人和其他组织有权向上级人民政府及其卫生主管部门、兽医主管部门、环境保护主管部门举报地方人民政府及其有关主管部门不依照规定履行职责的情况。接到举报的有关人民政府或者其卫生主管部门、兽医主管部门、环境保护主管部门，应当及时调查处理。

第 55 条　上级人民政府卫生主管部门、兽医主管部门、环境保护主管部门发现属于下级人民政府卫生主管部门、兽医主管部门、环境保护主管部门职责范围内需要处理的事项的，应当及时告知该部门处理；下级人民政府卫生主管部门、兽医主管部门、环境保护主管部门不及时处理或者不积极履行本部门职责的，上级人民政府卫生主管部门、兽医主管部门、环境保护主管部门应当责令其限期改正；逾期不改正的，上级人民政府卫生主管部门、兽医主管部门、环境保护主管部门有权直接予以处理。

第56条　三级、四级实验室未经批准从事病原微生物目录规定的应当在三级、四级实验室进行的高致病性病原微生物实验活动或者疑似高致病性病原微生物实验活动的，由县级以上地方人民政府卫生主管部门、兽医主管部门依照各自职责，责令停止有关活动，监督其将用于实验活动的病原微生物销毁或者送交保藏机构，并给予警告；造成传染病传播、流行或者其他严重后果的，由实验室的设立单位对主要负责人、直接负责的主管人员和其他直接责任人员，依法给予撤职、开除的处分；构成犯罪的，依法追究刑事责任。

第57条　卫生主管部门或者兽医主管部门违反本条例的规定，准予不符合本条例规定条件的实验室从事高致病性病原微生物相关实验活动的，由作出批准决定的卫生主管部门或者兽医主管部门撤销原批准决定，责令有关实验室立即停止有关活动，并监督其将用于实验活动的病原微生物销毁或者送交保藏机构，对直接负责的主管人员和其他直接责任人员依法给予行政处分；构成犯罪的，依法追究刑事责任。

因违法作出批准决定给当事人的合法权益造成损害的，作出批准决定的卫生主管部门或者兽医主管部门应当依法承担赔偿责任。

第58条　卫生主管部门或者兽医主管部门对出入境检验检疫机构为了检验检疫工作的紧急需要，申请在实验室对高致病性病原微生物或者疑似高致病性病原微生物开展进一步检测活动，不在法定期限内作出是否批准决定的，由其上级行政机关或者监察机关责令改正，给予警告；造成传染病传播、流行或者其他严重后果的，对直接负责的主管人员和其他直接责任人员依法给予撤职、开除的行政处分；构成犯罪的，依法追究刑事责任。

第59条　违反本条例规定，在不符合相应生物安全要求的实验室从事病原微生物相关实验活动的，由县级以上地方人民政府卫生主管部门、兽医主管部门依照各自职责，责令停止有关活动，监督其将用于实验活动的病原微生物销毁或者送交保藏机构，并给予警告；造成传染病传播、流行或者其他严重后果的，由实验室的设立单位对主要负责人、直接负责的主管人员和其他直接责任人员，依法给予撤职、开除的处分；构成犯罪的，依法追究刑事责任。

第60条　实验室有下列行为之一的，由县级以上地方人民政府卫生主管部门、兽医主管部门依照各自职责，责令限期改正，给予警告；逾期不改正的，由实验室的设立单位对主要负责人、直接负责的主管人员和其他直接责任人员，依法给予撤职、开除的处分；有许可证件的，并由原发证部门吊销有关许可证件：

（一）未依照规定在明显位置标示国务院卫生主管部门和兽医主管部门规定的生物危险标识和生物安全实验室级别标志的；

（二）未向原批准部门报告实验活动结果以及工作情况的；

（三）未依照规定采集病原微生物样本，或者对所采集样本的来源、采集过程和方法等未作详细记录的；

（四）新建、改建或者扩建一级、二级实验室未向设区的市级人民政府卫生主管部门或者兽医主管部门备案的；

（五）未依照规定定期对工作人员进行培训，或者工作人员考核不合格允许其上岗，或者批准未采取防护措施的人员进入实验室的；

（六）实验室工作人员未遵守实验室生物安全技术规范和操

作规程的；

（七）未依照规定建立或者保存实验档案的；

（八）未依照规定制定实验室生物安全事件应急处置预案并备案的。

第61条　从事高致病性病原微生物相关实验活动的实验室的设立单位未建立健全安全保卫制度，或者未采取安全保卫措施的，由县级以上地方人民政府卫生主管部门、兽医主管部门依照各自职责，责令限期改正；逾期不改正，导致高致病性病原微生物菌（毒）种、样本被盗、被抢或者造成其他严重后果的，责令停止该项实验活动，该实验室2年内不得从事高致病性病原微生物实验活动；造成传染病传播、流行的，该实验室设立单位的主管部门还应当对该实验室的设立单位的直接负责的主管人员和其他直接责任人员，依法给予降级、撤职、开除的处分；构成犯罪的，依法追究刑事责任。

第62条　未经批准运输高致病性病原微生物菌（毒）种或者样本，或者承运单位经批准运输高致病性病原微生物菌（毒）种或者样本未履行保护义务，导致高致病性病原微生物菌（毒）种或者样本被盗、被抢、丢失、泄漏的，由县级以上地方人民政府卫生主管部门、兽医主管部门依照各自职责，责令采取措施，消除隐患，给予警告；造成传染病传播、流行或者其他严重后果的，由托运单位和承运单位的主管部门对主要负责人、直接负责的主管人员和其他直接责任人员，依法给予撤职、开除的处分；构成犯罪的，依法追究刑事责任。

第63条　有下列行为之一的，由实验室所在地的设区的市级以上地方人民政府卫生主管部门、兽医主管部门依照各自职责，责令有关单位立即停止违法活动，监督其将病原微生物销毁或者送交保藏机构；造成传染病传播、流行或者其他严重后果的，由其所在单位或者其上级主管部门对主要负责人、直接负责的主管人员和其他直接责任人员，依法给予撤职、开除的处分；有许可证件的，并由原发证部门吊销有关许可证件；构成犯罪的，依法追究刑事责任：

（一）实验室在相关实验活动结束后，未依照规定及时将病原微生物菌（毒）种和样本就地销毁或者送交保藏机构保管的；

（二）实验室使用新技术、新方法从事高致病性病原微生物相关实验活动未经国家病原微生物实验室生物安全专家委员会论证的；

（三）未经批准擅自从事在我国尚未发现或者已经宣布消灭的病原微生物相关实验活动的；

（四）在未经指定的专业实验室从事在我国尚未发现或者已经宣布消灭的病原微生物相关实验活动的；

（五）在同一个实验室的同一个独立安全区域内同时从事两种或者两种以上高致病性病原微生物的相关实验活动的。

第64条　认可机构对不符合实验室生物安全国家标准以及本条例规定条件的实验室予以认可，或者对符合实验室生物安全国家标准以及本条例规定条件的实验室不予认可的，由国务院认证认可监督管理部门责令限期改正，给予警告；造成传染病传播、流行或者其他严重后果的，由国务院认证认可监督管理部门撤销其认可资格，有上级主管部门的，由其上级主管部门对主要负责人、直接负责的主管人员和其他直接责任人员依法给予撤职、开除的处分；构成犯罪的，依法追究刑事责任。

第65条　实验室工作人员出现该实验室从事的病原微生物相关实验活动有关的感染临床症状或者体征，以及实验室发生高致病性病原微生物泄漏时，实验室负责人、实验室工作人员、负责实验室感染控制的专门机构或者人员未依照规定报告，或者未依照规定采取控制措施的，由县级以上地方人民政府卫生主管部门、兽医主管部门依照各自职责，责令限期改正，给予警告；造成传染病传播、流行或者其他严重后果的，由其设立单位对实验室主要负责人、直接负责的主管人员和其他直接责任人员，依法给予撤职、开除的处分；有许可证件的，并由原发证部门吊销有关许可证件；构成犯罪的，依法追究刑事责任。

第 66 条　拒绝接受卫生主管部门、兽医主管部门依法开展有关高致病性病原微生物扩散的调查取证、采集样品等活动或者依照本条例规定采取有关预防、控制措施的，由县级以上人民政府卫生主管部门、兽医主管部门依照各自职责，责令改正，给予警告；造成传染病传播、流行以及其他严重后果的，由实验室的设立单位对实验室主要负责人、直接负责的主管人员和其他直接责任人员，依法给予降级、撤职、开除的处分；有许可证件的，并由原发证部门吊销有关许可证件；构成犯罪的，依法追究刑事责任。

第 67 条　发生病原微生物被盗、被抢、丢失、泄漏，承运单位、护送人、保藏机构和实验室的设立单位未依照本条例的规定报告的，由所在地的县级人民政府卫生主管部门或者兽医主管部门给予警告；造成传染病传播、流行或者其他严重后果的，由实验室的设立单位或者承运单位、保藏机构的上级主管部门对主要负责人、直接负责的主管人员和其他直接责任人员，依法给予撤职、开除的处分；构成犯罪的，依法追究刑事责任。

第 68 条　保藏机构未依照规定储存实验室送交的菌（毒）种和样本，或者未依照规定提供菌（毒）种和样本的，由其指定部门责令限期改正，收回违法提供的菌（毒）种和样本，并给予警告；造成传染病传播、流行或者其他严重后果的，由其所在单位或者其上级主管部门对主要负责人、直接负责的主管人员和其他直接责任人员，依法给予撤职、开除的处分；构成犯罪的，依法追究刑事责任。

第69条　县级以上人民政府有关主管部门，未依照本条例的规定履行实验室及其实验活动监督检查职责的，由有关人民政府在各自职责范围内责令改正，通报批评；造成传染病传播、流行或者其他严重后果的，对直接负责的主管人员，依法给予行政处分；构成犯罪的，依法追究刑事责任。

第70条　军队实验室由中国人民解放军卫生主管部门参照本条例负责监督管理。

第71条　本条例施行前设立的实验室，应当自本条例施行之日起6个月内，依照本条例的规定，办理有关手续。

第72条　本条例自公布之日起施行。

第三十二条　血液和血液制品有关要求

采供血机构、生物制品生产单位应当严格执行国家有关规定，保证血液、血液制品的质量和安全。

禁止非法采集血液或者组织他人出卖血液。

疾病预防控制机构、医疗机构使用血液和血液制品，应当遵守国家有关规定，防止因输入血液、使用血液制品引起经血液传播疾病的发生。

第三十三条　艾滋病防治

各级人民政府应当加强艾滋病的防治工作，采取预防、控制措施，防止艾滋病的传播。具体办法由国务院制定。

法　律

《母婴保健法》（2017年11月4日）

第8条　婚前医学检查包括对下列疾病的检查：

（一）严重遗传性疾病；

（二）指定传染病；

（三）有关精神病。

经婚前医学检查，医疗保健机构应当出具婚前医学检查证明。

第38条　本法下列用语的含义：

指定传染病，是指《中华人民共和国传染病防治法》中规定的艾滋病、淋病、梅毒、麻疯病以及医学上认为影响结婚和生育的其他传染病。

严重遗传性疾病，是指由于遗传因素先天形成，患者全部或者部分丧失自主生活能力，后代再现风险高，医学上认为不宜生育的遗传性疾病。

有关精神病，是指精神分裂症、躁狂抑郁型精神病以及其他重型精神病。

产前诊断，是指对胎儿进行先天性缺陷和遗传性疾病的诊断。

第三十四条　人畜共患传染病防治

国家建立健全人畜共患传染病防治的协作机制，统筹规划、协同推进预防、控制工作，做好重点人群健康教育、传染病监测、疫情调查处置和信息通报等工作。

县级以上人民政府农业农村、林业草原、卫生健康、疾病预防控制等部门依据职责负责与人畜共患传染病有关的动物传染病的防治管理工作，重点加强鼠疫、狂犬病、人感染新亚型流感、布鲁氏菌病、炭疽、血吸虫病、包虫病等人畜共患传染病的防治工作。

● 法 律

《野生动物保护法》（2022 年 12 月 30 日）

第 6 条 任何组织和个人有保护野生动物及其栖息地的义务。禁止违法猎捕、运输、交易野生动物，禁止破坏野生动物栖息地。

社会公众应当增强保护野生动物和维护公共卫生安全的意识，防止野生动物源性传染病传播，抵制违法食用野生动物，养成文明健康的生活方式。

任何组织和个人有权举报违反本法的行为，接到举报的县级以上人民政府野生动物保护主管部门和其他有关部门应当及时依法处理。

第 16 条 野生动物疫源疫病监测、检疫和与人畜共患传染病有关的动物传染病的防治管理，适用《中华人民共和国动物防疫法》等有关法律法规的规定。

第三十五条 病原微生物菌（毒）种管理

国家建立病原微生物菌（毒）种保藏库。

对病原微生物菌（毒）种和传染病检测样本的采集、保藏、提供、携带、运输、使用实行分类管理，建立健全严格的管理制度。从事相关活动应当遵守有关病原微生物实验室生物安全的法律、行政法规规定；依法需要经过批准或者进行备案的，应当取得批准或者进行备案。

● 法 律

《陆地国界法》（2021 年 10 月 23 日）

第 46 条 国务院有关部门和边境省、自治区的各级人民政府应当采取措施预防传染病、动植物疫情、外来物种入侵以及洪涝、火灾等从陆地国界传入或者在边境传播、蔓延。

第三十六条　消毒处理

对被传染病病原体污染的水、物品和场所，有关单位和个人应当在疾病预防控制机构的指导下或者按照其提出的卫生要求，进行科学严格消毒处理；拒绝消毒处理的，由当地疾病预防控制部门组织进行强制消毒处理。

● 法　律

《基本医疗卫生与健康促进法》（2019年12月28日）

第20条　国家建立传染病防控制度，制定传染病防治规划并组织实施，加强传染病监测预警，坚持预防为主、防治结合，联防联控、群防群控、源头防控、综合治理，阻断传播途径，保护易感人群，降低传染病的危害。

任何组织和个人应当接受、配合医疗卫生机构为预防、控制、消除传染病危害依法采取的调查、检验、采集样本、隔离治疗、医学观察等措施。

第三十七条　自然疫源地建设项目管理

在国家确认的自然疫源地计划兴建水利、交通、旅游、能源等大型建设项目的，应当事先由省级以上疾病预防控制机构对施工环境进行卫生调查。建设单位应当根据疾病预防控制机构的意见，采取必要的传染病预防、控制措施。施工期间，建设单位应当设专人负责工地上的卫生防疫工作。施工期间和工程竣工后，疾病预防控制机构应当对可能发生的传染病进行监测。

● 法　律

《基本医疗卫生与健康促进法》（2019年12月28日）

第20条　国家建立传染病防控制度，制定传染病防治规划并组织实施，加强传染病监测预警，坚持预防为主、防治结合，联防联控、群防群控、源头防控、综合治理，阻断传播途径，保护易感人群，降低传染病的危害。

任何组织和个人应当接受、配合医疗卫生机构为预防、控制、消除传染病危害依法采取的调查、检验、采集样本、隔离治疗、医学观察等措施。

第三十八条 消毒产品和饮用水安全管理

用于传染病防治的消毒产品、饮用水供水单位供应的饮用水和涉及饮用水卫生安全的产品，应当符合国家卫生标准和卫生规范。

用于传染病防治的消毒产品的生产企业，应当经省级人民政府疾病预防控制部门批准，取得卫生许可。利用新材料、新工艺技术和新杀菌原理生产的消毒剂和消毒器械，应当经国务院疾病预防控制部门批准，取得卫生许可；其他消毒剂、消毒器械以及抗（抑）菌剂，应当报省级人民政府疾病预防控制部门备案。

饮用水供水单位应当经设区的市级或者县级人民政府疾病预防控制部门批准，取得卫生许可。涉及饮用水卫生安全的产品应当经省级以上人民政府疾病预防控制部门批准，取得卫生许可。

第三十九条 传染病患者、病原携带者和疑似患者义务

传染病患者、病原携带者和疑似患者应当如实提供相关信息，在治愈前或者在排除传染病嫌疑前，不得从事法律、行政法规和国务院疾病预防控制部门规定禁止从事的易使该传染病扩散的工作。

传染病患者、病原携带者、疑似患者以及上述人员的密切接触者应当采取必要的防护措施。

任何单位或者个人不得以任何方式故意传播传染病。

第四十条　重点场所主体责任

学校、托育机构、养老机构、康复机构、福利机构、未成年人救助保护机构、救助管理机构、体育场馆、监管场所、车站、港口、机场等重点场所应当落实主体责任，加强传染病预防、控制能力建设，在疾病预防控制机构指导下开展传染病预防、控制工作。

第三章　监测、报告和预警

第四十一条　传染病监测预警体系

国家加强传染病监测预警工作，建设多点触发、反应快速、权威高效的传染病监测预警体系。

第四十二条　传染病监测制度

国家建立健全传染病监测制度。

国务院疾病预防控制部门会同国务院有关部门制定国家传染病监测规划和方案。省级人民政府疾病预防控制部门会同同级人民政府有关部门，根据国家传染病监测规划和方案，制定本行政区域传染病监测计划和工作方案，报国务院疾病预防控制部门审核后实施。

国家加强传染病监测，依托传染病监测系统实行传染病疫情和突发公共卫生事件网络直报，建立重点传染病以及原因不明的传染病监测哨点，拓展传染病症状监测范围，收集传染病症候群、群体性不明原因疾病等信息，建立传染病病原学监测网络，多途径、多渠道开展多病原监测，建立智慧化多点触发机制，增强监测的敏感性和准确性，提高实时分析、集中研判能力，及时发现传染病疫情和突发公共卫生事件。

第四十三条 传染病监测内容和重点

疾病预防控制机构对传染病的发生、流行以及影响其发生、流行的因素进行监测，及时掌握重点传染病流行强度、危害程度以及病原体变异情况。

疾病预防控制机构应当加强原因不明的传染病监测，提高快速发现和及时甄别能力；对新发传染病、境内已消除的传染病以及境外发生、境内尚未发生的传染病进行监测。

第四十四条 信息共享

国家建立跨部门、跨地域的传染病监测信息共享机制，加强卫生健康、疾病预防控制、生态环境、农业农村、海关、市场监督管理、移民管理、林业草原等部门的联动监测和信息共享。

国家建立临床医疗、疾病预防控制信息的互通共享制度，加强医防协同，推动医疗机构等的信息系统与传染病监测系统互联互通，建立健全传染病诊断、病原体检测数据等的自动获取机制，规范信息共享流程，确保个人信息安全。

第四十五条 传染病疫情报告制度

国家建立健全传染病疫情报告制度。

疾病预防控制机构、医疗机构和采供血机构及其执行职务的人员发现甲类传染病患者、病原携带者、疑似患者或者新发传染病、突发原因不明的传染病，以及其他传染病暴发、流行时，应当于两小时内进行网络直报；发现乙类传染病患者、疑似患者或者国务院疾病预防控制部门规定需要报告的乙类传染病病原携带者时，应当于二十四小时内进行网络直报；发现丙类传染病患者时，应当于二十四小时内进行网络直报。

中国人民解放军、中国人民武装警察部队的医疗机构向社会公众提供医疗服务的，应当依照前款规定报告传染病疫情。

传染病疫情报告遵循属地管理原则，具体办法由国务院疾病预防控制部门制定。

部门规章及文件

《医疗机构传染病防控责任清单》（2023 年 10 月 11 日）

二、传染病监测与信息报告管理

（六）传染病报告首诊负责。医疗机构应当建立传染病疫情信息监测报告管理制度，执行首诊负责，首先接诊传染病患者、疑似患者和规定报告的病原携带者的医师或其他承担相应职责的医务人员为传染病责任报告人。

（七）传染病报卡资料管理。医疗机构的首诊医师或其他承担相应职责的医务人员在诊疗过程中发现传染病患者、疑似患者和规定报告的病原携带者后应当按照规定填写和保存传染病报告卡或通过电子病历、电子健康档案自动抽取符合交换文档标准的电子传染病报告卡。

（八）传染病报告要求。医疗机构发现甲类和需按照甲类管理的乙类传染病患者、病原携带者、疑似患者和突发原因不明传染病、新发传染病以及其他传染病暴发、流行时，应当于 2 小时内进行网络直报；发现乙类传染病患者、疑似患者以及国务院疾病预防控制部门规定需要报告的乙类传染病病原携带者时，应当于 24 小时内进行网络直报；发现丙类传染病患者时，应当于 24 小时内进行网络直报。

（九）传染病报告质量管理。医疗机构负责本机构传染病信息报告的日常管理、审核检查、网络报告（数据交换）和质量控制，定期对机构内报告的传染病情况及报告质量进行分析汇总和通报。

（十）传染病哨点监测。承担哨点监测任务的医疗机构，对发现符合监测传染病定义的病例，按要求采集标本进行检测或将标本送至指定的实验室检测。

（十一）传染病预警反馈机制。医疗机构应当将疾病预防控制机构发布的传染病预警信息，及时传达到相关科室和医务人员。

第四十六条 传染病疫情报告管理制度

疾病预防控制机构、医疗机构和采供血机构应当建立健全传染病疫情报告管理制度，加强传染病疫情和相关信息报告的培训、日常管理和质量控制，定期对本机构报告的传染病疫情和相关信息以及报告质量进行分析、汇总和通报。

第四十七条 重点场所、检验检测机构的报告义务

学校、托育机构、养老机构、康复机构、福利机构、未成年人救助保护机构、救助管理机构、体育场馆、监管场所、车站、港口、机场等重点场所发现传染病患者、疑似患者时，

应当按照国务院疾病预防控制部门的规定，向所在地疾病预防控制机构报告有关信息。

检验检测机构等应当按照国务院疾病预防控制部门的规定，向所在地疾病预防控制机构报告与传染病防治有关的信息。

第四十八条 单位和个人报告义务及途径

任何单位和个人发现传染病患者、疑似患者时，应当及时向附近的疾病预防控制机构、医疗机构或者疾病预防控制部门报告。

疾病预防控制部门应当公布热线电话等，畅通报告途径，确保及时接收、调查和处理相关报告信息。

第四十九条 疾控机构和疾控部门报告职责

疾病预防控制机构应当设立或者指定专门的部门、人员负责传染病疫情信息管理工作，主动收集、分析、调查、核实传染病疫情信息。

疾病预防控制机构接到甲类传染病、新发传染病、突发原因不明的传染病报告或者发现传染病暴发、流行时，应当于两小时内完成传染病疫情信息核实以及向同级卫生健康主管部门、疾病预防控制部门和上级疾病预防控制机构报告的工作。疾病预防控制部门接到报告后应当立即报告同级人民政府，同时报告上一级人民政府卫生健康主管部门、疾病预防控制部门和国务院卫生健康主管部门、疾病预防控制部门。

法　律

1.《医师法》（2021 年 8 月 20 日）

第 33 条　在执业活动中有下列情形之一的，医师应当按照有关规定及时向所在医疗卫生机构或者有关部门、机构报告：

（一）发现传染病、突发不明原因疾病或者异常健康事件；

（二）发生或者发现医疗事故；

（三）发现可能与药品、医疗器械有关的不良反应或者不良事件；

（四）发现假药或者劣药；

（五）发现患者涉嫌伤害事件或者非正常死亡；

（六）法律、法规规定的其他情形。

2.《食品安全法》（2021 年 4 月 29 日）

第 104 条　医疗机构发现其接收的病人属于食源性疾病病人或者疑似病人的，应当按照规定及时将相关信息向所在地县级人民政府卫生行政部门报告。县级人民政府卫生行政部门认为与食品安全有关的，应当及时通报同级食品安全监督管理部门。

县级以上人民政府卫生行政部门在调查处理传染病或者其他突发公共卫生事件中发现与食品安全相关的信息，应当及时通报同级食品安全监督管理部门。

第五十条　疫情报告职责要求

任何单位或者个人不得干预传染病疫情报告。

依照本法规定负有传染病疫情报告职责的人民政府有关部门、疾病预防控制机构、医疗机构、采供血机构及其工作人员，不得隐瞒、谎报、缓报、漏报传染病疫情。

● 法　律

《行政处罚法》（2021 年 1 月 22 日）

第 49 条　发生重大传染病疫情等突发事件，为了控制、减轻和消除突发事件引起的社会危害，行政机关对违反突发事件应对措施的行为，依法快速、从重处罚。

第五十一条 疫情报告奖励和免责

对及时发现并报告新发传染病、突发原因不明的传染病的单位和个人，按照国家有关规定给予奖励。

对经调查排除传染病疫情的，报告的单位和个人不承担法律责任。

第五十二条 传染病疫情风险评估制度

国家建立健全传染病疫情风险评估制度。

疾病预防控制机构应当及时分析传染病和健康危害因素相关信息，评估发生传染病疫情的风险、可能造成的影响以及疫情发展态势。

第五十三条 传染病预警制度

国家建立健全传染病预警制度。

疾病预防控制机构根据传染病监测信息和传染病疫情风险评估结果，向社会发布健康风险提示；发现可能发生突发公共卫生事件，经评估认为需要发布预警的，向同级疾病预防控制部门提出发布预警的建议。疾病预防控制部门收到建议后应当及时组织专家进行分析研判，需要发布预警的，由卫生健康主管部门、疾病预防控制部门立即向同级人民政府报告。

县级以上人民政府依照有关突发公共卫生事件应对的法律、行政法规和国务院规定的权限和程序，决定向社会发布预警。

第五十四条 向疾控机构和医疗机构通报

县级以上地方人民政府疾病预防控制部门应当及时向本行政区域的疾病预防控制机构和医疗机构通报传染病疫情以及监测、预警的相关信息。接到通报的疾病预防控制机构和医疗机构应当及时报告本机构的主要负责人，并告知本机构的有关人员。

● 法　律

《基本医疗卫生与健康促进法》（2019 年 12 月 28 日）

第 20 条　国家建立传染病防控制度，制定传染病防治规划并组织实施，加强传染病监测预警，坚持预防为主、防治结合，联防联控、群防群控、源头防控、综合治理，阻断传播途径，保护易感人群，降低传染病的危害。

任何组织和个人应当接受、配合医疗卫生机构为预防、控制、消除传染病危害依法采取的调查、检验、采集样本、隔离治疗、医学观察等措施。

第五十五条 疾控部门间通报机制

国务院疾病预防控制部门应当及时向省级人民政府疾病预防控制部门和中央军事委员会负责卫生工作的部门通报全国传染病疫情以及监测、预警的相关信息。中央军事委员会负责卫生工作的部门发现传染病疫情时，应当向国务院疾病预防控制部门通报。

毗邻或者相关地区的地方人民政府疾病预防控制部门，应当及时相互通报本行政区域的传染病疫情以及监测、预警的相关信息。

法　律

1.《医师法》（2021年8月20日）

第33条　在执业活动中有下列情形之一的，医师应当按照有关规定及时向所在医疗卫生机构或者有关部门、机构报告：

（一）发现传染病、突发不明原因疾病或者异常健康事件；

（二）发生或者发现医疗事故；

（三）发现可能与药品、医疗器械有关的不良反应或者不良事件；

（四）发现假药或者劣药；

（五）发现患者涉嫌伤害事件或者非正常死亡；

（六）法律、法规规定的其他情形。

2.《食品安全法》（2021年4月29日）

第104条　医疗机构发现其接收的病人属于食源性疾病病人或者疑似病人的，应当按照规定及时将相关信息向所在地县级人民政府卫生行政部门报告。县级人民政府卫生行政部门认为与食品安全有关的，应当及时通报同级食品安全监督管理部门。

县级以上人民政府卫生行政部门在调查处理传染病或者其他突发公共卫生事件中发现与食品安全相关的信息，应当及时通报同级食品安全监督管理部门。

第五十六条　部门间通报机制和传染病暴发、流行时的工作机制

县级以上人民政府疾病预防控制部门与同级人民政府教育、公安、民政、司法行政、生态环境、农业农村、市场监督管理、林业草原、中医药等部门建立传染病疫情通报机制，及时共享传染病疫情信息。

传染病暴发、流行时，国务院卫生健康、疾病预防控制、外交、工业和信息化、公安、交通运输、铁路、民用航空、海关、移民管理等部门以及中国人民解放军、中国人民武装警察部队的有关单位和部门等建立工作机制，及时共享传染病疫情信息。

第五十七条 传染病疫情信息公布制度

国家建立健全传染病疫情信息公布制度。

国务院疾病预防控制部门定期向社会公布全国传染病疫情信息。县级以上地方人民政府疾病预防控制部门定期向社会公布本行政区域的传染病疫情信息。

传染病暴发、流行时，县级以上地方人民政府疾病预防控制部门应当及时、准确地向社会公布本行政区域传染病名称、流行传播范围以及确诊病例、疑似病例、死亡病例数量等传染病疫情信息。传染病跨省级行政区域暴发、流行时，国务院疾病预防控制部门应当及时、准确地向社会公布上述信息。

县级以上人民政府疾病预防控制部门发现虚假或者不完整传染病疫情信息的，应当及时发布准确的信息予以澄清。

传染病疫情信息公布的具体办法由国务院疾病预防控制部门制定。

第四章　疫情控制

第五十八条　隔离治疗和医学观察措施

医疗机构、疾病预防控制机构发现甲类传染病时，应当立即采取下列措施，并向县级以上地方人民政府疾病预防控制部门报告：

（一）对甲类传染病患者、病原携带者，予以隔离治疗、医学观察；

（二）对甲类传染病疑似患者，确诊前单独隔离治疗；

（三）对甲类传染病患者、病原携带者、疑似患者的密切接触者，予以医学观察，并采取其他必要的预防措施。

医疗机构、疾病预防控制机构对甲类传染病患者、病原携带者、疑似患者以及上述人员的密切接触者采取隔离治疗、医学观察措施，应当根据国家有关规定和医学检查结果科学合理确定具体人员范围和期限，并根据情况变化及时调整。采取隔离治疗、医学观察措施，不得超出规定的范围和期限。

医疗机构、疾病预防控制机构应当向甲类传染病患者、病原携带者、疑似患者以及上述人员的密切接触者书面告知诊断或者判定结果和依法应当采取的措施。

甲类传染病患者、病原携带者、疑似患者以及上述人员的密切接触者应当主动接受和配合医学检查、隔离治疗、医学观察等措施。

拒绝隔离治疗、医学观察或者隔离治疗、医学观察的期限未满擅自脱离的，由公安机关协助医疗机构、疾病预防控制机构采取强制隔离治疗、医学观察措施。

● 法　律

1.《医师法》（2021 年 8 月 20 日）

第 33 条　在执业活动中有下列情形之一的，医师应当按照有关规定及时向所在医疗卫生机构或者有关部门、机构报告：

（一）发现传染病、突发不明原因疾病或者异常健康事件；

（二）发生或者发现医疗事故；

（三）发现可能与药品、医疗器械有关的不良反应或者不良事件；

（四）发现假药或者劣药；

（五）发现患者涉嫌伤害事件或者非正常死亡；

（六）法律、法规规定的其他情形。

2.《食品安全法》（2021 年 4 月 29 日）

第 104 条　医疗机构发现其接收的病人属于食源性疾病病人或者疑似病人的，应当按照规定及时将相关信息向所在地县级人民政府卫生行政部门报告。县级人民政府卫生行政部门认为与食品安全有关的，应当及时通报同级食品安全监督管理部门。

县级以上人民政府卫生行政部门在调查处理传染病或者其他突发公共卫生事件中发现与食品安全相关的信息，应当及时通报同级食品安全监督管理部门。

● 部门规章及文件

3.《医疗机构传染病防控责任清单》（2023 年 10 月 11 日）

三、传染病流调与疫情控制

（十二）传染病疫情流调和处置。发生需开展流调和处置的传染病疫情时，医疗机构应当协助疾病预防控制机构规范开展传染病相关的流行病学调查、样本采集和转运、检验检测、病原学鉴定等工作。

（十三）机构内传染病疫情控制。医疗机构发现甲类传染病、需按照甲类传染病管理的乙类传染病和突发原因不明的传染病时，应当对传染病患者、疑似患者、病原携带者进行流行病史采集并依法采取相应的隔离治疗和医学观察措施，对陪同人员和其他密切接触者予以医学观察和其他必要的预防措施。

（十四）突发原因不明传染病会商。医疗机构发现突发原因不明的传染病时应当依法及时报告，并配合疾病预防控制部门建立会商、研判和实验室检测联动协同机制。

第五十九条 甲类传染病患者、疑似患者移交

医疗机构、疾病预防控制机构接到其他单位和个人报告甲类传染病的，有关甲类传染病患者、疑似患者的移交按照国务院疾病预防控制部门的规定执行。

第六十条 乙类、丙类传染病患者的治疗和控制传播措施

医疗机构发现乙类或者丙类传染病患者时，应当根据病情采取必要的治疗和控制传播措施。

县级以上地方人民政府疾病预防控制部门指定的医疗机构对肺结核患者进行治疗；对具有传染性的肺结核患者进行耐药检查和规范隔离治疗，对其密切接触者进行筛查。基层医疗卫生机构对肺结核患者进行健康管理。具体办法由国务院疾病预防控制部门拟订，报国务院卫生健康主管部门审核、发布。

第六十一条 消毒和无害化处置

医疗机构对本机构内被传染病病原体污染的场所、物品以及医疗废物、医疗污水，应当依照有关法律、行政法规的规定实施消毒和无害化处置。

第六十二条 疾控机构采取的措施

疾病预防控制机构发现传染病疫情或者接到传染病疫情报告时，应当及时采取下列措施：

（一）对传染病疫情进行流行病学调查，根据调查情况提出对受影响的相关区域的防控建议，对被污染的场所进行卫生处理，判定密切接触者，指导做好对密切接触者的管理，并向疾病预防控制部门提出传染病疫情防控方案；

（二）传染病暴发、流行时，对受影响的相关区域进行卫生处理，向疾病预防控制部门提出传染病疫情防控方案，并按照传染病疫情防控相关要求采取措施；

（三）指导下级疾病预防控制机构、医疗机构实施传染病预防、控制措施，组织、指导有关单位对传染病疫情的处理。

有关单位和个人应当接受和配合疾病预防控制机构开展流行病学调查，如实提供信息。疾病预防控制机构开展流行病学调查，需要有关部门和单位协助的，有关部门和单位应当予以协助。

发生传染病疫情时，疾病预防控制机构和省级以上人民政府疾病预防控制部门指派的其他与传染病有关的专业技术机构，可以进入受影响的相关区域进行调查、采集样本、技术分析和检验检测。被调查单位和个人应当如实提供信息；任何单位或者个人不得隐瞒信息、阻碍调查。

第六十三条 传染病暴发、流行时的紧急措施

传染病暴发、流行时，县级以上地方人民政府应当立即组织力量，按照传染病预防控制应急预案进行防治，控制传染源，切断传染病的传播途径；发生重大传染病疫情，经评估必要时，可以采取下列紧急措施：

（一）限制或者停止集市、影剧院演出或者其他人群聚集的活动；

（二）停工、停业、停课；

（三）封闭或者封存被传染病病原体污染的公共饮用水源、食品以及相关物品；

（四）控制或者扑杀、无害化处理染疫动物；

（五）封闭可能造成传染病扩散的场所；

（六）防止传染病传播的其他必要措施。

县级以上地方人民政府采取前款规定的紧急措施，应当同时向上一级人民政府报告。接到报告的上级人民政府认为采取的紧急措施不适当的，应当立即调整或者撤销。

必要时，国务院或者国务院授权的部门可以决定在全国或者部分区域采取本条第一款规定的紧急措施。

第六十四条 隔离措施

对已经发生甲类传染病病例的场所或者该场所内的特定区域的人员，所在地县级以上地方人民政府可以实施隔离措施，同时向上一级人民政府报告。接到报告的上级人民政府认为实施的隔离措施不适当的，应当立即调整或者撤销。

被实施隔离措施的人员应当予以配合；拒绝执行隔离措施的，由公安机关协助疾病预防控制机构采取强制隔离措施。

第六十五条 对新发传染病、突发原因不明传染病的防控措施

发生新发传染病、突发原因不明的传染病，县级以上地方人民政府经评估认为确有必要的，可以预先采取本法规定的甲类传染病预防、控制措施，同时向上一级人民政府报告。接到报告的上级人民政府认为预先采取的预防、控制措施不适当的，应当立即调整或者撤销。

第六十六条 卫生检疫和区域封锁

因甲类、乙类传染病发生重大传染病疫情时，县级以上地方人民政府报经上一级人民政府决定，可以对进入或者离开本行政区域受影响的相关区域的人员、物资和交通工具实施卫生检疫。

因甲类传染病发生重大传染病疫情时，省级人民政府可以决定对本行政区域受影响的相关区域实施封锁；封锁大、中城市或者跨省级行政区域的受影响的相关区域，以及因封锁导致中断干线交通或者封锁国境的，由国务院决定。

● 法　律

1. 《刑法》（2023 年 12 月 29 日）

第 332 条　违反国境卫生检疫规定，引起检疫传染病传播或者有传播严重危险的，处三年以下有期徒刑或者拘役，并处或者单处罚金。

单位犯前款罪的，对单位判处罚金，并对其直接负责的主管人员和其他直接责任人员，依照前款的规定处罚。

● 行政法规及文件

2. 《国境口岸卫生监督办法》（2019 年 3 月 2 日）

第 19 条　供应食品、饮用水的从业人员的卫生要求：

（一）患有肠道传染病的患者或带菌者，以及活动性结核病、化脓性渗出性皮肤病患者，不得从事食品和饮用水供应工作；

（二）从事食品、饮用水供应工作的人员，应当每年进行一次健康检查，新参加工作的人员，应当首先进行健康检查，经检查合格者，发给健康证；

（三）从事食品、饮用水供应工作的人员，要养成良好卫生习惯，工作时要着装整洁，严格遵守卫生操作制度。

第20条　国境口岸和交通工具的负责人在卫生工作方面的责任是：

（一）应当经常抓好卫生工作，接受卫生监督人员的监督和检查，并为其开展工作提供方便条件；

（二）应当模范地遵守本办法和其他卫生法令、条例和规定；

（三）应当按照卫生监督人员的建议，对国境口岸和交通工具的不卫生状况，及时采取措施，加以改进；

（四）在发现检疫传染病和监测传染病时，应当向国境卫生检疫机关或地方防疫部门报告，并立即采取防疫措施。

第21条　国境口岸卫生检疫机关对国境口岸和交通工具进行卫生监督，其主要职责是：

（一）监督和指导国境口岸有关部门和交通工具的负责人对病媒昆虫、啮齿动物进行防除；

（二）对停留在国境口岸出入国境的交通工具上的食品、饮用水实施检验，并对运输、供应、贮存设施等系统进行卫生监督；

（三）对国境口岸和交通工具上的所有非因意外伤害致死的尸体，实施检查、监督和卫生处理；

（四）监督国境口岸有关部门和交通工具的负责人对粪便、垃圾、污水进行清除和无害化处理；

（五）对与检疫传染病、监测传染病有流行病学意义的环境因素实施卫生监督；

（六）监督国境口岸周围内采取防蚊措施的执行；

（七）开展卫生宣传教育，普及卫生知识，提高国境口岸和交通工具上的人员遵守和执行本办法的自觉性。

第23条 国境口岸卫生监督员持其证件，有权对国境口岸和交通工具的负责人，进行卫生监督、检查和技术指导；配合有关部门，对卫生工作情况不良或引起传染病传播的单位或个人，提出改进意见，协同有关部门采取必要措施，进行处理。

第六十七条 疫情防控措施的程序及相关保障

依照本法第六十三条至第六十六条规定采取传染病疫情防控措施时，决定采取措施的机关应当向社会发布公告，明确措施的具体内容、实施范围和实施期限，并进行必要的解释说明。相关疫情防控措施的解除，由原决定机关决定并宣布。

采取前款规定的措施期间，当地人民政府应当保障食品、饮用水等基本生活必需品的供应，提供基本医疗服务，维护社会稳定；对未成年人、老年人、残疾人、孕产期和哺乳期的妇女以及需要及时救治的伤病人员等群体给予特殊照顾和安排，并确保相关人员获得医疗救治。当地人民政府应当公布求助电话等，畅通求助途径，及时向有需求的人员提供帮助。

因采取本法第五十八条、第六十三条至第六十六条规定的措施导致劳动者不能工作的，用人单位应当保留其工作，按照规定支付其在此期间的工资、发放生活费。用人单位可以按照规定享受有关帮扶政策。

第六十八条 交通卫生检疫

发生甲类传染病时，为了防止该传染病通过交通工具及其乘运的人员、物资传播，省级人民政府可以决定实施交通卫生检疫。具体办法由国务院制定。

行政法规及文件

《国内交通卫生检疫条例》（1998年11月28日）

第2条 列车、船舶、航空器和其他车辆（以下简称交通工具）出入检疫传染病疫区和在非检疫传染病疫区的交通工具上发现检疫传染病疫情时，依照本条例对交通工具及其乘运的人员、物资实施交通卫生检疫。

在中华人民共和国国际通航的港口、机场以及陆地边境和国界江河口岸的国境卫生检疫，依照《中华人民共和国国境卫生检疫法》的规定执行。

第3条 本条例所称检疫传染病，是指鼠疫、霍乱以及国务院确定并公布的其他传染病。

检疫传染病的诊断标准，按照国家有关卫生标准和国务院卫生行政部门的规定执行。

第4条 国务院卫生行政部门主管全国国内交通卫生检疫监督管理工作。

县级以上地方人民政府卫生行政部门负责本行政区域内的国内交通卫生检疫监督管理工作。

铁路、交通、民用航空行政主管部门的卫生主管机构，根据有关法律、法规和国务院卫生行政部门分别会同国务院铁路、交通、民用航空行政主管部门规定的职责划分，负责各自职责范围内的国内交通卫生检疫工作。

第5条 省、自治区、直辖市人民政府依照传染病防治法的规定，确定检疫传染病疫区，并决定对出入疫区的交通工具及其乘运的人员、物资实施交通卫生检疫。

第6条　对出入检疫传染病疫区的交通工具及其乘运的人员、物资，县级以上地方人民政府卫生行政部门或者铁路、交通、民用航空行政主管部门的卫生主管机构根据各自的职责，有权采取下列相应的交通卫生检疫措施：

（一）对出入检疫传染病疫区的人员、交通工具及其承运的物资进行查验；

（二）对检疫传染病病人、病原携带者、疑似检疫传染病病人和与其密切接触者，实施临时隔离、医学检查及其他应急医学措施；

（三）对被检疫传染病病原体污染或者可能被污染的物品，实施控制和卫生处理；

（四）对通过该疫区的交通工具及其停靠场所，实施紧急卫生处理；

（五）需要采取的其他卫生检疫措施。

采取前款所列交通卫生检疫措施的期间自决定实施时起至决定解除时止。

第7条　非检疫传染病疫区的交通工具上发现下列情形之一时，县级以上地方人民政府卫生行政部门或者铁路、交通、民用航空行政主管部门的卫生主管机构根据各自的职责，有权对交通工具及其乘运的人员、物资实施交通卫生检疫：

（一）发现有感染鼠疫的啮齿类动物或者啮齿类动物反常死亡，并且死因不明；

（二）发现鼠疫、霍乱病人、病原携带者和疑似鼠疫、霍乱病人；

（三）发现国务院确定并公布的需要实施国内交通卫生检疫的其他传染病。

跨省、自治区、直辖市在非检疫传染病疫区运行的列车、船舶、航空器上发现前款所列情形之一时，国务院卫生行政部门分别会同国务院铁路、交通、民用航空行政主管部门，可以决定对该列车、船舶、航空器实施交通卫生检疫和指令列车、船舶、航空器不得停靠或者通过港口、机场、车站；但是，因实施交通卫生检疫导致中断干线交通或者封锁国境的，须由国务院决定。

第8条　在非检疫传染病疫区的交通工具上，发现检疫传染病病人、病原携带者、疑似检疫传染病病人时，交通工具负责人应当组织有关人员采取下列临时措施：

（一）以最快的方式通知前方停靠点，并向交通工具营运单位的主管部门报告；

（二）对检疫传染病病人、病原携带者、疑似检疫传染病病人和与其密切接触者实施隔离；

（三）封锁已经污染或者可能污染的区域，采取禁止向外排放污物等卫生处理措施；

（四）在指定的停靠点将检疫传染病病人、病原携带者、疑似检疫传染病病人和与其密切接触者以及其他需要跟踪观察的旅客名单，移交当地县级以上地方人民政府卫生行政部门；

（五）对承运过检疫传染病病人、病原携带者、疑似检疫传染病病人的交通工具和可能被污染的环境实施卫生处理。

交通工具停靠地的县级以上地方人民政府卫生行政部门或者铁路、交通、民用航空行政主管部门的卫生主管机构，应当根据各自的职责，依照传染病防治法的规定，采取控制措施。

第9条　县级以上地方人民政府卫生行政部门或者铁路、交通、民用航空行政主管部门的卫生主管机构，根据各自的职责，对出入检疫传染病疫区的或者在非检疫传染病疫区发现检疫传染病疫情的交通工具及其乘运的人员、物资，实施交通卫生检疫；经检疫合格的，签发检疫合格证明。交通工具及其乘运的人员、物资凭检疫合格证明，方可通行。

检疫合格证明的格式，由国务院卫生行政部门商国务院铁路、交通、民用航空行政主管部门制定。

第10条　对拒绝隔离、治疗、留验的检疫传染病病人、病原携带者、疑似检疫传染病病人和与其密切接触者，以及拒绝检查和卫生处理的可能传播检疫传染病的交通工具、停靠场所及物资，县级以上地方人民政府卫生行政部门或者铁路、交通、民用航空行政主管部门的卫生主管机构根据各自的职责，应当依照传染病防治法的规定，采取强制检疫措施；必要时，由当地县级以上人民政府组织公安部门予以协助。

第11条　检疫传染病疫情发生后，疫区所在地的省、自治区、直辖市人民政府卫生行政部门应当向有关铁路、交通、民用航空行政主管部门的卫生主管机构通报疫情。铁路、交通、民用航空行政主管部门的卫生主管机构接到疫情通报后，应当及时通知有关交通工具的营运单位。

检疫传染病疫情的报告、通报和公布，依照传染病防治法及其实施办法的规定执行。

第12条　国务院卫生行政部门应当依照传染病防治法的规定，加强对检疫传染病防治的监督管理，会同国务院铁路、交通、民用航空行政主管部门，依照本条例的规定，拟订国内交通卫生检疫实施方案。

第13条　检疫传染病病人、病原携带者、疑似检疫传染病病人和与其密切接触者隐瞒真实情况、逃避交通卫生检疫的，由县级以上地方人民政府卫生行政部门或者铁路、交通、民用航空行政主管部门的卫生主管机构，根据各自的职责分工，责令限期改正，给予警告，可以并处1000元以下的罚款；拒绝接受查验和卫生处理的，给予警告，并处1000元以上5000元以下的罚款；情节严重，引起检疫传染病传播或者有传播严重危险，构成犯罪的，依法追究刑事责任。

第 14 条 在非检疫传染病疫区的交通工具上发现检疫传染病病人、病原携带者、疑似检疫传染病病人时，交通工具负责人未依照本条例规定采取措施的，由县级以上地方人民政府卫生行政部门或者铁路、交通、民用航空行政主管部门的卫生主管机构，根据各自的职责，责令改正，给予警告，并处 1000 元以上 5000 元以下的罚款；情节严重，引起检疫传染病传播或者有传播严重危险，构成犯罪的，依法追究刑事责任。

第 15 条 县级以上地方人民政府卫生行政部门或者铁路、交通、民用航空行政主管部门的卫生主管机构，对发现的检疫传染病病人、病原携带者、疑似检疫传染病病人和与其密切接触者，未依法实施临时隔离、医学检查和其他应急医学措施的，以及对被检疫传染病病原体污染或者可能被污染的物品、交通工具及其停靠场所未依法进行必要的控制和卫生处理的，由其上级行政主管部门责令限期改正，对直接负责的主管人员和其他直接责任人员依法给予行政处分；情节严重，引起检疫传染病传播或者有传播严重危险，构成犯罪的，依法追究刑事责任。

第六十九条 紧急调集、调用和临时征用

发生重大传染病疫情时，根据传染病疫情防控的需要，国务院及其有关部门有权在全国或者跨省级行政区域范围内，县级以上地方人民政府及其有关部门有权在本行政区域内，紧急调集人员或者调用储备物资，临时征用房屋、交通工具以及相关设施、设备、场地和其他物资，要求有关单位和个人提供技术支持。

紧急调集人员的，应当按照规定给予合理报酬。临时征用房屋、交通工具以及相关设施、设备、场地和其他物资，要求有关单位和个人提供技术支持的，应当依法给予公平、合理的补偿；能返还的，应当及时返还。

第七十条 检验检测要求

医疗机构、疾病预防控制机构、检验检测机构应当按照传染病检验检测技术规范和标准开展检验检测活动，加强检验检测质量控制。

第七十一条 患者尸体处理

患甲类传染病、炭疽死亡的，应当将其尸体立即进行卫生处理，就近火化；患其他传染病死亡的，必要时应当将其尸体进行卫生处理后火化或者按照规定深埋。对尸体进行火化或者深埋应当及时告知死者家属。

为了查找传染病病因，医疗机构在必要时可以按照国务院卫生健康主管部门、疾病预防控制部门的规定，对传染病患者尸体或者疑似传染病患者尸体进行解剖查验，并应当及时告知死者家属。对尸体进行解剖查验应当在符合生物安全条件的场所进行。

● 行政法规及文件

《医疗纠纷预防和处理条例》（2018 年 7 月 31 日）

第 26 条 患者死亡，医患双方对死因有异议的，应当在患者死亡后 48 小时内进行尸检；具备尸体冻存条件的，可以延长至 7 日。尸检应当经死者近亲属同意并签字，拒绝签字的，视为死者近亲属不同意进行尸检。不同意或者拖延尸检，超过规定时间，影响对死因判定的，由不同意或者拖延的一方承担责任。

尸检应当由按照国家有关规定取得相应资格的机构和专业技术人员进行。

医患双方可以委派代表观察尸检过程。

第 27 条 患者在医疗机构内死亡的，尸体应当立即移放太平间或者指定的场所，死者尸体存放时间一般不得超过14日。逾期不处理的尸体，由医疗机构在向所在地县级人民政府卫生主管部门和公安机关报告后，按照规定处理。

第七十二条 被污染物品再使用的消毒处理

本法第六十六条规定的受影响的相关区域中被传染病病原体污染或者可能被传染病病原体污染的物品，经消毒可以使用的，应当在疾病预防控制机构的指导下，进行消毒处理后，方可使用、出售和运输。

● 法　律

《固体废物污染环境防治法》（2020年4月29日）

第91条　重大传染病疫情等突发事件发生时，县级以上人民政府应当统筹协调医疗废物等危险废物收集、贮存、运输、处置等工作，保障所需的车辆、场地、处置设施和防护物资。卫生健康、生态环境、环境卫生、交通运输等主管部门应当协同配合，依法履行应急处置职责。

第七十三条 疫情防控所需物资的生产、供应和运输

传染病暴发、流行时，有关生产、供应单位应当及时生产、供应传染病疫情防控所需的药品、医疗器械和其他应急物资。交通运输、邮政、快递经营单位应当优先运送参与传染病疫情防控的人员以及传染病疫情防控所需的药品、医疗器械和其他应急物资。县级以上人民政府有关部门应当做好组织协调工作。

● 法　律

《药品管理法》（2019年8月26日）

第50条　药品上市许可持有人、药品生产企业、药品经营

企业和医疗机构中直接接触药品的工作人员，应当每年进行健康检查。患有传染病或者其他可能污染药品的疾病的，不得从事直接接触药品的工作。

第 96 条　国家鼓励短缺药品的研制和生产，对临床急需的短缺药品、防治重大传染病和罕见病等疾病的新药予以优先审评审批。

第七十四条　疫情防控措施的救济途径

单位和个人认为采取本法第五十八条、第六十三条至第六十六条规定的传染病疫情防控措施侵犯其合法权益的，可以向县级以上地方人民政府或者其指定的部门提出申诉，申诉期间相关措施不停止执行。县级以上地方人民政府应当畅通申诉渠道，完善处理程序，确保有关申诉及时处理。

第五章　医疗救治

第七十五条　救治服务网络建设

县级以上人民政府应当加强和完善常态与应急相结合的传染病医疗救治服务网络建设，指定具备传染病救治条件和能力的医疗机构承担传染病救治任务，根据传染病救治需要设置传染病专科医院。

第七十六条　重大传染病疫情医疗救治体系

国家建立健全重大传染病疫情医疗救治体系，建立由传染病专科医院、综合医院、中医医院、院前急救机构、临时性救治场所、基层医疗卫生机构、血站等构成的综合医疗救治体系，对传染病患者进行分类救治，加强重症患者医疗救治，提高重大传染病疫情医疗救治能力。

部门规章及文件

《医疗机构传染病防控责任清单》（2023 年 10 月 11 日）

四、传染病救治防控

（十五）传染病预检分诊。医疗机构应当规范开展预检分诊工作。

（十六）发热门诊管理。设置发热门诊的医疗机构，发热门诊应当符合有关规定，原则上应当配备固定的感染性疾病科（传染性疾病科）专业医师和护士，非感染性疾病科（传染性疾病科）专业的医师和护士上岗前应当经过传染病诊治知识和相关法律法规的培训，同时应当按照要求报送相关信息。

（十七）传染病患者救治。医疗机构应当按照传染病相关诊疗方案或指南要求，在采取相应级别防护措施的基础上规范开展医疗救治工作。

（十八）传染病患者转诊。医疗机构不具备相应救治能力的，应当将传染病患者、疑似患者及其病历记录复印件一并转至具备相应救治能力的医疗机构。转诊过程中，对传染病患者、疑似患者采取必要的隔离防护措施。

（十九）心理健康服务。鼓励医疗机构专业人员参与心理援助培训和演练，对经历重大疫情后的患者、接受医学观察的人员、病亡者家属、相关工作人员等重点人群以及社会公众进行心理疏导和心理干预服务。

（二十）重点传染病防控。诊治结核病、病毒性肝炎、艾滋病、鼠疫、霍乱、血吸虫病等重点传染病及地方性、季节性重点传染病的医疗机构应当建立治疗与防控管理体系，提供筛查检测咨询服务，对检测发现的感染者进行告知，做好感染者的接诊、转诊和相关处置工作。

（二十一）母婴传播阻断。医疗机构应当对孕妇提供预防艾滋病、梅毒、乙肝等母婴传播传染病的干预服务，加强母婴阻断和新生儿筛查与随访工作。

（二十二）传染病死因登记管理。医疗机构应当建立传染病相关死因登记管理制度，组织做好《居民死亡医学证明（推断）书》的发放、填写、报告、编码、核对、订正、查漏补报以及死亡个案资料收集与保存等工作。

第七十七条 医疗救护、现场救援和接诊治疗

医疗机构应当对传染病患者、疑似患者提供医疗救护、现场救援和接诊治疗，按照规定填写并妥善保管病历记录以及其他有关资料。

医疗机构应当按照国务院卫生健康主管部门的规定设置发热门诊，加强发热门诊标准化建设，优化服务流程，提高服务能力。

医疗机构应当实行传染病预检、分诊制度；对传染病患者、疑似患者，应当引导至相对隔离的分诊点进行初诊。医疗机构不具备相应救治能力的，应当将传染病患者、疑似患者及其病历记录一并转至具备相应救治能力的医疗机构。转诊过程中，对传染病患者、疑似患者应当采取必要的防护措施。

● 部门规章及文件

《医疗机构传染病防控责任清单》（2023 年 10 月 11 日）

四、传染病救治防控

（十五）传染病预检分诊。医疗机构应当规范开展预检分诊工作。

（十六）发热门诊管理。设置发热门诊的医疗机构，发热门诊应当符合有关规定，原则上应当配备固定的感染性疾病科（传染性疾病科）专业医师和护士，非感染性疾病科（传染性疾病科）专业的医师和护士上岗前应当经过传染病诊治知识和相关法

律法规的培训，同时应当按照要求报送相关信息。

（十七）传染病患者救治。医疗机构应当按照传染病相关诊疗方案或指南要求，在采取相应级别防护措施的基础上规范开展医疗救治工作。

（十八）传染病患者转诊。医疗机构不具备相应救治能力的，应当将传染病患者、疑似患者及其病历记录复印件一并转至具备相应救治能力的医疗机构。转诊过程中，对传染病患者、疑似患者采取必要的隔离防护措施。

（十九）心理健康服务。鼓励医疗机构专业人员参与心理援助培训和演练，对经历重大疫情后的患者、接受医学观察的人员、病亡者家属、相关工作人员等重点人群以及社会公众进行心理疏导和心理干预服务。

（二十）重点传染病防控。诊治结核病、病毒性肝炎、艾滋病、鼠疫、霍乱、血吸虫病等重点传染病及地方性、季节性重点传染病的医疗机构应当建立治疗与防控管理体系，提供筛查检测咨询服务，对检测发现的感染者进行告知，做好感染者的接诊、转诊和相关处置工作。

（二十一）母婴传播阻断。医疗机构应当对孕妇提供预防艾滋病、梅毒、乙肝等母婴传播传染病的干预服务，加强母婴阻断和新生儿筛查与随访工作。

（二十二）传染病死因登记管理。医疗机构应当建立传染病相关死因登记管理制度，组织做好《居民死亡医学证明（推断）书》的发放、填写、报告、编码、核对、订正、查漏补报以及死亡个案资料收集与保存等工作。

第七十八条 传染病诊断和救治

医疗机构应当按照传染病诊断标准和治疗要求采取相应措施，充分发挥中西医各自优势，加强中西医结合，提高传染病诊断和救治能力。

国家支持和鼓励医疗机构结合自身特色，加强传染病诊断和救治研究。

法 律

1. 《医师法》（2021 年 8 月 20 日）

第 14 条 医师经注册后，可以在医疗卫生机构中按照注册的执业地点、执业类别、执业范围执业，从事相应的医疗卫生服务。

中医、中西医结合医师可以在医疗机构中的中医科、中西医结合科或者其他临床科室按照注册的执业类别、执业范围执业。

医师经相关专业培训和考核合格，可以增加执业范围。法律、行政法规对医师从事特定范围执业活动的资质条件有规定的，从其规定。

经考试取得医师资格的中医医师按照国家有关规定，经培训和考核合格，在执业活动中可以采用与其专业相关的西医药技术方法。西医医师按照国家有关规定，经培训和考核合格，在执业活动中可以采用与其专业相关的中医药技术方法。

第 37 条 国家制定医师培养规划，建立适应行业特点和社会需求的医师培养和供需平衡机制，统筹各类医学人才需求，加强全科、儿科、精神科、老年医学等紧缺专业人才培养。

国家采取措施，加强医教协同，完善医学院校教育、毕业后教育和继续教育体系。

国家通过多种途径，加强以全科医生为重点的基层医疗卫生人才培养和配备。

国家采取措施，完善中医西医相互学习的教育制度，培养高层次中西医结合人才和能够提供中西医结合服务的全科医生。

2. **《中医药法》**（2016 年 12 月 25 日）

第 3 条　中医药事业是我国医药卫生事业的重要组成部分。国家大力发展中医药事业，实行中西医并重的方针，建立符合中医药特点的管理制度，充分发挥中医药在我国医药卫生事业中的作用。

发展中医药事业应当遵循中医药发展规律，坚持继承和创新相结合，保持和发挥中医药特色和优势，运用现代科学技术，促进中医药理论和实践的发展。

国家鼓励中医西医相互学习，相互补充，协调发展，发挥各自优势，促进中西医结合。

第 36 条　国家加强对中医医师和城乡基层中医药专业技术人员的培养和培训。

国家发展中西医结合教育，培养高层次的中西医结合人才。

第 38 条　国家鼓励科研机构、高等学校、医疗机构和药品生产企业等，运用现代科学技术和传统中医药研究方法，开展中医药科学研究，加强中西医结合研究，促进中医药理论和技术方法的继承和创新。

● 行政法规及文件

3. **《国务院办公厅关于提升中药质量促进中医药产业高质量发展的意见》**（2025 年 3 月 15 日）

五、推进中药药品价值评估和配备使用

（十一）强化临床价值评估。依托专业机构，遵循中医药规律和特点，利用循证医学等手段，开发中医药临床疗效评价大模型，促进人用经验向临床证据转化。构建中成药临床综合评价指标体系和评价路径，健全临床应用指南规范，有序推动评价结果与国家基本药物目录、国家医保目录调整协调联动。鼓励开展已上市中成药评价研究，提升临床价值证据等级。

（十二）加强中药配备使用。强化基本药物临床应用指南、处方集的临床指导作用。加强中医、中西医结合临床诊疗规范和指南的运用。优化中药集中采购、招标采购政策，实现优质优价。推动实施中成药全过程赋码监测，并探索应用于中药饮片管理，促进道地药材、中药创新药、中药改良型新药和古代经典名方中药复方制剂的配备使用。支持特色优势医疗机构中药制剂依法调剂使用。鼓励建设基层共享中药房。

第七十九条 药品、医疗器械的研制和创新

国家鼓励传染病防治用药品、医疗器械的研制和创新，对防治传染病急需的药品、医疗器械予以优先审评审批。

因重大传染病疫情医疗救治紧急需要，医师可以按照国家统一制定的诊疗方案，在一定范围和期限内采用药品说明书中未明确的药品用法进行救治。

发生重大传染病疫情，构成特别重大突发公共卫生事件的，国务院卫生健康主管部门根据传染病预防、控制和医疗救治需要提出紧急使用药物的建议，经国务院药品监督管理部门组织论证同意后可以在一定范围和期限内紧急使用。

第八十条 重大传染病疫情心理援助制度

国家建立重大传染病疫情心理援助制度。县级以上地方人民政府应当组织专业力量，定期开展培训和演练；发生重大传染病疫情时，对传染病患者、接受医学观察的人员、病亡者家属、相关工作人员等重点人群以及社会公众及时提供心理疏导和心理干预等服务。

第六章 保障措施

第八十一条 传染病防治工作纳入规划

国家将传染病防治工作纳入国民经济和社会发展规划，县级以上地方人民政府将传染病防治工作纳入本行政区域的国民经济和社会发展规划。

第八十二条 传染病防治的财政经费保障

县级以上地方人民政府按照本级政府职责，负责本行政区域传染病预防、控制工作经费。

国务院卫生健康主管部门、疾病预防控制部门会同国务院有关部门，根据传染病流行趋势，确定全国传染病预防、监测、预测、预警、控制、救治、监督检查等项目。各级财政按照事权划分做好经费保障。

省级人民政府根据本行政区域传染病流行趋势，在国务院卫生健康主管部门、疾病预防控制部门确定的项目基础上，确定传染病预防、监测、检测、风险评估、预测、预警、控制、救治、监督检查等项目，并保障项目的实施经费。

● 法　律

《基本医疗卫生与健康促进法》（2019 年 12 月 28 日）

第 20 条　国家建立传染病防控制度，制定传染病防治规划并组织实施，加强传染病监测预警，坚持预防为主、防治结合，联防联控、群防群控、源头防控、综合治理，阻断传播途径，保护易感人群，降低传染病的危害。

任何组织和个人应当接受、配合医疗卫生机构为预防、控制、消除传染病危害依法采取的调查、检验、采集样本、隔离治疗、医学观察等措施。

第55条　国家建立健全符合医疗卫生行业特点的人事、薪酬、奖励制度，体现医疗卫生人员职业特点和技术劳动价值。

对从事传染病防治、放射医学和精神卫生工作以及其他在特殊岗位工作的医疗卫生人员，应当按照国家规定给予适当的津贴。津贴标准应当定期调整。

第八十三条　疾控机构、医疗卫生机构经费保障

县级以上人民政府应当按照规定落实疾病预防控制机构基本建设、设备购置、学科建设、人才培养等相关经费；对其他医疗卫生机构承担疾病预防控制任务所需经费按照规定予以保障。

第八十四条　基层传染病防治体系建设

国家加强基层传染病防治体系建设，扶持欠发达地区、民族地区和边境地区的传染病防治工作。

地方各级人民政府应当保障基层传染病预防、控制工作的必要经费。

第八十五条　医疗机构疾病防控能力建设

国家加强医疗机构疾病预防控制能力建设，持续提升传染病专科医院、综合医院的传染病监测、检验检测、诊断和救治、科学研究等能力和水平。

国家创新医防协同、医防融合机制，推进医疗机构与疾病预防控制机构深度协作。

第八十六条　人才队伍和学科建设

国家加强传染病防治人才队伍建设，推动传染病防治相关学科建设。

开设医学专业的院校应当加强预防医学教育和科学研究，对在校医学专业学生以及其他与传染病防治相关的人员进行预防医学教育和培训，为传染病防治工作提供专业技术支持。

疾病预防控制机构、医疗机构等应当定期对其工作人员进行传染病防治知识、技能的培训。

● **行政法规及文件**

《病原微生物实验室生物安全管理条例》（2024 年 12 月 6 日）

第 42 条　实验室的设立单位应当指定专门的机构或者人员承担实验室感染控制工作，定期检查实验室的生物安全防护、病原微生物菌（毒）种和样本保存与使用、安全操作、实验室排放的废水和废气以及其他废物处置等规章制度的实施情况。

负责实验室感染控制工作的机构或者人员应当具有与该实验室中的病原微生物有关的传染病防治知识，并定期调查、了解实验室工作人员的健康状况。

第八十七条　信息化建设

县级以上人民政府应当加强疾病预防控制信息化建设，将其纳入全民健康信息化建设。

县级以上人民政府应当建立传染病预防控制信息共享机制，利用全民健康信息平台、政务数据共享平台、应急管理信息系统等，共享并综合应用相关数据。

国家加强传染病防治相关网络安全和数据安全管理工作，提高技术防范水平。

第八十八条 医疗费用保障

对符合国家规定的传染病医疗费用，基本医疗保险按照规定予以支付。

对患者、疑似患者治疗甲类传染病以及依照本法规定采取甲类传染病预防、控制措施的传染病的医疗费用，基本医疗保险、大病保险、医疗救助等按照规定支付后，其个人负担部分，政府按照规定予以补助。

国家对患有特定传染病的困难人群实行医疗救助，减免医疗费用。

国家鼓励商业保险机构开发传染病防治相关保险产品。

法 律

1.《基本医疗卫生与健康促进法》（2019 年 12 月 28 日）

第 32 条 公民接受医疗卫生服务，对病情、诊疗方案、医疗风险、医疗费用等事项依法享有知情同意的权利。

需要实施手术、特殊检查、特殊治疗的，医疗卫生人员应当及时向患者说明医疗风险、替代医疗方案等情况，并取得其同意；不能或者不宜向患者说明的，应当向患者的近亲属说明，并取得其同意。法律另有规定的，依照其规定。

开展药物、医疗器械临床试验和其他医学研究应当遵守医学伦理规范，依法通过伦理审查，取得知情同意。

第 87 条 县级以上人民政府医疗保障主管部门应当提高医疗保障监管能力和水平，对纳入基本医疗保险基金支付范围的医疗服务行为和医疗费用加强监督管理，确保基本医疗保险基金合理使用、安全可控。

2.《**社会保险法**》（2018 年 12 月 29 日）

第 28 条 符合基本医疗保险药品目录、诊疗项目、医疗服务设施标准以及急诊、抢救的医疗费用，按照国家规定从基本医疗保险基金中支付。

第八十九条 公共卫生应急物资保障

国家建立健全公共卫生应急物资保障体系，提高传染病疫情防控应急物资保障水平，县级以上人民政府发展改革部门统筹防控应急物资保障工作。

国家加强医药储备，将传染病防治相关药品、医疗器械、卫生防护用品等物资纳入公共卫生应急物资保障体系，实行中央和地方两级储备。

国务院工业和信息化部门会同国务院有关部门，根据传染病预防、控制和公共卫生应急准备的需要，加强医药实物储备、产能储备、技术储备，指导地方开展医药储备工作，完善储备调整、调用和轮换机制。

● 法 律

《**疫苗管理法**》（2019 年 6 月 29 日）

第 50 条 县级以上地方人民政府卫生健康主管部门根据传染病监测和预警信息，为预防、控制传染病暴发、流行，报经本级人民政府决定，并报省级以上人民政府卫生健康主管部门备案，可以在本行政区域进行群体性预防接种。

需要在全国范围或者跨省、自治区、直辖市范围内进行群体性预防接种的，应当由国务院卫生健康主管部门决定。

作出群体性预防接种决定的县级以上地方人民政府或者国务院卫生健康主管部门应当组织有关部门做好人员培训、宣传教育、物资调用等工作。

任何单位和个人不得擅自进行群体性预防接种。

第 51 条　传染病暴发、流行时，县级以上地方人民政府或者其卫生健康主管部门需要采取应急接种措施的，依照法律、行政法规的规定执行。

第 64 条　省、自治区、直辖市人民政府根据本行政区域传染病流行趋势，在国务院卫生健康主管部门确定的传染病预防、控制项目范围内，确定本行政区域与预防接种相关的项目，并保证项目的实施。

第九十条　传染病防治能力储备机制

国家建立少见罕见传染病和境内已消除的传染病防治能力储备机制，支持相关疾病预防控制机构、医疗机构、科研机构持续开展相关培训、基础性和应用性研究、现场防治等工作，支持相关专家参与国际防控工作，持续保持对上述传染病进行识别、检验检测、诊断和救治的能力。

第九十一条　人员防护和医疗保健

对从事传染病预防、医疗、科研、教学和现场处理疫情的人员，以及在生产、工作中接触传染病病原体的其他人员，按照国家规定采取有效的卫生防护措施和医疗保健措施，并给予适当的津贴。

● 法　律

1.《医师法》（2021 年 8 月 20 日）

第 44 条　国家建立健全体现医师职业特点和技术劳动价值的人事、薪酬、职称、奖励制度。

对从事传染病防治、放射医学和精神卫生工作以及其他特殊岗位工作的医师，应当按照国家有关规定给予适当的津贴。津贴标准应当定期调整。

在基层和艰苦边远地区工作的医师，按照国家有关规定享受津贴、补贴政策，并在职称评定、职业发展、教育培训和表彰奖励等方面享受优惠待遇。

2.《基本医疗卫生与健康促进法》（2019 年 12 月 28 日）

第 20 条 国家建立传染病防控制度，制定传染病防治规划并组织实施，加强传染病监测预警，坚持预防为主、防治结合，联防联控、群防群控、源头防控、综合治理，阻断传播途径，保护易感人群，降低传染病的危害。

任何组织和个人应当接受、配合医疗卫生机构为预防、控制、消除传染病危害依法采取的调查、检验、采集样本、隔离治疗、医学观察等措施。

第 55 条 国家建立健全符合医疗卫生行业特点的人事、薪酬、奖励制度，体现医疗卫生人员职业特点和技术劳动价值。

对从事传染病防治、放射医学和精神卫生工作以及其他在特殊岗位工作的医疗卫生人员，应当按照国家规定给予适当的津贴。津贴标准应当定期调整。

第七章　监 督 管 理

第九十二条　政府防控工作监督

县级以上人民政府应当定期研究部署重大传染病疫情防控等疾病预防控制工作，定期向社会发布传染病防治工作报告，向本级人民代表大会常务委员会报告传染病防治工作，依法接受监督。

县级以上人民政府对下级人民政府履行传染病防治职责进行监督。地方人民政府未履行传染病防治职责的，上级人民政府可以对其主要负责人进行约谈。被约谈的地方人民政府应当立即采取措施进行整改，约谈和整改情况应当纳入地方人民政府工作评议、考核记录。履行传染病防治职责不力、失职失责，造成严重后果或者恶劣影响的，依法进行问责。

第九十三条 疾控部门监督检查职责

县级以上人民政府疾病预防控制部门对传染病防治工作履行下列监督检查职责：

（一）对下级人民政府疾病预防控制部门履行本法规定的职责进行监督检查；

（二）对疾病预防控制机构、医疗机构、采供血机构的传染病预防、控制工作进行监督检查；

（三）对用于传染病防治的消毒产品及其生产企业、饮用水供水单位以及涉及饮用水卫生安全的产品进行监督检查；

（四）对公共场所、学校、托育机构的卫生条件和传染病预防、控制措施进行监督检查。

县级以上人民政府卫生健康、疾病预防控制等部门依据职责对病原微生物菌（毒）种和传染病检测样本的采集、保藏、提供、携带、运输、使用进行监督检查。

● 法　律

《刑法》（2023 年 12 月 29 日）

第 330 条　违反传染病防治法的规定，有下列情形之一，引起甲类传染病以及依法确定采取甲类传染病预防、控制措施的传染病传播或者有传播严重危险的，处三年以下有期徒刑或者拘役；后果特别严重的，处三年以上七年以下有期徒刑：

（一）供水单位供应的饮用水不符合国家规定的卫生标准的；

（二）拒绝按照疾病预防控制机构提出的卫生要求，对传染病病原体污染的污水、污物、场所和物品进行消毒处理的；

（三）准许或者纵容传染病病人、病原携带者和疑似传染病病人从事国务院卫生行政部门规定禁止从事的易使该传染病扩散的工作的；

（四）出售、运输疫区中被传染病病原体污染或者可能被传染病病原体污染的物品，未进行消毒处理的；

（五）拒绝执行县级以上人民政府、疾病预防控制机构依照传染病防治法提出的预防、控制措施的。

单位犯前款罪的，对单位判处罚金，并对其直接负责的主管人员和其他直接责任人员，依照前款的规定处罚。

甲类传染病的范围，依照《中华人民共和国传染病防治法》和国务院有关规定确定。

第 331 条 从事实验、保藏、携带、运输传染病菌种、毒种的人员，违反国务院卫生行政部门的有关规定，造成传染病菌种、毒种扩散，后果严重的，处三年以下有期徒刑或者拘役；后果特别严重的，处三年以上七年以下有期徒刑。

● 行政法规及文件

《病原微生物实验室生物安全管理条例》（2024 年 12 月 6 日）

第 49 条 县级以上地方人民政府卫生主管部门、兽医主管部门依照各自分工，履行下列职责：

（一）对病原微生物菌（毒）种、样本的采集、运输、储存进行监督检查；

（二）对从事高致病性病原微生物相关实验活动的实验室是否符合本条例规定的条件进行监督检查；

（三）对实验室或者实验室的设立单位培训、考核其工作人员以及上岗人员的情况进行监督检查；

（四）对实验室是否按照有关国家标准、技术规范和操作规程从事病原微生物相关实验活动进行监督检查。

县级以上地方人民政府卫生主管部门、兽医主管部门，应当主要通过检查反映实验室执行国家有关法律、行政法规以及国家标准和要求的记录、档案、报告，切实履行监督管理职责。

第 50 条　县级以上人民政府卫生主管部门、兽医主管部门、环境保护主管部门在履行监督检查职责时，有权进入被检查单位和病原微生物泄漏或者扩散现场调查取证、采集样品，查阅复制有关资料。需要进入从事高致病性病原微生物相关实验活动的实验室调查取证、采集样品的，应当指定或者委托专业机构实施。被检查单位应当予以配合，不得拒绝、阻挠。

第 51 条　国务院认证认可监督管理部门依照《中华人民共和国认证认可条例》的规定对实验室认可活动进行监督检查。

第 52 条　卫生主管部门、兽医主管部门、环境保护主管部门应当依据法定的职权和程序履行职责，做到公正、公平、公开、文明、高效。

第 53 条　卫生主管部门、兽医主管部门、环境保护主管部门的执法人员执行职务时，应当有 2 名以上执法人员参加，出示执法证件，并依照规定填写执法文书。

现场检查笔录、采样记录等文书经核对无误后，应当由执法人员和被检查人、被采样人签名。被检查人、被采样人拒绝签名的，执法人员应当在自己签名后注明情况。

第 54 条　卫生主管部门、兽医主管部门、环境保护主管部门及其执法人员执行职务，应当自觉接受社会和公民的监督。公民、法人和其他组织有权向上级人民政府及其卫生主管部门、兽医主管部门、环境保护主管部门举报地方人民政府及其有关主管部门不依照规定履行职责的情况。接到举报的有关人民政府或者其卫生主管部门、兽医主管部门、环境保护主管部门，应当及时调查处理。

第 55 条 上级人民政府卫生主管部门、兽医主管部门、环境保护主管部门发现属于下级人民政府卫生主管部门、兽医主管部门、环境保护主管部门职责范围内需要处理的事项的，应当及时告知该部门处理；下级人民政府卫生主管部门、兽医主管部门、环境保护主管部门不及时处理或者不积极履行本部门职责的，上级人民政府卫生主管部门、兽医主管部门、环境保护主管部门应当责令其限期改正；逾期不改正的，上级人民政府卫生主管部门、兽医主管部门、环境保护主管部门有权直接予以处理。

第 56 条 三级、四级实验室未经批准从事病原微生物目录规定的应当在三级、四级实验室进行的高致病性病原微生物实验活动或者疑似高致病性病原微生物实验活动的，由县级以上地方人民政府卫生主管部门、兽医主管部门依照各自职责，责令停止有关活动，监督其将用于实验活动的病原微生物销毁或者送交保藏机构，并给予警告；造成传染病传播、流行或者其他严重后果的，由实验室的设立单位对主要负责人、直接负责的主管人员和其他直接责任人员，依法给予撤职、开除的处分；构成犯罪的，依法追究刑事责任。

第 57 条 卫生主管部门或者兽医主管部门违反本条例的规定，准予不符合本条例规定条件的实验室从事高致病性病原微生物相关实验活动的，由作出批准决定的卫生主管部门或者兽医主管部门撤销原批准决定，责令有关实验室立即停止有关活动，并监督其将用于实验活动的病原微生物销毁或者送交保藏机构，对直接负责的主管人员和其他直接责任人员依法给予行政处分；构成犯罪的，依法追究刑事责任。

因违法作出批准决定给当事人的合法权益造成损害的，作出批准决定的卫生主管部门或者兽医主管部门应当依法承担赔偿责任。

第58条　卫生主管部门或者兽医主管部门对出入境检验检疫机构为了检验检疫工作的紧急需要，申请在实验室对高致病性病原微生物或者疑似高致病性病原微生物开展进一步检测活动，不在法定期限内作出是否批准决定的，由其上级行政机关或者监察机关责令改正，给予警告；造成传染病传播、流行或者其他严重后果的，对直接负责的主管人员和其他直接责任人员依法给予撤职、开除的行政处分；构成犯罪的，依法追究刑事责任。

第59条　违反本条例规定，在不符合相应生物安全要求的实验室从事病原微生物相关实验活动的，由县级以上地方人民政府卫生主管部门、兽医主管部门依照各自职责，责令停止有关活动，监督其将用于实验活动的病原微生物销毁或者送交保藏机构，并给予警告；造成传染病传播、流行或者其他严重后果的，由实验室的设立单位对主要负责人、直接负责的主管人员和其他直接责任人员，依法给予撤职、开除的处分；构成犯罪的，依法追究刑事责任。

第60条　实验室有下列行为之一的，由县级以上地方人民政府卫生主管部门、兽医主管部门依照各自职责，责令限期改正，给予警告；逾期不改正的，由实验室的设立单位对主要负责人、直接负责的主管人员和其他直接责任人员，依法给予撤职、开除的处分；有许可证件的，并由原发证部门吊销有关许可证件：

（一）未依照规定在明显位置标示国务院卫生主管部门和兽医主管部门规定的生物危险标识和生物安全实验室级别标志的；

（二）未向原批准部门报告实验活动结果以及工作情况的；

（三）未依照规定采集病原微生物样本，或者对所采集样本的来源、采集过程和方法等未作详细记录的；

（四）新建、改建或者扩建一级、二级实验室未向设区的市级人民政府卫生主管部门或者兽医主管部门备案的；

（五）未依照规定定期对工作人员进行培训，或者工作人员考核不合格允许其上岗，或者批准未采取防护措施的人员进入实验室的；

（六）实验室工作人员未遵守实验室生物安全技术规范和操作规程的；

（七）未依照规定建立或者保存实验档案的；

（八）未依照规定制定实验室生物安全事件应急处置预案并备案的。

第 61 条　从事高致病性病原微生物相关实验活动的实验室的设立单位未建立健全安全保卫制度，或者未采取安全保卫措施的，由县级以上地方人民政府卫生主管部门、兽医主管部门依照各自职责，责令限期改正；逾期不改正，导致高致病性病原微生物菌（毒）种、样本被盗、被抢或者造成其他严重后果的，责令停止该项实验活动，该实验室 2 年内不得从事高致病性病原微生物实验活动；造成传染病传播、流行的，该实验室设立单位的主管部门还应当对该实验室的设立单位的直接负责的主管人员和其他直接责任人员，依法给予降级、撤职、开除的处分；构成犯罪的，依法追究刑事责任。

第 62 条　未经批准运输高致病性病原微生物菌（毒）种或者样本，或者承运单位经批准运输高致病性病原微生物菌（毒）种或者样本未履行保护义务，导致高致病性病原微生物菌（毒）种或者样本被盗、被抢、丢失、泄漏的，由县级以上地方人民政府卫生主管部门、兽医主管部门依照各自职责，责令采取措施，消除隐患，给予警告；造成传染病传播、流行或者其他严重后果的，由托运单位和承运单位的主管部门对主要负责人、直接负责的主管人员和其他直接责任人员，依法给予撤职、开除的处分；构成犯罪的，依法追究刑事责任。

第63条　有下列行为之一的，由实验室所在地的设区的市级以上地方人民政府卫生主管部门、兽医主管部门依照各自职责，责令有关单位立即停止违法活动，监督其将病原微生物销毁或者送交保藏机构；造成传染病传播、流行或者其他严重后果的，由其所在单位或者其上级主管部门对主要负责人、直接负责的主管人员和其他直接责任人员，依法给予撤职、开除的处分；有许可证件的，并由原发证部门吊销有关许可证件；构成犯罪的，依法追究刑事责任：

（一）实验室在相关实验活动结束后，未依照规定及时将病原微生物菌（毒）种和样本就地销毁或者送交保藏机构保管的；

（二）实验室使用新技术、新方法从事高致病性病原微生物相关实验活动未经国家病原微生物实验室生物安全专家委员会论证的；

（三）未经批准擅自从事在我国尚未发现或者已经宣布消灭的病原微生物相关实验活动的；

（四）在未经指定的专业实验室从事在我国尚未发现或者已经宣布消灭的病原微生物相关实验活动的；

（五）在同一个实验室的同一个独立安全区域内同时从事两种或者两种以上高致病性病原微生物的相关实验活动的。

第64条　认可机构对不符合实验室生物安全国家标准以及本条例规定条件的实验室予以认可，或者对符合实验室生物安全国家标准以及本条例规定条件的实验室不予认可的，由国务院认证认可监督管理部门责令限期改正，给予警告；造成传染病传播、流行或者其他严重后果的，由国务院认证认可监督管理部门撤销其认可资格，有上级主管部门的，由其上级主管部门对主要负责人、直接负责的主管人员和其他直接责任人员依法给予撤职、开除的处分；构成犯罪的，依法追究刑事责任。

第65条 实验室工作人员出现该实验室从事的病原微生物相关实验活动有关的感染临床症状或者体征，以及实验室发生高致病性病原微生物泄漏时，实验室负责人、实验室工作人员、负责实验室感染控制的专门机构或者人员未依照规定报告，或者未依照规定采取控制措施的，由县级以上地方人民政府卫生主管部门、兽医主管部门依照各自职责，责令限期改正，给予警告；造成传染病传播、流行或者其他严重后果的，由其设立单位对实验室主要负责人、直接负责的主管人员和其他直接责任人员，依法给予撤职、开除的处分；有许可证件的，并由原发证部门吊销有关许可证件；构成犯罪的，依法追究刑事责任。

第66条 拒绝接受卫生主管部门、兽医主管部门依法开展有关高致病性病原微生物扩散的调查取证、采集样品等活动或者依照本条例规定采取有关预防、控制措施的，由县级以上人民政府卫生主管部门、兽医主管部门依照各自职责，责令改正，给予警告；造成传染病传播、流行以及其他严重后果的，由实验室的设立单位对实验室主要负责人、直接负责的主管人员和其他直接责任人员，依法给予降级、撤职、开除的处分；有许可证件的，并由原发证部门吊销有关许可证件；构成犯罪的，依法追究刑事责任。

第67条 发生病原微生物被盗、被抢、丢失、泄漏，承运单位、护送人、保藏机构和实验室的设立单位未依照本条例的规定报告的，由所在地的县级人民政府卫生主管部门或者兽医主管部门给予警告；造成传染病传播、流行或者其他严重后果的，由实验室的设立单位或者承运单位、保藏机构的上级主管部门对主要负责人、直接负责的主管人员和其他直接责任人员，依法给予撤职、开除的处分；构成犯罪的，依法追究刑事责任。

第 68 条　保藏机构未依照规定储存实验室送交的菌（毒）种和样本，或者未依照规定提供菌（毒）种和样本的，由其指定部门责令限期改正，收回违法提供的菌（毒）种和样本，并给予警告；造成传染病传播、流行或者其他严重后果的，由其所在单位或者其上级主管部门对主要负责人、直接负责的主管人员和其他直接责任人员，依法给予撤职、开除的处分；构成犯罪的，依法追究刑事责任。

第 69 条　县级以上人民政府有关主管部门，未依照本条例的规定履行实验室及其实验活动监督检查职责的，由有关人民政府在各自职责范围内责令改正，通报批评；造成传染病传播、流行或者其他严重后果的，对直接负责的主管人员，依法给予行政处分；构成犯罪的，依法追究刑事责任。

第九十四条　监督检查措施

县级以上人民政府卫生健康主管部门、疾病预防控制部门在履行监督检查职责时，有权进入传染病疫情发生现场及相关单位，开展查阅或者复制有关资料、采集样本、制作现场笔录等调查取证工作。被检查单位应当予以配合，不得拒绝、阻挠。

法　律

《行政处罚法》（2021 年 1 月 22 日）

第 49 条　发生重大传染病疫情等突发事件，为了控制、减轻和消除突发事件引起的社会危害，行政机关对违反突发事件应对措施的行为，依法快速、从重处罚。

第九十五条 封闭水源、封存食品和暂停销售等措施

县级以上地方人民政府疾病预防控制部门在履行监督检查职责时，发现可能被传染病病原体污染的公共饮用水源、食品以及相关物品，如不及时采取控制措施可能导致传染病传播、暴发、流行的，应当采取封闭公共饮用水源、封存食品以及相关物品或者暂停销售的临时控制措施，并予以检验或者进行消毒处理。经检验，对被污染的食品，应当予以销毁；对未被污染的食品或者经消毒处理后可以使用的物品，应当及时解除控制措施。

根据县级以上地方人民政府采取的传染病预防、控制措施，市场监督管理部门可以采取封存或者暂停销售可能导致传染病传播、暴发、流行的食品以及相关物品等措施。

第九十六条 执法规范要求

县级以上人民政府卫生健康主管部门、疾病预防控制部门工作人员依法执行职务时，应当不少于两人，并出示执法证件，填写执法文书。

执法文书经核对无误后，应当由执法人员和当事人签名。当事人拒绝签名的，执法人员应当注明情况。

第九十七条 内部监督和层级监督

县级以上人民政府卫生健康主管部门、疾病预防控制部门应当依法建立健全内部监督制度，对其工作人员依据法定职权和程序履行职责的情况进行监督。

上级人民政府卫生健康主管部门、疾病预防控制部门发现下级人民政府卫生健康主管部门、疾病预防控制部门不及

时处理职责范围内的事项或者不履行职责的，应当责令纠正或者直接予以处理。

法　律

《刑法》（2023 年 12 月 29 日）

第 409 条　从事传染病防治的政府卫生行政部门的工作人员严重不负责任，导致传染病传播或者流行，情节严重的，处三年以下有期徒刑或者拘役。

第九十八条　社会监督

县级以上人民政府卫生健康主管部门、疾病预防控制部门和其他有关部门应当依法履行职责，自觉接受社会监督。

任何单位和个人对违反本法规定的行为，有权向县级以上人民政府及其卫生健康主管部门、疾病预防控制部门和有关机关举报。接到举报的机关应当及时调查、处理。对查证属实的举报，按照规定给予举报人奖励。县级以上人民政府及其卫生健康主管部门、疾病预防控制部门和有关机关应当对举报人的信息予以保密，保护举报人的合法权益。

第九十九条　行刑衔接与执法协作

卫生健康、疾病预防控制等部门发现涉嫌传染病防治相关犯罪的，应当按照有关规定及时将案件移送公安机关。对移送的案件，公安机关应当及时审查处理。

对依法不需要追究刑事责任或者免予刑事处罚，但依法应当追究行政责任的，公安机关、人民检察院、人民法院应当及时将案件移送卫生健康、疾病预防控制等部门，有关部门应当依法处理。

公安机关、人民检察院、人民法院商请卫生健康、疾病预防控制等部门提供检验检测结论、认定意见以及对涉案物品进行无害化处置等协助的，有关部门应当及时予以协助。

第八章　法律责任

第一百条　地方人民政府责任

违反本法规定，地方各级人民政府未依法履行报告职责，隐瞒、谎报、缓报、漏报传染病疫情，干预传染病疫情报告，或者在传染病暴发、流行时未依法组织救治、采取控制措施的，由上级人民政府责令改正，通报批评；情节严重的，对负有责任的领导人员和直接责任人员依法给予处分。

第一百零一条　卫生健康主管部门和疾控部门的责任

违反本法规定，县级以上人民政府卫生健康主管部门、疾病预防控制部门有下列情形之一的，由本级人民政府或者上级人民政府卫生健康主管部门、疾病预防控制部门责令改正，通报批评；情节严重的，对负有责任的领导人员和直接责任人员依法给予处分：

（一）未依法履行传染病疫情通报、报告或者公布职责，隐瞒、谎报、缓报、漏报传染病疫情，或者干预传染病疫情报告；

（二）发生或者可能发生传染病传播时未依法采取预防、控制措施；

（三）未依法履行监督检查职责，或者发现违法行为不及时查处；

（四）未及时调查、处理对下级人民政府卫生健康主管部门、疾病预防控制部门不履行传染病防治职责的举报；

（五）违反本法规定的其他失职、渎职行为。

● **法　律**

1.《行政处罚法》（2021 年 1 月 22 日）

第 49 条　发生重大传染病疫情等突发事件，为了控制、减轻和消除突发事件引起的社会危害，行政机关对违反突发事件应对措施的行为，依法快速、从重处罚。

2.《刑法》（2023 年 12 月 29 日）

第 409 条　从事传染病防治的政府卫生行政部门的工作人员严重不负责任，导致传染病传播或者流行，情节严重的，处三年以下有期徒刑或者拘役。

第一百零二条　有关部门的责任

违反本法规定，县级以上人民政府有关部门未依法履行传染病防治、疫情通报和保障职责的，由本级人民政府或者上级人民政府有关部门责令改正，通报批评；情节严重的，对负有责任的领导人员和直接责任人员依法给予处分。

第一百零三条　疾控机构的责任

违反本法规定，疾病预防控制机构有下列情形之一的，由县级以上人民政府疾病预防控制部门责令改正，给予警告或者通报批评，对直接负责的主管人员和其他直接责任人员依法给予处分，并可以由原发证部门依法吊销有关责任人员的执业证书：

（一）未依法履行传染病监测、疫情风险评估职责；

（二）未依法履行传染病疫情报告职责，隐瞒、谎报、缓报、漏报传染病疫情，或者干预传染病疫情报告；

（三）未主动收集传染病疫情信息，或者对传染病疫情信息和疫情报告未及时进行分析、调查、核实；

（四）发现传染病疫情或者接到传染病疫情报告时，未依据职责及时采取本法规定的措施；

（五）未遵守国家有关规定，导致因使用血液制品引起经血液传播疾病的发生。

第一百零四条 医疗机构责任

违反本法规定，医疗机构有下列情形之一的，由县级以上人民政府疾病预防控制部门责令改正，给予警告或者通报批评，可以并处十万元以下罚款；情节严重的，可以由原发证部门或者原备案部门依法吊销医疗机构执业许可证或者责令停止执业活动，对直接负责的主管人员和其他直接责任人员依法给予处分，并可以由原发证部门责令有关责任人员暂停六个月以上一年以下执业活动直至依法吊销执业证书：

（一）未按照规定承担本机构的传染病预防、控制工作，医疗机构感染控制任务或者责任区域内的传染病预防工作；

（二）未按照规定报告传染病疫情，隐瞒、谎报、缓报、漏报传染病疫情，或者干预传染病疫情报告；

（三）未按照规定对本机构内被传染病病原体污染的场所、物品以及医疗废物、医疗污水实施消毒或者无害化处置。

违反本法规定，医疗机构有下列情形之一的，由县级以上人民政府卫生健康主管部门依照前款规定给予行政处罚，对直接负责的主管人员和其他直接责任人员依法给予处分：

（一）发现传染病疫情时，未按照规定对传染病患者、疑似患者提供医疗救护、现场救援、接诊治疗、转诊，或者拒绝接受转诊；

（二）未遵守国家有关规定，导致因输入血液、使用血液制品引起经血液传播疾病的发生。

医疗机构未按照规定对使用的医疗器械进行消毒或者灭菌，或者对按照规定一次性使用的医疗器械使用后未予以销毁、再次使用的，依照有关医疗器械管理的法律、行政法规规定追究法律责任。

● 法　律

《刑法》（2023 年 12 月 29 日）

第 330 条　违反传染病防治法的规定，有下列情形之一，引起甲类传染病以及依法确定采取甲类传染病预防、控制措施的传染病传播或者有传播严重危险的，处三年以下有期徒刑或者拘役；后果特别严重的，处三年以上七年以下有期徒刑：

（一）供水单位供应的饮用水不符合国家规定的卫生标准的；

（二）拒绝按照疾病预防控制机构提出的卫生要求，对传染病病原体污染的污水、污物、场所和物品进行消毒处理的；

（三）准许或者纵容传染病病人、病原携带者和疑似传染病病人从事国务院卫生行政部门规定禁止从事的易使该传染病扩散的工作的；

（四）出售、运输疫区中被传染病病原体污染或者可能被传染病病原体污染的物品，未进行消毒处理的；

（五）拒绝执行县级以上人民政府、疾病预防控制机构依照传染病防治法提出的预防、控制措施的。

单位犯前款罪的，对单位判处罚金，并对其直接负责的主管人员和其他直接责任人员，依照前款的规定处罚。

甲类传染病的范围，依照《中华人民共和国传染病防治法》和国务院有关规定确定。

第一百零五条 采供血机构责任

违反本法规定，采供血机构未按照规定报告传染病疫情，隐瞒、谎报、缓报、漏报传染病疫情，或者干预传染病疫情报告的，由县级以上人民政府疾病预防控制部门责令改正，给予警告或者通报批评，可以并处十万元以下罚款；情节严重的，可以由原发证部门依法吊销采供血机构的执业许可证，对直接负责的主管人员和其他直接责任人员依法给予处分，并可以由原发证部门责令有关责任人员暂停六个月以上一年以下执业活动直至依法吊销执业证书。

采供血机构未执行国家有关规定，导致因输入血液引起经血液传播疾病发生的，由县级以上人民政府卫生健康主管部门依照前款规定给予行政处罚，对直接负责的主管人员和其他直接责任人员依法给予处分。

非法采集血液或者组织他人出卖血液的，由县级以上人民政府卫生健康主管部门责令停止违法行为，没收违法所得，并处五万元以上五十万元以下罚款。

第一百零六条 交通运输、邮政、快递经营单位责任

违反本法规定，交通运输、邮政、快递经营单位未优先运送参与传染病疫情防控的人员以及传染病疫情防控所需的药品、医疗器械和其他应急物资的，由交通运输、铁路、民用航空、邮政管理部门依据职责责令改正，给予警告；造成严重后果的，并处一万元以上十万元以下罚款，对直接负责的主管人员和其他直接责任人员依法给予处分。

法 律

《疫苗管理法》（2019 年 6 月 29 日）

第 50 条　县级以上地方人民政府卫生健康主管部门根据传染病监测和预警信息，为预防、控制传染病暴发、流行，报经本级人民政府决定，并报省级以上人民政府卫生健康主管部门备案，可以在本行政区域进行群体性预防接种。

需要在全国范围或者跨省、自治区、直辖市范围内进行群体性预防接种的，应当由国务院卫生健康主管部门决定。

作出群体性预防接种决定的县级以上地方人民政府或者国务院卫生健康主管部门应当组织有关部门做好人员培训、宣传教育、物资调用等工作。

任何单位和个人不得擅自进行群体性预防接种。

第 51 条　传染病暴发、流行时，县级以上地方人民政府或者其卫生健康主管部门需要采取应急接种措施的，依照法律、行政法规的规定执行。

第 64 条　省、自治区、直辖市人民政府根据本行政区域传染病流行趋势，在国务院卫生健康主管部门确定的传染病预防、控制项目范围内，确定本行政区域与预防接种相关的项目，并保证项目的实施。

第 69 条　传染病暴发、流行时，相关疫苗上市许可持有人应当及时生产和供应预防、控制传染病的疫苗。交通运输单位应当优先运输预防、控制传染病的疫苗。县级以上人民政府及其有关部门应当做好组织、协调、保障工作。

第一百零七条　饮用水供水单位等责任

违反本法规定，有下列情形之一的，由县级以上人民政府疾病预防控制部门责令改正，给予警告，没收违法所得，可以并处二十万元以下罚款；情节严重的，可以由原发证部门依法吊销相关许可证，对直接负责的主管人员和其他直接责任人员可以禁止其五年内从事相应生产经营活动：

（一）饮用水供水单位未取得卫生许可擅自供水，或者供应的饮用水不符合国家卫生标准和卫生规范造成或者可能造成传染病传播、暴发、流行；

（二）生产、销售未取得卫生许可的涉及饮用水卫生安全的产品，或者生产、销售的涉及饮用水卫生安全的产品不符合国家卫生标准和卫生规范；

（三）未取得卫生许可生产用于传染病防治的消毒产品，或者生产、销售的用于传染病防治的消毒产品不符合国家卫生标准和卫生规范；

（四）生产、销售未取得卫生许可的利用新材料、新工艺技术和新杀菌原理生产的消毒剂和消毒器械；

（五）出售、运输本法第六十六条规定的受影响的相关区域中被传染病病原体污染或者可能被传染病病原体污染的物品，未进行消毒处理。

第一百零八条　违反病原体管理秩序等责任

违反本法规定，有下列情形之一的，由县级以上人民政府卫生健康、疾病预防控制等部门依据职责责令改正，给予警告或者通报批评，没收违法所得，可以并处十万元以下罚款；情节严重的，可以由原发证部门依法吊销相关许可证，对直接负责的主管人员和其他直接责任人员依法给予处分，并可以由原发证部门责令有关责任人员暂停六个月以上一年以下执业活动直至依法吊销执业证书：

（一）疾病预防控制机构、医疗机构的实验室和从事病原微生物实验的单位，不符合国家规定的条件和技术标准，对传染病病原体和样本未按照规定的措施实行严格管理；

（二）违反国家有关规定，采集、保藏、提供、携带、运输、使用病原微生物菌（毒）种和传染病检测样本；

（三）医疗机构、疾病预防控制机构、检验检测机构未按照传染病检验检测技术规范和标准开展检验检测活动，或者出具虚假检验检测报告；

（四）生产、销售应当备案而未备案的消毒剂、消毒器械以及抗（抑）菌剂；

（五）公共场所、学校、托育机构的卫生条件和传染病预防、控制措施不符合国家卫生标准和卫生规范。

法　律

1.《刑法》（2023 年 12 月 29 日）

第 330 条　违反传染病防治法的规定，有下列情形之一，引起甲类传染病以及依法确定采取甲类传染病预防、控制措施的传染病传播或者有传播严重危险的，处三年以下有期徒刑或者拘役；后果特别严重的，处三年以上七年以下有期徒刑：

（一）供水单位供应的饮用水不符合国家规定的卫生标准的；

（二）拒绝按照疾病预防控制机构提出的卫生要求，对传染病病原体污染的污水、污物、场所和物品进行消毒处理的；

（三）准许或者纵容传染病病人、病原携带者和疑似传染病病人从事国务院卫生行政部门规定禁止从事的易使该传染病扩散的工作的；

（四）出售、运输疫区中被传染病病原体污染或者可能被传染病病原体污染的物品，未进行消毒处理的；

（五）拒绝执行县级以上人民政府、疾病预防控制机构依照传染病防治法提出的预防、控制措施的。

单位犯前款罪的，对单位判处罚金，并对其直接负责的主管人员和其他直接责任人员，依照前款的规定处罚。

甲类传染病的范围，依照《中华人民共和国传染病防治法》和国务院有关规定确定。

第 331 条 从事实验、保藏、携带、运输传染病菌种、毒种的人员，违反国务院卫生行政部门的有关规定，造成传染病菌种、毒种扩散，后果严重的，处三年以下有期徒刑或者拘役；后果特别严重的，处三年以上七年以下有期徒刑。

2.《固体废物污染环境防治法》（2020 年 4 月 29 日）

第 95 条 各级人民政府应当加强固体废物污染环境的防治，按照事权划分的原则安排必要的资金用于下列事项：

（一）固体废物污染环境防治的科学研究、技术开发；

（二）生活垃圾分类；

（三）固体废物集中处置设施建设；

（四）重大传染病疫情等突发事件产生的医疗废物等危险废物应急处置；

（五）涉及固体废物污染环境防治的其他事项。

使用资金应当加强绩效管理和审计监督，确保资金使用效益。

● 行政法规及文件

3.《病原微生物实验室生物安全管理条例》（2024 年 12 月 6 日）

第 28 条 对我国尚未发现或者已经宣布消灭的病原微生物，任何单位和个人未经批准不得从事相关实验活动。

为了预防、控制传染病，需要从事前款所指病原微生物相关实验活动的，应当经国务院卫生主管部门或者兽医主管部门批准，并在批准部门指定的专业实验室中进行。

第 42 条　实验室的设立单位应当指定专门的机构或者人员承担实验室感染控制工作，定期检查实验室的生物安全防护、病原微生物菌（毒）种和样本保存与使用、安全操作、实验室排放的废水和废气以及其他废物处置等规章制度的实施情况。

负责实验室感染控制工作的机构或者人员应当具有与该实验室中的病原微生物有关的传染病防治知识，并定期调查、了解实验室工作人员的健康状况。

第 43 条　实验室工作人员出现与本实验室从事的高致病性病原微生物相关实验活动有关的感染临床症状或者体征时，实验室负责人应当向负责实验室感染控制工作的机构或者人员报告，同时派专人陪同及时就诊；实验室工作人员应当将近期所接触的病原微生物的种类和危险程度如实告知诊治医疗机构。接诊的医疗机构应当及时救治；不具备相应救治条件的，应当依照规定将感染的实验室工作人员转诊至具备相应传染病救治条件的医疗机构；具备相应传染病救治条件的医疗机构应当接诊治疗，不得拒绝救治。

第 47 条　医疗机构或者兽医医疗机构及其执行职务的医务人员发现由于实验室感染而引起的与高致病性病原微生物相关的传染病病人、疑似传染病病人或者患有疫病、疑似患有疫病的动物，诊治的医疗机构或者兽医医疗机构应当在 2 小时内报告所在地的县级人民政府卫生主管部门或者兽医主管部门；接到报告的卫生主管部门或者兽医主管部门应当在 2 小时内通报实验室所在地的县级人民政府卫生主管部门或者兽医主管部门。接到通报的卫生主管部门或者兽医主管部门应当依照本条例第四十六条的规定采取预防、控制措施。

第 48 条　发生病原微生物扩散，有可能造成传染病暴发、流行时，县级以上人民政府卫生主管部门或者兽医主管部门应当依照有关法律、行政法规的规定以及实验室生物安全事件应急处置预案进行处理。

第56条　三级、四级实验室未经批准从事病原微生物目录规定的应当在三级、四级实验室进行的高致病性病原微生物实验活动或者疑似高致病性病原微生物实验活动的，由县级以上地方人民政府卫生主管部门、兽医主管部门依照各自职责，责令停止有关活动，监督其将用于实验活动的病原微生物销毁或者送交保藏机构，并给予警告；造成传染病传播、流行或者其他严重后果的，由实验室的设立单位对主要负责人、直接负责的主管人员和其他直接责任人员，依法给予撤职、开除的处分；构成犯罪的，依法追究刑事责任。

第58条　卫生主管部门或者兽医主管部门对出入境检验检疫机构为了检验检疫工作的紧急需要，申请在实验室对高致病性病原微生物或者疑似高致病性病原微生物开展进一步检测活动，不在法定期限内作出是否批准决定的，由其上级行政机关或者监察机关责令改正，给予警告；造成传染病传播、流行或者其他严重后果的，对直接负责的主管人员和其他直接责任人员依法给予撤职、开除的行政处分；构成犯罪的，依法追究刑事责任。

第59条　违反本条例规定，在不符合相应生物安全要求的实验室从事病原微生物相关实验活动的，由县级以上地方人民政府卫生主管部门、兽医主管部门依照各自职责，责令停止有关活动，监督其将用于实验活动的病原微生物销毁或者送交保藏机构，并给予警告；造成传染病传播、流行或者其他严重后果的，由实验室的设立单位对主要负责人、直接负责的主管人员和其他直接责任人员，依法给予撤职、开除的处分；构成犯罪的，依法追究刑事责任。

第61条　从事高致病性病原微生物相关实验活动的实验室

的设立单位未建立健全安全保卫制度，或者未采取安全保卫措施的，由县级以上地方人民政府卫生主管部门、兽医主管部门依照各自职责，责令限期改正；逾期不改正，导致高致病性病原微生物菌（毒）种、样本被盗、被抢或者造成其他严重后果的，责令停止该项实验活动，该实验室2年内不得从事高致病性病原微生物实验活动；造成传染病传播、流行的，该实验室设立单位的主管部门还应当对该实验室的设立单位的直接负责的主管人员和其他直接责任人员，依法给予降级、撤职、开除的处分；构成犯罪的，依法追究刑事责任。

第一百零九条　违反自然疫源地建设项目卫生管理的责任

违反本法规定，在国家确认的自然疫源地兴建水利、交通、旅游、能源等大型建设项目，未经卫生调查进行施工，或者未按照疾病预防控制机构的意见采取必要的传染病预防、控制措施的，由县级以上人民政府疾病预防控制部门责令限期改正，给予警告，并处十万元以上五十万元以下罚款；逾期不改正的，处五十万元以上一百万元以下罚款，提请有关人民政府依据职责权限责令停建、拆除，对直接负责的主管人员和其他直接责任人员依法给予处分。

第一百一十条　违反个人信息和隐私保护规定的责任

违反本法规定，县级以上人民政府卫生健康主管部门、疾病预防控制部门或者其他有关部门未依法履行个人信息保护义务的，由本级人民政府或者上级人民政府有关部门责令改正，通报批评；情节严重的，对负有责任的领导人员和直接责任人员依法给予处分。

医疗机构、疾病预防控制机构泄露传染病患者、病原携带者、疑似患者或者上述人员的密切接触者的个人隐私或者个人信息的，由县级以上人民政府卫生健康主管部门、疾病预防控制部门依据职责责令改正，给予警告或者通报批评，可以并处五万元以下罚款，对直接负责的主管人员和其他直接责任人员依法给予处分，对有关责任人员依照有关医师、护士管理等法律、行政法规规定追究法律责任。

传染病防治中其他未依法履行个人信息保护义务的，依照有关个人信息保护的法律、行政法规规定追究法律责任。

第一百一十一条 不配合传染病防治的责任

违反本法规定，有下列情形之一的，由县级以上人民政府疾病预防控制部门责令改正，给予警告，对违法的单位可以并处二万元以下罚款，对违法的个人可以并处一千元以下罚款；情节严重的，由原发证部门依法吊销相关许可证或者营业执照：

（一）拒不执行人民政府及其有关部门依法采取的传染病疫情防控措施；

（二）拒不接受和配合疾病预防控制机构依法采取的传染病疫情防控措施；

（三）拒不接受和配合疾病预防控制机构开展的流行病学调查，或者在流行病学调查中故意隐瞒传染病病情、传染病接触史或者传染病暴发、流行地区旅行史；

（四）甲类传染病患者、病原携带者、疑似患者或者上述人员的密切接触者拒绝接受和配合依法采取的隔离治疗、医学观察措施，或者隔离治疗、医学观察的期限未满擅自脱离；

（五）故意传播传染病；

（六）故意编造、散布虚假传染病疫情信息；

（七）其他妨害依法采取的传染病疫情防控措施的行为。

安排传染病患者、病原携带者、疑似患者从事法律、行政法规和国务院疾病预防控制部门规定禁止从事的易使该传染病扩散的工作的，由县级以上人民政府疾病预防控制部门责令改正，给予警告，可以并处二万元以下罚款；法律、行政法规另有规定的，依照其规定。

第一百一十二条　法律责任衔接

违反本法规定，造成人身、财产损害的，依法承担民事责任；构成违反治安管理行为的，依法给予治安管理处罚；构成犯罪的，依法追究刑事责任。

第九章　附　　则

第一百一十三条　用语解释

本法中下列用语的含义：

（一）重大传染病疫情，是指造成或者可能造成公众生命安全和身体健康严重损害的传染病疫情。

（二）传染病患者、疑似患者，是指根据国务院卫生健康主管部门、疾病预防控制部门发布的传染病诊断标准，符合传染病患者、疑似患者诊断标准的人。

（三）病原携带者，是指感染传染病病原体无临床症状但能排出病原体的人。

（四）流行病学调查，是指对人群中疾病或者健康状况的分布及其决定因素进行调查研究，提出疾病预防、控制措施及保健对策。

（五）人畜共患传染病，是指人与脊椎动物共同罹患的传染病，如鼠疫、狂犬病、血吸虫病、包虫病等。

（六）自然疫源地，是指某些可引起人类传染病的病原体在自然界的野生动物中长期存在和循环的地区。

（七）病媒生物，是指能够将传染病病原体从人或者其他动物传播给人的生物，如鼠、蚊、蝇、蚤类等。

（八）医疗机构感染，是指在医疗机构内获得的感染，包括在医疗机构内发生的感染和在医疗机构内获得、离开医疗机构后发生的感染，但不包括进入医疗机构前已开始或者已处于潜伏期的感染。医疗机构工作人员在医疗机构内获得的感染也属医疗机构感染。

（九）实验室感染，是指从事实验室工作时，因接触传染病病原体所致的感染。

（十）消毒，是指用化学、物理、生物的方法杀灭或者消除环境中的病原微生物。

（十一）疾病预防控制机构，是指从事疾病预防控制活动的疾病预防控制中心以及铁路疾病预防控制机构等与上述机构业务活动相同的单位。

（十二）医疗机构，是指依法取得医疗机构执业许可证或者进行备案，从事疾病诊断、治疗活动的机构。

（十三）暴发，是指在局部地区或者集体单位短时间内突然出现很多症状相同的患者。这些患者多有相同的传染源或者传播途径，大多数患者常同时出现在该病的最短和最长潜伏期之间。

（十四）流行，是指在某地区某病的发病率显著超过该病历年发病率水平。

第一百一十四条　突发公共卫生事件应对的法律适用衔接

传染病防治中有关突发公共卫生事件的应对，本法未作规定的，适用有关突发公共卫生事件应对的法律、行政法规规定。

第一百一十五条　施行日期

本法自 2025 年 9 月 1 日起施行。

中华人民共和国国境卫生检疫法

（1986年12月2日第六届全国人民代表大会常务委员会第十八次会议通过　根据2007年12月29日第十届全国人民代表大会常务委员会第三十一次会议《关于修改〈中华人民共和国国境卫生检疫法〉的决定》第一次修正　根据2009年8月27日第十一届全国人民代表大会常务委员会第十次会议《关于修改部分法律的决定》第二次修正　根据2018年4月27日第十三届全国人民代表大会常务委员会第二次会议《关于修改〈中华人民共和国国境卫生检疫法〉等六部法律的决定》第三次修正　2024年6月28日第十四届全国人民代表大会常务委员会第十次会议修订　2024年6月28日中华人民共和国主席令第27号公布　自2025年1月1日起施行）

目　　录

第一章　总　　则

第一条　立法目的

为了加强国境卫生检疫工作，防止传染病跨境传播，保障公众生命安全和身体健康，防范和化解公共卫生风险，根据宪法，制定本法。

第二条　适用范围

国境卫生检疫及相关活动，适用本法。

在中华人民共和国对外开放的口岸（以下简称口岸），海关依照本法规定履行检疫查验、传染病监测、卫生监督和应急处置等国境卫生检疫职责。

第三条　传染病分类及动态调整

本法所称传染病，包括检疫传染病、监测传染病和其他需要在口岸采取相应卫生检疫措施的新发传染病、突发原因不明的传染病。

检疫传染病目录，由国务院疾病预防控制部门会同海关总署编制、调整，报国务院批准后公布。监测传染病目录，由国务院疾病预防控制部门会同海关总署编制、调整并公布。

检疫传染病目录、监测传染病目录应当根据境内外传染病暴发、流行情况和危害程度及时调整。

部门规章及文件

1. **《关于公布监测传染病目录的公告》**（2024 年 12 月 30 日）

新型冠状病毒感染、艾滋病、人感染新亚型流感、麻疹、流行性出血热、流行性乙型脑炎、登革热、猴痘、细菌性和阿米巴性痢疾、肺结核、伤寒和副伤寒、流行性脑脊髓膜炎、百日咳、白喉、疟疾、流行性感冒、诺如病毒急性胃肠炎、肠出血性大肠杆菌感染性腹泻、副溶血弧菌感染性腹泻、尼帕病毒病、西尼罗热、寨卡病毒病、基孔肯雅热、奥罗普切病毒病、裂谷热、克里米亚-刚果出血热。

2. **《关于公布检疫传染病目录的公告》**（2024 年 12 月 30 日）

鼠疫、霍乱、黄热病、埃博拉病毒病、天花、脊髓灰质炎、传染性非典型肺炎、肺炭疽、马尔堡病毒病、拉沙热、中东呼吸综合征。

第四条 党的领导与具体工作原则

国境卫生检疫工作坚持中国共产党的领导，坚持风险管理、科学施策、高效处置的原则，健全常态和应急相结合的口岸传染病防控体系。

第五条 主管机关及协助机制

海关总署统一管理全国国境卫生检疫工作。国务院卫生健康主管部门、国务院疾病预防控制部门和其他有关部门依据各自职责做好国境卫生检疫相关工作。

口岸所在地县级以上地方人民政府应当将国境卫生检疫工作纳入传染病防治规划，加大对国境卫生检疫工作的支持力度。

海关、卫生健康、疾病预防控制和其他有关部门在国境卫生检疫工作中应当密切配合，建立部门协调机制，强化信息共享和协同联动。

国家依法强化边境管控措施，严密防范非法入境行为导致的传染病输入风险。

● 法　律

《基本医疗卫生与健康促进法》（2019 年 12 月 28 日）

第 20 条　国家建立传染病防控制度，制定传染病防治规划并组织实施，加强传染病监测预警，坚持预防为主、防治结合，联防联控、群防群控、源头防控、综合治理，阻断传播途径，保护易感人群，降低传染病的危害。

任何组织和个人应当接受、配合医疗卫生机构为预防、控制、消除传染病危害依法采取的调查、检验、采集样本、隔离治疗、医学观察等措施。

第六条　配合海关检疫的义务

海关依法履行国境卫生检疫职责，有关单位和个人应当予以配合，不得拒绝或者阻碍。

海关履行国境卫生检疫职责，应当依法保护商业秘密、个人隐私和个人信息，不得侵犯有关单位和个人的合法权益。

● 法　律

《基本医疗卫生与健康促进法》（2019 年 12 月 28 日）

第 55 条　国家建立健全符合医疗卫生行业特点的人事、薪酬、奖励制度，体现医疗卫生人员职业特点和技术劳动价值。

对从事传染病防治、放射医学和精神卫生工作以及其他在特殊岗位工作的医疗卫生人员，应当按照国家规定给予适当的津贴。津贴标准应当定期调整。

第七条　口岸公共卫生能力建设

国家采取多种措施，加强口岸公共卫生能力建设，不断提升国境卫生检疫工作水平。

行政法规及文件

《国务院办公厅关于推动疾病预防控制事业高质量发展的指导意见》（2023 年 12 月 25 日）

三、全面提升疾控专业能力

（七）提升监测预警和检验检测能力。加快建立疾控部门牵头，跨部门、跨区域、军地互通，以传染病多渠道监测、风险评估和预测预警为重点的多点触发、反应快速、权威高效的监测预警体系和机制。优化传染病疫情和突发公共卫生事件网络直报工作，完善临床监测、病原监测、病媒监测等专业监测，健全和畅通医疗机构报告、医务人员直接报告、科研发现报告、检验检测机构报告、群众个人报告、舆情监测等信息渠道，实现卫生健康、疾控、教育、民政、生态环境、农业农村、海关、市场监管、气象、移民、林草、中医药、药监等部门的联动监测和信息共享。建立健全包括疾控机构、医疗机构、高等院校、科研院所、海关国际旅行卫生保健中心以及检验检测机构在内的公共卫生实验室网络。加快疾控机构实验室标准化建设。

（八）提升应急处置能力。构建分级分类、高效实用的传染病疫情应急预案体系。提升中国疾控中心突发急性传染病防控队的远程和国际支援能力，支持各省（自治区、直辖市）依托疾控机构等组建国家突发急性传染病防控队；支持各地市组建快速反应小分队，每个县域建立 1 支基层综合应急分队，切实强化传染病现场应急处置能力。加强防控应急物资生产、储备、运输、轮换、处置的协同联动，健全实物储备、协议储备、生产能力储备相结合的防控应急物资储备机制，完善并动态调整防控应急物资目录，合理确定储备规模；抓好超大特大城市“平急两用”公共基础设施建设和平急转换使用，切实提高应急保障能力。

（九）提升传染病救治能力。统筹应急状态下医疗卫生机构动员响应、区域联动、人员调集，建立健全分级、分层、分流的重大疫情救治机制。着力提高基层医疗卫生机构防病治病水平，推广家庭医生签约服务，构建分级诊疗格局。依托高水平医疗机构，升级改造建设国家重大传染病防控救治基地。大力改善传染病医疗机构和专科疾病防治机构基础设施条件。提升医疗机构传染病防治能力和水平。依托实力较强的综合医院、中医医院建立传染病院区和专科，完善传染病医疗服务资源布局。支持建设国家中医疫病防治基地，发挥中医药在传染病防控领域的独特优势和“治未病”作用。

（十）提升公共卫生干预能力。持续加强艾滋病、结核病、病毒性肝炎等重点传染病防控。巩固重点寄生虫病、地方病防治成果。强化疫苗预防接种。完善环境健康综合监测网络体系和风险预警平台，建立健全环境健康风险评估制度。加强对近视、肥胖等学生常见病及健康危险因素的监测和综合干预。加强职业卫生、放射卫生、食品安全风险监测评估与标准、营养健康、伤害监测、老年人健康危险因素监测及重点慢性病早期筛查干预和分类管理等工作。

（十一）提升行政执法能力。健全权责明确、程序规范、执行有力的国家、省、市、县四级卫生健康行政执法体系。强化国家、省级疾控部门统筹协调和监督指导职责，依法组织查处重大案件。市、县级疾控主管部门负责疾控行政执法工作。市、县级卫生监督机构承担本辖区公共卫生、医疗卫生等监督执法任务。健全卫生健康行政执法人员持证上岗和资格管理制度。加强卫生健康行政执法资源配置和规范化建设，制定卫生健康行政执法装备标准，按规定配备执法车辆、取证工具、执法装备，加强依法履职所需的业务用房等保障。

（十二）提升宣传教育能力。建立平急结合的疾控信息发布、新闻舆论引导、科学知识普及和社会宣传动员统筹推进工作机制。加强舆情监测和舆论引导，及时回应社会关切。广泛普及疾控政策和科学知识，教育部门要将其纳入国民教育体系，机关、企事业单位、社会组织等要纳入本单位从业人员培训内容，基层社区、医疗卫生机构要加强对居民、患者的科普宣传和健康指导，各级各类媒体要加大健康科普宣传力度。

第八条 交流合作

国家加强与其他国家或者地区以及有关国际组织在国境卫生检疫领域的交流合作。

第二章　检 疫 查 验

第九条 进境出境交通工具和人员检疫

进境出境的人员、交通运输工具，集装箱等运输设备、货物、行李、邮包等物品及外包装（以下统称货物、物品），应当依法接受检疫查验，经海关准许，方可进境出境。

享有外交、领事特权与豁免等相关待遇的人员，以及享有外交、领事特权与豁免等相关待遇的机构和人员的物品进境出境，在不影响其依法享有特权与豁免的前提下，应当依法接受检疫查验。

● **行政法规及文件**

《快递暂行条例》（2025 年 4 月 13 日）

第 27 条　快件延误、丢失、损毁或者内件短少的，对保价的快件，应当按照经营快递业务的企业与寄件人约定的保价规则确定赔偿责任；对未保价的快件，依照民事法律的有关规定确定赔偿责任。

国家鼓励保险公司开发快件损失赔偿责任险种，鼓励经营快递业务的企业投保。

第十条 接受检疫查验与非口岸地点停靠的报告义务

进境出境的人员、交通运输工具、货物、物品，应当分别在最先到达的口岸和最后离开的口岸接受检疫查验；货物、物品也可以在海关指定的其他地点接受检疫查验。

来自境外的交通运输工具因不可抗力或者其他紧急原因停靠、降落在境内口岸以外地区的，交通运输工具负责人应当立即向就近的海关报告，接到报告的海关应当立即派员到场处理，必要时可以请求当地人民政府疾病预防控制部门予以协助；除避险等紧急情况外，未经海关准许，该交通运输工具不得装卸货物、物品，不得上下引航员以外的人员。

第十一条 健康申报义务

对进境出境人员，海关可以要求如实申报健康状况及相关信息，进行体温检测、医学巡查，必要时可以查阅旅行证件。

除前款规定的检疫查验措施外，海关还可以根据情况对有关进境出境人员实施下列检疫查验措施：

（一）要求提供疫苗接种证明或者其他预防措施证明并进行核查；

（二）进行流行病学调查、医学检查；

（三）法律、行政法规规定的其他检疫查验措施。

进境的外国人拒绝接受本条规定的检疫查验措施的，海关可以作出不准其进境的决定，并同时通知移民管理机构。

部门规章及文件

《边境旅游管理办法》（2025 年 4 月 25 日）

第 6 条　开展边境旅游，应当符合下列条件：

（一）有经国务院批准对外国人开放的边境市、县；

（二）有经国务院批准的正式对外开放且允许人员出入境的边境口岸，能够保障边境旅游活动顺利开展的口岸查验基础设施；

（三）具备交通条件和接待设施；

（四）遵守入境国防范生物安全风险的有关规定；

（五）签订了意向性边境旅游合作协议。

意向性边境旅游合作协议签订前，省、自治区人民政府应当征求国务院文化和旅游主管部门的意见，并由国务院文化和旅游主管部门征求外交、公安、交通、海关、移民等部门的意见。

第 7 条　意向性边境旅游合作协议应当包括下列主要内容：

（一）双方组织边境旅游的区域范围；

（二）出入境证件、出入境口岸、停留期限；

（三）旅游团队最低人数；

（四）双方组织边境旅游的市场监管、执法协作、安全保障和纠纷处理机制；

（五）关于双方组团单位负责教育本国旅游者遵守对方国家的法律法规，以及两国缔结或者共同参加的相关条约的承诺。

第 8 条　意向性边境旅游合作协议签订后，省、自治区人民政府应当向国务院文化和旅游主管部门提出开展边境旅游活动的申请。国务院文化和旅游主管部门应当征求外交、公安、交通、海关、移民等部门的意见，并报国务院批准。

国务院批准同意后，有关地方可以对外签订正式边境旅游合作协议，并将正式边境旅游合作协议逐级报国务院文化和旅游主管部门备案。

第 9 条　双方旅游者应当持有效国际旅行证件。中国公民相关证件按照国家有关规定统一办理。

第 10 条　我国公民均可以参加边境旅游，但有关法律法规规定不准出境的除外。

第 11 条　边境旅游的出入境活动应当遵守下列规定：

（一）双方旅游团队出入境的手续按边境旅游合作协议办理；

（二）双方旅游团队可以在边境旅游合作协议商定的范围内，灵活选择出入境口岸，并在边境旅游团队名单表内注明；

（三）双方旅游团队的旅游者应当以团队形式经口岸出入境，接受海关检疫查验和出入境边防检查，向出入境边防检查机关提交边境旅游团队名单表，经查验准许后通行。确需分团出入境的，应当符合分团有关规定，由组团社事先向所在地文化和旅游主管部门报告，并按规定向公安机关出入境管理机构、出入境边防检查机关办理相关手续；

（四）双方旅游者携带的进出境行李物品，应当符合进出境地所在国法律法规的规定，并依法接受检查。

第十二条　发现传染病时的报告及诊治

海关依据检疫医师提供的检疫查验结果，对判定为检疫传染病染疫人、疑似染疫人的，应当立即采取有效的现场防控措施，并及时通知口岸所在地县级以上地方人民政府疾病预防控制部门。接到通知的疾病预防控制部门应当及时组织将检疫传染病染疫人、疑似染疫人接送至县级以上地方人民政府指定的医疗机构或者其他场所实施隔离治疗或者医学观察。有关医疗机构和场所应当及时接收。

对可能患有监测传染病的人员，海关应当发给就诊方便卡，并及时通知口岸所在地县级以上地方人民政府疾病预防控制部门。对持有就诊方便卡的人员，医疗机构应当优先诊治。

行政法规及文件

《国际航行船舶进出中华人民共和国口岸检查办法》（2019年3月2日）

第10条 海关对船舶实施电讯检疫。持有卫生证书的船舶，其船方或其代理人可以向海关申请电讯检疫。

对来自疫区的船舶，载有检疫传染病染疫人、疑似检疫传染病染疫人、非意外伤害而死亡且死因不明尸体的船舶，未持有卫生证书或者证书过期或者卫生状况不符合要求的船舶，海关应当在锚地实施检疫。

第十三条 进境出境交通运输工具负责人申报义务

进境出境交通运输工具负责人应当按照规定向海关如实申报与检疫查验有关的事项。

案例指引

易某华非法引进外来入侵物种案（最高人民检察院发布五起"检察机关深入推进更高水平平安中国建设"典型案例之三）①

典型意义：非法引进、释放、丢弃外来入侵物种罪是刑法修正案（十一）新增的罪名。对于外来入侵物种的认定应当以相关前置规范为依据，可以根据有关行政部门制定的外来入侵物种名录予以确定。"情节严重"的判断，可以根据非法引进外来物种的数量、价值、违法行为次数、违法所得、涉案区域、危害后果等情况综合认定。对于主观故意的认定，应当注重对行为人是否明知其携带入境的物种属于"活体动植物"、是否依照相关行政法规要求落实申报义务等事实进行引导取证和审查分析。本案作为全国首例外来入侵物种案，通过办案有力惩治犯罪，充分发挥刑事司法保护生物多样性、

① 参见最高人民检察院网站，https：//www.spp.gov.cn/spp/xwfbh/wsfbh/202502/t20250226_685781.shtml，最后访问时间：2025年5月13日。

维护国家生态安全的积极作用，同时对潜在的非法引进外来入侵物种行为发挥警示作用，促使相关部门加强对外来入侵物种的管理和监督，完善相关制度和措施。

第十四条 登临交通运输工具检疫查验

海关可以登临交通运输工具进行检疫查验，对符合规定条件的，可以采取电讯方式进行检疫查验。

除避险等紧急情况外，进境的交通运输工具在检疫查验结束前、出境的交通运输工具在检疫查验结束后至出境前，未经海关准许，不得驶离指定的检疫查验地点，不得装卸货物、物品，不得上下引航员以外的人员。

● 部门规章及文件

《国际航行船舶出入境检验检疫管理办法》（2024 年 11 月 13 日）

第 10 条 在邮轮入境前 24 小时或者离开上一港口后，邮轮负责人或者其代理人应当向入境口岸海关申报，提交沿途寄港、靠泊计划、人员健康情况、《船舶免予卫生控制措施/卫生控制措施证书》等信息。

如申报内容有变化，邮轮负责人或者其代理人应当及时向海关更正。

第 11 条 入境邮轮应当依法接受检疫查验。

邮轮负责人或者其代理人应当向最先到达的入境口岸海关申请办理入境检疫手续，经海关准许，方可入境。

接受入境检疫的邮轮，在检疫完成以前，未经海关准许，不准上下人员，不准装卸集装箱等运输设备、货物、行李、邮包等物品及外包装（以下统称货物、物品）。

第 12 条 入境邮轮应当按照规定悬挂检疫信号，在指定地点等候检疫。在海关签发入境检疫证书或者通知检疫完毕之前，不得解除检疫信号。

检验检疫人员登临检疫时，邮轮负责人或者其代理人应当配合开展工作。

第 13 条　海关根据入境邮轮申报信息及邮轮检疫风险等级确定检疫方式，及时通知邮轮负责人或者其代理人，检疫方式有：

（一）靠泊检疫；

（二）随船检疫；

（三）锚地检疫；

（四）电讯检疫。

第 14 条　有下列情形之一的，海关可以对入境邮轮实施随船检疫：

（一）首次入境，且入境前 4 周内停靠过海关总署公告、警示通报列明的发生疫情国家或者地区；

（二）首次入境，且公共卫生体系风险不明的；

（三）为便利通关需要，邮轮负责人或者其代理人申请，海关认为有必要的。

参加随船检疫人员应当为邮轮检疫在岗人员，且具有医学专业背景或者接受过系统性船舶卫生检疫业务培训的。

第 15 条　有下列情形之一的，海关应当对入境邮轮实施锚地检疫：

（一）邮轮上报告有疑似检疫传染病染疫人，且根据要求需对密切接触者采取集中隔离观察的；

（二）海关总署公告、警示通报有明确要求的；

（三）海关总署评定检疫风险较高的；

（四）有本办法第十四条第一款第（一）（二）项规定的情形而未实施随船检疫的；

（五）邮轮负责人或者其代理人申请，海关认为有必要的。

第 16 条　邮轮经风险评估，检疫风险较低的，经邮轮负责人或者其代理人申请，海关可以实施电讯检疫。

第 17 条　有本办法第十四条、第十五条、第十六条规定以外的其他情形或者在紧急情况下，海关对邮轮实施靠泊检疫。

第 18 条　海关工作人员对入境邮轮实施的检疫查验内容包括：

（一）在登临前，检查邮轮是否悬挂检疫信号；

（二）核查《船舶免予卫生控制措施证书/船舶卫生控制措施证书》、食品从业人员健康证明、来自黄热病疫区交通运输工具上船员和旅客的预防接种证书；

（三）检查邮轮医疗设施、航海日志、医疗日志，询问船员、旅客的健康监测情况，可以要求邮轮运营方或者其代理人签字确认；

（四）检查食品饮用水安全、病媒生物控制、废弃物处置和卫生状况；

（五）检查公共卫生安全体系其他相关内容。

第 19 条　完成入境检疫后，对没有传播检疫传染病风险的邮轮，检验检疫人员应当立即签发《船舶入境卫生检疫证》；对需要实施检疫处理措施的邮轮，经检疫处理合格后，予以签发《船舶入境检疫证》。

邮轮负责人收到《船舶入境卫生检疫证》或者《船舶入境检疫证》，方可解除入境邮轮检疫信号，准予人员上下以及货物、物品装卸等。

第 20 条　入境旅客、邮轮员工及其他人员应当接受检疫。

入境邮轮在中国境内停留期间，旅客、邮轮员工及其他人员不得将动植物、动植物产品和其他检疫物带离邮轮；需要带离时，应当向口岸海关申报。

第 21 条　出境邮轮在离港前 4 个小时，邮轮负责人或者其代理人应当向出境口岸海关申报邮轮出境检疫信息。

第 22 条　海关对出境邮轮实施检疫，未完成检疫事项的邮轮不得出境。

出境检疫完毕后，海关工作人员对出境邮轮应当签发交通运输工具出境卫生检疫证书。

海关可以根据风险评估情况确定是否实施登临检疫。

第 23 条　对邮轮实施出境检疫完毕后，除引航员和经海关准许的人员外，其他人员不得上下邮轮，不准装卸货物、物品。违反上述规定，该邮轮必须重新实施出境检疫。

出境检疫完毕后超过 24 小时仍未开航的出境邮轮，应当重新实施出境检疫。

第十五条　进境出境交通运输工具卫生处理及隔离

进境出境交通运输工具有下列情形之一的，应当实施卫生处理，并接受海关监督；必要时，海关可以会同有关部门对交通运输工具实施隔离：

（一）受到检疫传染病污染；

（二）发现与人类健康有关的病媒生物；

（三）存在传播检疫传染病风险的其他情形。

外国交通运输工具的负责人拒绝实施卫生处理的，除特殊情况外，海关应当责令该交通运输工具在其监督下立即离境。

部门规章及文件

《中华人民共和国海关进出境行李物品监管办法》（2025 年 2 月 17 日）

第 22 条　进境人员携带的行李物品有下列情形之一的，应当实施检疫处理，并接受海关监督：

（一）受到检疫传染病污染的；

（二）发现与人类健康有关的病媒生物的；

（三）存在传播检疫传染病风险的其他情形的；

（四）发现具有动植物检疫风险的活体有害生物，且可能造成扩散的；

（五）其他依法应当实施检疫处理的。

第十六条　检疫凭证

海关依据检疫医师提供的检疫查验结果，对没有传播检疫传染病风险或者已经实施有效卫生处理的交通运输工具，签发进境检疫证或者出境检疫证。

第十七条　口岸停留期间发现传染病及时报告

已经实施检疫查验的交通运输工具在口岸停留期间，发现检疫传染病染疫人、疑似染疫人或者有人非因意外伤害死亡且死因不明的，交通运输工具负责人应当立即向海关报告，海关应当依照本法规定采取相应的措施。

第十八条　过境的交通运输工具管理

海关对过境的交通运输工具不实施检疫查验，但有证据表明该交通运输工具存在传播检疫传染病风险的除外。

过境的交通运输工具在中国境内不得装卸货物、物品或者上下人员；添加燃料、饮用水、食品和供应品的，应当停靠在指定地点，在海关监督下进行。

● 部门规章及文件

1. **《海南出入境游艇检疫管理办法》**（2024 年 11 月 13 日）

第 5 条　入境游艇应当在最先到达的口岸接受检疫。

海关可以对入境游艇实施电讯检疫、锚地检疫、靠泊检疫或者随船检疫。

第6条　艇方或者其代理人应当在游艇到达口岸前，向入境口岸海关申报下列事项：

（一）游艇名称、国籍、预定到达检疫地点的日期和时间；

（二）发航港、最后寄港；

（三）游艇操作人员和其他艇上人员数量及健康状况；

（四）依法应当向海关申报并接受检疫的动植物、动植物产品和其他检疫物。

第7条　艇方或者其代理人应当在游艇到达检疫地点前12小时将确定到达的日期和时间通知海关。

第8条　无重大疫病疫情时，已取得《船舶免予卫生控制措施证书/船舶卫生控制措施证书》的，艇方或者其代理人可以向海关申请电讯检疫。

未持有上述证书的，海关可以先予实施电讯检疫，艇方或者其代理人在游艇到达检疫地点后应当申请补办。

第9条　有下列情形之一的游艇，艇方或者其代理人应当主动向海关报告，由海关在检疫锚地或者海关指定的地点实施检疫：

（一）来自动植物疫区，国家有明确要求的；

（二）发现检疫传染病染疫人、疑似染疫人，或者有人非因意外伤害而死亡并死因不明的；

（三）发现有啮齿动物异常死亡的。

第10条　除实施电讯检疫的以及本办法第九条规定的检疫以外的其他游艇，由海关在口岸开放码头或者经海关同意的游艇停泊水域或者码头实施靠泊检疫。

需要办理口岸临时开放手续的，按照相关规定执行。

第11条　受入境检疫的游艇应当按照规定悬挂检疫信号等候查验，在检疫完毕并签发船舶入境检疫证后，方可解除检疫信号、上下人员、装卸行李等物品。

不具备悬挂检疫信号条件的，入境时应当在检疫地点等候查验，并尽早通知海关实施检疫。

第12条　办理入境检疫手续时，艇方或者其代理人应当向海关提交《出/入境游艇检疫总申报单》《船舶免予卫生控制措施证书/船舶卫生控制措施证书》、游艇操作人员及随艇人员名单等相关资料，必要时提供游艇航行等相关记录。来自黄热病疫区的，还应当提供艇上人员《预防接种证书》。

不能提供《船舶免予卫生控制措施证书/船舶卫生控制措施证书》的，艇方或者其代理人在游艇入境后应当向海关申请补办。

第13条　海关依法对入境游艇上的检疫传染病染疫人、疑似染疫人采取有效的现场防控措施，并及时通知口岸所在地县级以上地方人民政府疾病预防控制部门。

第14条　入境游艇有下列情形之一的，应当实施卫生除害处理，并接受海关监督：

（一）受到检疫传染病污染的；

（二）发现有与人类健康有关的病媒生物的；

（三）存在传播检疫传染病风险的其他情形的；

（四）发现有动物一类、二类传染病、寄生虫病或者进境植物检疫性有害生物的。

第15条　入境游艇在中国境内停留期间，艇上人员不得将所装载的动植物、动植物产品和其他检疫物带离游艇；需要带离时，应当向海关报检，相关程序及要求按照有关法律法规的相关规定执行。

游艇上装载有禁止进境的动植物、动植物产品和其他检疫物的，海关应当做封存或者销毁处理。

第16条　携带犬、猫（以下简称宠物）入境的，每人每次限带1只，携带人应当向海关提供输出国家或者地区官方动物检疫机构出具的有效检疫证书和疫苗接种证书。宠物应当具有芯片或者其他有效身份证明。

第17条　来自非狂犬病发生国家或者地区的宠物，经查验证书符合要求且现场检疫合格的，可以办理宠物入境随行手续。

来自狂犬病发生国家或者地区的宠物，应当在海关指定的隔离场所隔离30天。

工作犬，如导盲犬、搜救犬等，携带人提供相应证明且现场检疫合格的，可以免于隔离检疫。

海关对隔离检疫的宠物实行监督检查。

第18条　入境宠物有下列情形之一的，禁止带离游艇：

（一）入境宠物无输出国家或者地区官方动物检疫机构出具的有效检疫证书和疫苗接种证书的；

（二）数量超过限额的；

（三）现场检疫不合格的。

第19条　入境游艇经检疫查验合格的，由海关签发船舶入境检疫证等证单。

第20条　游艇出境时，应当在出境3小时前向出境口岸海关申报并办理出境检疫手续。办理出境检疫手续后出现人员变动或者其他特殊情况24小时内不能出境的，须重新办理。

游艇在入境口岸停留不足24小时出境的，经海关同意，在办理入境手续时，可以同时办理出境手续。

第21条　办理出境检疫手续时，艇方或者其代理人应当向海关提交《出/入境游艇检疫总申报单》、游艇操作人员及随艇人员名单等有关资料。入境时已提交且无变动的，经艇方或者其代理人书面声明，可以免予提供。

第22条　出境游艇经检疫查验合格的，由海关签发交通运输工具出境卫生检疫证书等证单。

2.《出入境邮轮检疫管理办法》（2024 年 11 月 13 日）

第 10 条　在邮轮入境前 24 小时或者离开上一港口后，邮轮负责人或者其代理人应当向入境口岸海关申报，提交沿途寄港、靠泊计划、人员健康情况、《船舶免予卫生控制措施/卫生控制措施证书》等信息。

如申报内容有变化，邮轮负责人或者其代理人应当及时向海关更正。

第 11 条　入境邮轮应当依法接受检疫查验。

邮轮负责人或者其代理人应当向最先到达的入境口岸海关申请办理入境检疫手续，经海关准许，方可入境。

接受入境检疫的邮轮，在检疫完成以前，未经海关准许，不准上下人员，不准装卸集装箱等运输设备、货物、行李、邮包等物品及外包装（以下统称货物、物品）。

第 12 条　入境邮轮应当按照规定悬挂检疫信号，在指定地点等候检疫。在海关签发入境检疫证书或者通知检疫完毕之前，不得解除检疫信号。

检验检疫人员登临检疫时，邮轮负责人或者其代理人应当配合开展工作。

第 13 条　海关根据入境邮轮申报信息及邮轮检疫风险等级确定检疫方式，及时通知邮轮负责人或者其代理人，检疫方式有：

（一）靠泊检疫；

（二）随船检疫；

（三）锚地检疫；

（四）电讯检疫。

第 14 条　有下列情形之一的，海关可以对入境邮轮实施随船检疫：

（一）首次入境，且入境前 4 周内停靠过海关总署公告、警示通报列明的发生疫情国家或者地区；

（二）首次入境，且公共卫生体系风险不明的；

（三）为便利通关需要，邮轮负责人或者其代理人申请，海关认为有必要的。

参加随船检疫人员应当为邮轮检疫在岗人员，且具有医学专业背景或者接受过系统性船舶卫生检疫业务培训的。

第 15 条 有下列情形之一的，海关应当对入境邮轮实施锚地检疫：

（一）邮轮上报告有疑似检疫传染病染疫人，且根据要求需对密切接触者采取集中隔离观察的；

（二）海关总署公告、警示通报有明确要求的；

（三）海关总署评定检疫风险较高的；

（四）有本办法第十四条第一款第（一）（二）项规定的情形而未实施随船检疫的；

（五）邮轮负责人或者其代理人申请，海关认为有必要的。

第 16 条 邮轮经风险评估，检疫风险较低的，经邮轮负责人或者其代理人申请，海关可以实施电讯检疫。

第 17 条 有本办法第十四条、第十五条、第十六条规定以外的其他情形或者在紧急情况下，海关对邮轮实施靠泊检疫。

第 18 条 海关工作人员对入境邮轮实施的检疫查验内容包括：

（一）在登临前，检查邮轮是否悬挂检疫信号；

（二）核查《船舶免予卫生控制措施证书/船舶卫生控制措施证书》、食品从业人员健康证明、来自黄热病疫区交通运输工具上船员和旅客的预防接种证书；

（三）检查邮轮医疗设施、航海日志、医疗日志，询问船员、旅客的健康监测情况，可以要求邮轮运营方或者其代理人签字确认；

（四）检查食品饮用水安全、病媒生物控制、废弃物处置和卫生状况；

（五）检查公共卫生安全体系其他相关内容。

第19条　完成入境检疫后，对没有传播检疫传染病风险的邮轮，检验检疫人员应当立即签发《船舶入境卫生检疫证》；对需要实施检疫处理措施的邮轮，经检疫处理合格后，予以签发《船舶入境检疫证》。

邮轮负责人收到《船舶入境卫生检疫证》或者《船舶入境检疫证》，方可解除入境邮轮检疫信号，准予人员上下以及货物、物品装卸等。

第20条　入境旅客、邮轮员工及其他人员应当接受检疫。

入境邮轮在中国境内停留期间，旅客、邮轮员工及其他人员不得将动植物、动植物产品和其他检疫物带离邮轮；需要带离时，应当向口岸海关申报。

第21条　出境邮轮在离港前4个小时，邮轮负责人或者其代理人应当向出境口岸海关申报邮轮出境检疫信息。

第22条　海关对出境邮轮实施检疫，未完成检疫事项的邮轮不得出境。

出境检疫完毕后，海关工作人员对出境邮轮应当签发交通运输工具出境卫生检疫证书。

海关可以根据风险评估情况确定是否实施登临检疫。

第23条　对邮轮实施出境检疫完毕后，除引航员和经海关准许的人员外，其他人员不得上下邮轮，不准装卸货物、物品。违反上述规定，该邮轮必须重新实施出境检疫。

出境检疫完毕后超过24小时仍未开航的出境邮轮，应当重新实施出境检疫。

第24条　有下列情形之一的，邮轮运营方应当按照海关要求，组织实施检疫处理：

（一）海关总署发布公告或者警示通报等有明确要求的；

（二）发现存在与人类健康有关的病媒生物或者有毒有害物质的；

（三）发现有《中华人民共和国进出境动植物检疫法》第十八条规定的名录中所列病虫害的；

（四）法律、法规规定的其他应当实施检疫处理的情形。

邮轮上泔水、动植物性废弃物及其存放场所、容器应当实施检疫处理。

检疫处理工作应当依法实施并接受海关监督。

第25条　邮轮上有禁止进境的动植物、动植物产品和其他检疫物的，在中国境内停留期间，不得卸离或者带离邮轮。发现有害生物扩散风险或者潜在风险的，邮轮运营方应当主动采取防范措施，并及时向海关报告。

第26条　经检疫处理合格的，且需下一港跟踪的邮轮，出发港海关应当及时将有关信息报送至下一港海关。

第27条　发生下列情形之一，邮轮负责人或者其代理人应当及时采取有效的应急处置措施，立即向口岸海关进行突发公共卫生事件报告：

（一）航行途中有人员发生疑似传染病死亡或者不明原因死亡的；

（二）发现传染病染疫人或者疑似染疫人，且可能构成公共卫生风险的；

（三）航行过程中6小时内出现6例及以上的消化道疾病病例，或者邮轮上有1%及以上的船员或者旅客患消化道疾病的；

（四）邮轮航行途中24小时内出现2‰以上的船员或者旅客患呼吸道传染病的；

（五）发生群体性不明原因疾病的；

（六）邮轮负责人或者其代理人认为应当报告的其他情形。

第28条　突发公共卫生事件报告内容应当包括：

（一）事件的基本情况，包括启运港、靠泊港和沿途寄港、停靠日期、病名或者主要症状、总人数、患病人数、死亡人数等；

（二）患病人员的监测日志、医疗记录和调查记录等；

（三）邮轮上所采取的应急处置措施及所取得的效果；

（四）法律法规要求的其他信息和资料。

第29条　邮轮发生突发公共卫生事件时，应当遵循统一指挥、职责明确、科学高效、反应及时、优先救治的原则。海关应当对人员医疗救治工作给予检疫便利。

第30条　邮轮运营方应当建立完善的突发公共卫生事件处置能力，包括配备具有处置突发事件能力的专业人员、建立应急处置预案、定期开展培训和演练等。

发生突发公共卫生事件时，邮轮运营方及其代理人应当配合海关做好应急处置工作。

第31条　海关应当建立突发公共卫生事件的应急处置机制，做好联防联控工作，定期开展培训和演练，指导、协调邮轮运营方做好邮轮突发公共卫生事件的现场处置工作。

第32条　邮轮发生突发公共卫生事件时，应当按照口岸突发公共卫生事件应急处置相关规定处理。

第十九条　进境出境货物、物品如实申报

进境出境货物、物品的收发货人、收寄件人、携运人（携带人）、承运人或者其代理人应当按照规定向海关如实申报与检疫查验有关的事项。

部门规章及文件

《海关进出境行李物品监管办法》（2025年2月17日）

第9条 进境人员有下列情形之一的，应当向海关书面申报：

（一）携带禁止进境物品的；

（二）携带限制进境物品超过限额、限量要求或者应当提交许可证件以及其他证明材料的；

（三）携带动植物、动植物产品和其他检疫物的；

（四）携带血液等人体组织、病原微生物、生物制品等关系公共卫生安全的物品的；

（五）携带受到检疫传染病污染或者存在传播检疫传染病风险的物品的；

（六）携带超过规定数额货币现钞的；

（七）携带超过规定免税数额或者限量要求物品的；

（八）携带货物、货样、广告品的；

（九）以分离运输方式运进行李物品的；

（十）携带其他依法需要书面申报行李物品的。

第10条 出境人员有下列情形之一的，应当向海关书面申报：

（一）携带禁止出境物品的；

（二）携带限制出境物品超过限额、限量要求或者应当提交许可证件以及其他证明材料的；

（三）携带货物、货样、广告品的；

（四）携带血液等人体组织、病原微生物、生物制品等关系公共卫生安全的物品的；

（五）携带受到检疫传染病污染或者存在传播检疫传染病风险的物品的；

（六）携带超过规定数额货币现钞的；

（七）携带其他依法需要书面申报行李物品的。

第二十条 进境出境交通运输工具的货物、物品卫生处理及监督

对有本法第十五条第一款规定情形的货物、物品，应当实施卫生处理，并接受海关监督；卫生处理完成前，相关货物、物品应当单独存放，未经海关准许不得移运或者提离。

对有本法第十五条第一款规定情形但无法实施有效卫生处理的货物、物品，海关可以决定不准其进境或者出境，或者予以退运、销毁；对境内公共卫生安全可能造成重大危害的，海关可以暂停相关货物的进口。

部门规章及文件

《海关进出境行李物品监管办法》（2025 年 2 月 17 日）

第 25 条 进境人员携带的行李物品有下列情形之一的，且已经海关依法处理的，经海关同意可以退回：

（一）未缴纳进境行李物品税款的；

（二）未能按照货物办理海关手续的；

（三）未能提交许可证件以及其他证明材料的；

（四）属于禁止进境物品的；

（五）经检疫不合格又无有效处理方法的；

（六）其他依法可以退回的。

第 26 条 进出境人员对行李物品声明放弃的，经海关同意可以作放弃处置，但依法不得放弃的除外。

经海关截留检疫合格后，进境人员未在截留期限内领取进境行李物品的，作自动放弃处理。

第 27 条 进境人员携带的行李物品有下列情形之一的，由海关依法进行拍卖、变卖、销毁等处置：

（一）经海关同意放弃或者自动放弃的；

（二）属于禁止进境物品且无法退回的；

（三）经检疫不合格又无有效处理方法且无法退回的；

（四）未在规定时限内办结海关手续的；

（五）在海关监管区内超过三个月无人认领的。

上述行李物品不宜长期保存的，海关可以根据实际情况提前处理。

第二十一条 托运尸体、骸骨进出境申报

托运尸体、骸骨进境出境的，托运人或者其代理人应当按照规定向海关如实申报，经检疫查验合格后，方可进境出境。

因患检疫传染病死亡的，尸体应当就近火化。

● 行政法规及文件

《国境卫生检疫法实施细则》（2019年3月2日）

第19条 卫生检疫机关的职责：

（一）执行《国境卫生检疫法》及其实施细则和国家有关卫生法规；

（二）收集、整理、报告国际和国境口岸传染病的发生、流行和终息情况；

（三）对国境口岸的卫生状况实施卫生监督；对入境、出境的交通工具、人员、集装箱、尸体、骸骨以及可能传播检疫传染病的行李、货物、邮包等实施检疫查验、传染病监测、卫生监督和卫生处理；

（四）对入境、出境的微生物、生物制品、人体组织、血液及其制品等特殊物品以及能传播人类传染病的动物，实施卫生检疫；

（五）对入境、出境人员进行预防接种、健康检查、医疗服务、国际旅行健康咨询和卫生宣传；

（六）签发卫生检疫证件；

（七）进行流行病学调查研究，开展科学实验；

（八）执行海关总署、国务院卫生行政部门指定的其他工作。

第 57 条　入境、出境的尸体、骸骨托运人或者代理人应当申请卫生检疫，并出示死亡证明或者其他有关证件，对不符合卫生要求的，必须接受卫生检疫机关实施的卫生处理。经卫生检疫合格后，方准运进或者运出。

对因患检疫传染病而死亡的病人尸体，必须就近火化，不准移运。

第 109 条　《国境卫生检疫法》和本细则所规定的应当受行政处罚的行为是指：

（一）应当受入境检疫的船舶，不悬挂检疫信号的；

（二）入境、出境的交通工具，在入境检疫之前或者在出境检疫之后，擅自上下人员，装卸行李、货物、邮包等物品的；

（三）拒绝接受检疫或者抵制卫生监督，拒不接受卫生处理的；

（四）伪造或者涂改检疫单、证、不如实申报疫情的；

（五）瞒报携带禁止进口的微生物、人体组织、生物制品、血液及其制品或者其他可能引起传染病传播的动物和物品的；

（六）未经检疫的入境、出境交通工具，擅自离开检疫地点，逃避查验的；

（七）隐瞒疫情或者伪造情节的；

（八）未经卫生检疫机关实施卫生处理，擅自排放压舱水，移下垃圾、污物等控制的物品的；

（九）未经卫生检疫机关实施卫生处理，擅自移运尸体、骸骨的；

（十）废旧物品、废旧交通工具，未向卫生检疫机关申报，未经卫生检疫机关实施卫生处理和签发卫生检疫证书而擅自入境、出境或者使用、拆卸的；

（十一）未经卫生检疫机关检查，从交通工具上移下传染病病人造成传染病传播危险的。

第二十二条　关系公共卫生安全的货物、物品进境出境检疫审批

血液等人体组织、病原微生物、生物制品等关系公共卫生安全的货物、物品进境出境，除纳入药品、兽药、医疗器械管理的外，应当由海关事先实施卫生检疫审批，并经检疫查验合格后方可进境出境。

● **部门规章及文件**

《关于进出境人员行李物品申报有关事宜的公告》（2025 年 3 月 31 日）

三、进境人员有下列情形之一的，应当如实填报纸质《申报单》或电子申报数据，并接受海关验核，办理相应手续：

（一）携带禁止进境物品的；

（二）携带限制进境物品超过限额、限量要求或者应当提交许可证件以及其他证明材料的；

（三）携带动植物、动植物产品和其他检疫物的；

（四）携带血液等人体组织、病原微生物、生物制品等关系公共卫生安全的物品的；

（五）携带受到检疫传染病污染或者存在传播检疫传染病风险的物品的；

（六）携带超过规定数额货币现钞的；

（七）携带超过规定免税数额或者限量要求物品的；

（八）携带货物、货样、广告品的；

（九）以分离运输方式运进行李物品的；

（十）携带其他依法需要书面申报行李物品的。

四、出境人员有下列情形之一的，应当如实填报纸质《申报单》或电子申报数据，并接受海关验核，办理相应手续：

（一）携带禁止出境物品的；

（二）携带限制出境物品超过限额、限量要求或者应当提交许可证件以及其他证明材料的；

（三）携带货物、货样、广告品的；

（四）携带血液等人体组织、病原微生物、生物制品等关系公共卫生安全的物品的；

（五）携带受到检疫传染病污染或者存在传播检疫传染病风险的物品的；

（六）携带超过规定数额货币现钞的；

（七）携带其他依法需要书面申报行李物品的。

第二十三条 协助查询

海关根据检疫查验需要，可以请求有关部门和单位协助查询进境出境的人员、交通运输工具、货物、物品等的相关信息，有关部门和单位应当予以协助。海关对查询所获得的信息，不得用于卫生检疫以外的用途。

第二十四条 优化流程

海关总署应当根据境内外传染病监测和风险评估情况，不断优化检疫查验流程。

第三章　传染病监测

第二十五条　跨境传播传染病监测制度

海关总署会同国务院疾病预防控制部门，建立跨境传播传染病监测制度，制定口岸传染病监测规划和方案。

海关总署在国际公共卫生合作框架下，完善传染病监测网络布局，加强对境外传染病疫情的监测。

部门规章及文件

《国境口岸传染病监测实施办法》（2025 年 3 月 20 日）

第 6 条　海关总署会同国家疾控局，制定国境口岸传染病监测规划和方案，依据各自职责指导各地海关、疾控部门开展国境口岸传染病监测工作。

第 7 条　海关总署在国际公共卫生合作框架下，完善传染病监测网络布局，加强对境外传染病疫情的监测，根据境外传染病监测情况，对境外传染病疫情风险进行评估，并及时发布相关风险提示信息。

第 8 条　各直属海关会同所在地疾控部门制定国境口岸传染病监测规划和工作方案，组织实施并进行监督管理。陆路边境口岸直属海关根据相关协议，组织开展跨境传染病联合监测工作。

各地海关根据本辖区国境口岸传染病监测情况，会同当地疾控部门，进行日常风险评估和专题风险评估等。

第 9 条　各有关单位、部门应当加强口岸传染病监测数据、信息的管理，属于保密范围的口岸传染病监测数据、资料、成果，应当按照国家有关保密的规定进行管理。

第 10 条　对可能跨境传播本办法第三条规定的呼吸道传染病风险的进境出境人员，采取下列监测措施：

（一）流行病学调查：重点调查与相关病例及野生动物、禽鸟接触史等，途经国家和地区呼吸道传染病的流行情况。

（二）症状体征监测：重点关注发热、咳嗽、咳痰、流涕、呼吸困难、咽痛（特别是咽、喉部出现灰白色假膜）、皮疹等症状。

（三）病原学监测：对可疑病例采集口咽拭子，如疑似感染流感以外其他呼吸道传染病的，采集血液，并根据情况采集唾液、深部痰液、咽漱液、鼻咽拭子等，如可疑病例咽、喉部出现灰白色假膜，应当在假膜边缘蘸取标本，开展快速检测、实验室检测。

第 11 条　对可能跨境传播本办法第三条规定的消化道传染病风险的进境出境人员，采取下列监测措施：

（一）流行病学调查：重点调查发病前 3 天可疑病例食用的食品、饮用水情况和密切接触人员发病情况等，初步判断发病时间、传播途径及传染源。

（二）症状体征监测：重点关注呕吐、腹泻、腹痛等特征性症状。

（三）病原学监测：对可疑病例采集肛拭子、粪便和呕吐物（如有）以及怀疑被污染的食品和饮用水，开展快速检测、实验室检测。

第 12 条　对可能跨境传播本办法第三条规定的虫媒传播传染病风险的进境出境人员，采取下列监测措施：

（一）流行病学调查：重点调查蚊虫叮咬史、啮齿动物接触史等，途经国家和地区的主要虫媒传播传染病流行情况。

（二）症状体征监测：重点关注热度、热型、皮疹、肌肉关节痛等特征性症状。

（三）病原学监测：对可疑病例采集血液、唾液、尿液等生物样本，开展快速检测、实验室检测；对捕获的病媒生物开展鉴定，并送至实验室开展携带病原体检测。

第 13 条　对可能跨境传播本办法第三条规定的接触传播传染病风险的进境出境人员，采取下列监测措施：

（一）流行病学调查：重点调查与相关病例接触史等，途经地区的主要接触传染病流行情况。

（二）症状体征监测：重点关注发热、淋巴结肿大、皮疹、出血等症状体征。

（三）病原学监测：对可疑病例采集血液、皮疹、疱液、痂皮等样本，开展快速检测、实验室检测。

第 14 条　海关发现需要在口岸采取相应卫生检疫措施的新发传染病、突发原因不明的传染病时，参照本办法第十、十一、十二、十三条采取相关措施。

第 15 条　海关总署、国务院卫生健康主管部门、国务院疾控部门依据职责及时互相通报传染病相关信息。

第 16 条　各地海关发现本办法第三条规定的传染病，应当及时采取相应的控制措施，并向海关总署报告。

第 17 条　各地海关、口岸所在地县级以上地方人民政府卫生健康部门和疾控部门发现本办法第三条规定的传染病，应当及时相互通报。

第 18 条　任何单位和个人发现口岸或者进境出境的人员、交通运输工具、货物、物品等存在传播传染病风险的，应当及时向就近的海关或者口岸所在地疾控机构报告。

第二十六条　传染病监测及数据分析

各地海关应当按照口岸传染病监测规划和方案，结合对进境出境的人员、交通运输工具、货物、物品等实施检疫查验，系统持续地收集、核对和分析相关数据，对可能跨境传播的传染病的发生、流行及影响因素、发展趋势等进行评估。

海关开展传染病监测，应当充分利用现代信息技术，拓宽监测渠道，提升监测效能。

第二十七条　传染病信息通报及报告义务

各地海关发现传染病，应当采取相应的控制措施，并及时向海关总署报告，同时向口岸所在地县级以上地方人民政府疾病预防控制部门以及移民管理机构通报。县级以上地方人民政府疾病预防控制部门发现传染病，应当及时向当地海关、移民管理机构通报。

任何单位和个人发现口岸或者进境出境的人员、交通运输工具、货物、物品等存在传播传染病风险的，应当及时向就近的海关或者口岸所在地疾病预防控制机构报告。

第二十八条　信息互通

海关总署、国务院卫生健康主管部门、国务院疾病预防控制部门应当依据职责及时互相通报传染病相关信息。

国务院有关部门根据我国缔结或者参加的国境卫生检疫国际条约，依据职责与有关国家或者地区、国际组织互相通报传染病相关信息。

第二十九条　风险提示

海关总署应当根据境外传染病监测情况，对境外传染病疫情风险进行评估，并及时发布相关风险提示信息。

第四章　卫 生 监 督

第三十条　海关对口岸卫生监督职责

海关依照本法以及有关法律、行政法规和国家规定的卫生标准，对口岸和停留在口岸的进境出境交通运输工具的卫生状况实施卫生监督，履行下列职责：

（一）开展病媒生物监测，监督和指导有关单位和人员对病媒生物的防除；

（二）监督食品生产经营、饮用水供应、公共场所的卫生状况以及从业人员健康状况；

（三）监督固体、液体废弃物和船舶压舱水的处理；

（四）法律、行政法规规定的其他卫生监督职责。

● 案例指引

某珍珠商行诉大鹏海关行政处罚案（最高人民法院发布3件人民法院依法审理涉固体废物污染环境典型案例之三）①

典型意义：本案系一起人民法院依法支持海关部门制止具有生态风险的固体废物进口的典型案例。国门生态安全是国家生态环境安全体系的重要组成部分。2020年11月，生态环境部等四部委联合发布《关于全面禁止进口固体废物有关事项的公告》，明确自2021年1月1日起，我国将全面禁止“洋垃圾”等固体废物入境。本案中，某珍珠商行虽然取得进口许可，也据实进行申报，但是进口的大凤螺贝壳因脏污、有异味被鉴别为固体废物，被大鹏海关责令退运，因此该珍珠商行的行为构成违法，被大鹏海关处以罚款。人民法院依法支持海关

---

① 参见最高人民法院网站，https：//www. court. gov. cn/zixun/xiangqing/462971. html，最后访问时间：2025年5月13日。

执法行为，阻止固体废物入境，这一举措不仅是对进口商家在进口货物、物品时必须要严格依法依规办事、尽到审慎注意义务的严厉警示，更为捍卫国门生态安全筑起了一道司法防线。

第三十一条 口岸运营单位卫生制度

口岸运营单位应当建立健全并严格落实相关卫生制度，保证口岸卫生状况符合法律、行政法规和国家规定的卫生标准的要求。

进境出境交通运输工具负责人应当采取有效措施，保持交通运输工具清洁卫生，保持无污染状态。

行政法规及文件

《国境口岸卫生监督办法》（2019 年 3 月 2 日）

第 3 条 国境口岸应当建立卫生清扫制度，消灭蚊蝇孳生场所，设置污物箱，定期进行清理，保持环境整洁。

第 4 条 国境口岸的生活垃圾应当日产日清，设置的固定垃圾场，应当定期清除；生活污水不得任意排放，应当做到无害化处理，以防止污染环境和水源。

第 5 条 对国境口岸的建筑物，有关部门应当采取切实可行的措施，控制病媒昆虫、啮齿动物，使其数量降低到不足为害的程度。

第 6 条 候船室、候机室、候车室、候检室应当做到地面整洁、墙壁无尘土、窗明几净、通风良好，并备有必要的卫生设施。

第 7 条 国境口岸的餐厅、食堂、厨房、小卖部应当建立和健全卫生制度，经常保持整洁，做到墙壁、天花板、桌椅清洁无尘土；应当有防蚊、防蝇、防鼠和冷藏设备，做到室内无蚊、无蝇、无鼠、无蟑螂。

第 8 条 国境口岸的厕所和浴室应当有专人管理，及时打扫，保持整洁，做到无蝇、无臭味。

第 9 条　国境口岸的仓库、货场应当保持清洁、整齐；发现鼠类有反常死亡时，应当及时向卫生检疫机关或地方卫生防疫部门报告。

第 10 条　做好国境口岸水源保护，在水源周围直径 30 米内，不得修建厕所、渗井等污染水源设施。

第 11 条　交通工具上必须备有急救药物、急救设备及消毒、杀虫、灭鼠药物。必要时，船舶上还需安排临时隔离室。

第 12 条　交通工具上的病媒昆虫和啮齿动物的防除：

（一）船舶、飞机、列车上，应当备有足够数量有效的防鼠装置；保持无鼠或鼠类数量保持不足为害的程度。

（二）应当保持无蚊、无蝇、无其他有害昆虫，一旦发现应当采取杀灭措施。

第 13 条　交通工具上的厕所、浴室必须保持整洁，无臭味。

第 14 条　交通工具上的粪便、垃圾、污水处理的卫生要求：

（一）生活垃圾应当集中放在带盖的容器内，禁止向港区、机场、站区随意倾倒，应当由污物专用车（船）集中送往指定地点进行无害化处理。必要时，粪便、污水须经过卫生处理后方能排放；

（二）来自鼠疫疫区交通工具上的固体垃圾必须进行焚化处理，来自霍乱疫区交通工具上的粪便、压舱水、污水，必要时实施消毒。

第 15 条　交通工具的货舱、行李车、邮政车和货车的卫生要求：

（一）货舱、行李车、邮政车、货车应当消灭蚊、蝇、蟑螂、鼠等病媒昆虫和有害动物及其孳生条件；在装货前或卸货后应当进行彻底清扫，做到无粪便、垃圾；

（二）凡装载有毒物品和食品的货车，应当分开按指定地点存放，防止污染，货物卸空后应当进行彻底洗刷；

（三）来自疫区的行李、货物，要严格检查，防止带有病媒昆虫和啮齿动物。

第 16 条　交通工具上的客舱、宿舱、客车的卫生要求：

（一）客舱、宿舱和客车应当随时擦洗，保持无垃圾尘土，通风良好；

（二）卧具每次使用后必须换洗。卧具上不得有虱子、跳蚤、臭虫等病媒昆虫。

第 17 条　供应国境口岸和交通工具上的食品必须符合《中华人民共和国食品安全法》的规定和食品安全标准。

第 18 条　凡供应国境口岸和交通工具上的饮用水必须符合我国规定的“生活饮用水卫生标准”。供应饮用水的运输工具、储存容器及输水管道等设备都应当经常冲洗干净，保持清洁。

第 19 条　供应食品、饮用水的从业人员的卫生要求：

（一）患有肠道传染病的患者或带菌者，以及活动性结核病、化脓性渗出性皮肤病患者，不得从事食品和饮用水供应工作；

（二）从事食品、饮用水供应工作的人员，应当每年进行一次健康检查，新参加工作的人员，应当首先进行健康检查，经检查合格者，发给健康证；

（三）从事食品、饮用水供应工作的人员，要养成良好卫生习惯，工作时要着装整洁，严格遵守卫生操作制度。

第 20 条　国境口岸和交通工具的负责人在卫生工作方面的责任是：

（一）应当经常抓好卫生工作，接受卫生监督人员的监督和检查，并为其开展工作提供方便条件；

（二）应当模范地遵守本办法和其他卫生法令、条例和规定；

（三）应当按照卫生监督人员的建议，对国境口岸和交通工具的不卫生状况，及时采取措施，加以改进；

（四）在发现检疫传染病和监测传染病时，应当向国境卫生检疫机关或地方防疫部门报告，并立即采取防疫措施。

第21条　国境口岸卫生检疫机关对国境口岸和交通工具进行卫生监督，其主要职责是：

（一）监督和指导国境口岸有关部门和交通工具的负责人对病媒昆虫、啮齿动物进行防除；

（二）对停留在国境口岸出入国境的交通工具上的食品、饮用水实施检验，并对运输、供应、贮存设施等系统进行卫生监督；

（三）对国境口岸和交通工具上的所有非因意外伤害致死的尸体，实施检查、监督和卫生处理；

（四）监督国境口岸有关部门和交通工具的负责人对粪便、垃圾、污水进行清除和无害化处理；

（五）对与检疫传染病、监测传染病有流行病学意义的环境因素实施卫生监督；

（六）监督国境口岸周围内采取防蚊措施的执行；

（七）开展卫生宣传教育，普及卫生知识，提高国境口岸和交通工具上的人员遵守和执行本办法的自觉性。

第22条　国境口岸卫生检疫机关设国境口岸卫生监督员1至5名，执行卫生监督任务，发给统一式样的执法证件。

第23条　国境口岸卫生监督员持其证件，有权对国境口岸和交通工具的负责人，进行卫生监督、检查和技术指导；配合有关部门，对卫生工作情况不良或引起传染病传播的单位或个人，提出改进意见，协同有关部门采取必要措施，进行处理。

第24条　国境口岸卫生检疫机关，对贯彻执行本办法和国家有关卫生法令、条例、规定，做出显著成绩的单位和个人，应当给予表扬和奖励。

第25条　国境口岸卫生检疫机关，对违犯本办法和有关卫生法令、条例、规定的单位和个人，应当根据不同情况，给予警告、罚款，直至提请司法机关依法惩处。

第三十二条　卫生许可

在口岸内从事食品生产经营、饮用水供应服务、公共场所经营的，由海关依法实施卫生许可；食品生产经营者取得卫生许可的，无需另行取得食品生产经营许可。

第三十三条　监督整改

海关实施卫生监督，发现口岸或者进境出境交通运输工具的卫生状况不符合法律、行政法规和国家规定的卫生标准要求的，有权要求有关单位和个人进行整改，必要时要求其实施卫生处理。

第五章　应 急 处 置

第三十四条　应急处置适用范围

发生重大传染病疫情，需要在口岸采取应急处置措施的，适用本章规定。

第三十五条　应急处置主管部门

发生重大传染病疫情，需要在口岸采取应急处置措施的，海关总署、国务院卫生健康主管部门、国务院疾病预防控制部门应当提请国务院批准启动应急响应。海关总署、国务院卫生健康主管部门、国务院疾病预防控制部门和其他有关部门应当依据各自职责，密切配合开展相关的应急处置工作。

口岸所在地县级以上地方人民政府应当为应急处置提供场所、设施、设备、物资以及人力和技术等支持。

第三十六条　应急处置措施

根据重大传染病疫情应急处置需要，经国务院决定，可以采取下列措施：

（一）对来自特定国家或者地区的人员实施采样检验；

（二）禁止特定货物、物品进境出境；

（三）指定进境出境口岸；

（四）暂时关闭有关口岸或者暂停有关口岸部分功能；

（五）暂时封锁有关国境；

（六）其他必要的应急处置措施。

采取前款规定的应急处置措施，应当事先公布。

第三十七条　应急处置措施调整、解除与公布

采取本章规定的应急处置措施，应当根据重大传染病疫情防控的实际情况，及时调整或者解除，并予以公布。

第六章　保障措施

第三十八条　口岸公共卫生能力建设规划

海关总署会同国务院有关部门制定并组织实施口岸公共卫生能力建设规划。

国务院有关部门、口岸所在地县级以上地方人民政府、口岸运营单位以及其他有关单位应当积极支持口岸公共卫生能力建设。

第三十九条 国境卫生检疫工作经费纳入预算

国家将国境卫生检疫工作纳入传染病防治体系。

国境卫生检疫工作所需经费纳入预算，口岸重大传染病疫情应急处置所需物资纳入国家公共卫生应急物资保障体系。

第四十条 国境卫生检疫基础设施建设

国境卫生检疫基础设施建设应当统筹兼顾国境卫生检疫日常工作和重大传染病疫情应急处置的需要。

国境卫生检疫基础设施建设应当纳入口岸建设规划。新建、改建、扩建口岸应当统筹建设国境卫生检疫基础设施，有关建设方案应当经海关审核同意。

国境卫生检疫基础设施应当符合规定的建设标准，不符合建设标准的，不得投入使用。国境卫生检疫基础设施建设标准和管理办法由海关总署会同国务院有关部门制定。海关对国境卫生检疫基础设施建设标准的执行实施监督。

第四十一条 国境卫生检疫领域科学研究

国家鼓励、支持国境卫生检疫领域的科学研究、技术创新和信息化建设，推动新技术、新设备、新产品和信息化成果的应用，提高国境卫生检疫工作的技术和信息化水平。

第四十二条 国境卫生检疫技术机构建设

海关应当加强国境卫生检疫技术机构建设，为国境卫生检疫工作提供技术和服务支撑。

第四十三条 国境卫生检疫队伍建设

国境卫生检疫工作人员应当具备与履行职责相适应的专业知识和业务技能。

海关应当加强国境卫生检疫队伍建设，组织开展继续教育和职业培训，持续提升国境卫生检疫工作人员的专业知识和业务技能水平。

第七章 法律责任

第四十四条 不如实申报或拒绝检疫的处罚

违反本法规定，进境出境人员不如实申报健康状况、相关信息或者拒绝接受检疫查验的，由海关责令改正，可以给予警告或者处一万元以下的罚款；情节严重的，处一万元以上五万元以下的罚款。

● **部门规章及文件**

《关于进一步加强国境卫生检疫工作依法惩治妨害国境卫生检疫违法犯罪的意见》（2020年3月13日）

二、依法惩治妨害国境卫生检疫的违法犯罪行为

为加强国境卫生检疫工作，防止传染病传入传出国境，保护人民群众健康安全，刑法、国境卫生检疫法对妨害国境卫生检疫违法犯罪行为及其处罚作出规定。人民法院、人民检察院、公安机关、海关在办理妨害国境卫生检疫案件时，应当准确理解和严格适用刑法、国境卫生检疫法等有关规定，依法惩治相关违法犯罪行为。

（一）进一步加强国境卫生检疫行政执法。海关要在各口岸加强国境卫生检疫工作宣传，引导出入境人员以及接受检疫监管

的单位和人员严格遵守国境卫生检疫法等法律法规的规定，配合和接受海关国境卫生检疫。同时，要加大国境卫生检疫行政执法力度，对于违反国境卫生检疫法及其实施细则，尚不构成犯罪的行为，依法给予行政处罚。

（二）依法惩治妨害国境卫生检疫犯罪。根据刑法第三百三十二条规定，违反国境卫生检疫规定，实施下列行为之一的，属于妨害国境卫生检疫行为：

1. 检疫传染病染疫人或者染疫嫌疑人拒绝执行海关依照国境卫生检疫法等法律法规提出的健康申报、体温监测、医学巡查、流行病学调查、医学排查、采样等卫生检疫措施，或者隔离、留验、就地诊验、转诊等卫生处理措施的；

2. 检疫传染病染疫人或者染疫嫌疑人采取不如实填报健康申明卡等方式隐瞒疫情，或者伪造、涂改检疫单、证等方式伪造情节的；

3. 知道或者应当知道实施审批管理的微生物、人体组织、生物制品、血液及其制品等特殊物品可能造成检疫传染病传播，未经审批仍逃避检疫，携运、寄递出入境的；

4. 出入境交通工具上发现有检疫传染病染疫人或者染疫嫌疑人，交通工具负责人拒绝接受卫生检疫或者拒不接受卫生处理的；

5. 来自检疫传染病流行国家、地区的出入境交通工具上出现非意外伤害死亡且死因不明的人员，交通工具负责人故意隐瞒情况的；

6. 其他拒绝执行海关依照国境卫生检疫法等法律法规提出的检疫措施的。

实施上述行为，引起鼠疫、霍乱、黄热病以及新冠肺炎等国务院确定和公布的其他检疫传染病传播或者有传播严重危险的，依照刑法第三百三十二条的规定，以妨害国境卫生检疫罪定罪处罚。

对于单位实施妨害国境卫生检疫行为，引起鼠疫、霍乱、黄热病以及新冠肺炎等国务院确定和公布的其他检疫传染病传播或者有传播严重危险的，应当对单位判处罚金，并对其直接负责的主管人员和其他直接责任人员定罪处罚。

三、健全完善工作机制，保障依法科学有序防控

（一）做好行刑衔接。海关要严把口岸疫情防控第一关，严厉追究违反国境卫生检疫规定的行政法律责任，完善执法办案流程，坚持严格执法和依法办案。做好行政执法和刑事司法的衔接，对符合国境卫生检疫监管领域刑事案件立案追诉标准的案件，要依照有关规定，及时办理移送公安机关的相关手续，不得以行政处罚代替刑事处罚。

（二）加快案件侦办。公安机关对于妨害国境卫生检疫犯罪案件，要依法及时立案查处，全面收集固定证据。对新冠肺炎疫情防控期间发生的妨害国境卫生检疫犯罪，要快侦快破，并及时予以曝光，形成强大震慑。

（三）强化检察职能。人民检察院要加强对妨害国境卫生检疫犯罪案件的立案监督，发现应当立案而不立案的，应当要求公安机关说明理由，认为理由不成立的，应当依法通知公安机关立案。对于妨害国境卫生检疫犯罪案件，人民检察院可以对案件性质、收集证据和适用法律等向公安机关提出意见建议。对于符合逮捕、起诉条件的涉嫌妨害国境卫生检疫罪的犯罪嫌疑人，应当及时批准逮捕、提起公诉。发挥检察建议的作用，促进疫情防控体系化治理。

（四）加强沟通协调。人民法院、人民检察院、公安机关、司法行政机关、海关要加强沟通协调，畅通联系渠道，建立常态化合作机制。既要严格履行法定职责，各司其职，各负其责，又要相互配合，相互协作，实现资源共享和优势互补，形成依法惩

治妨害国境卫生检疫违法犯罪的合力。对社会影响大、舆论关注度高的重大案件，要按照依法处置、舆论引导、社会面管控“三同步”要求，及时澄清事实真相，做好舆论引导和舆情应对工作。

（五）坚持过罚相当。进一步规范国境卫生检疫执法活动，切实做到严格规范公正文明执法。注重把握宽严相济政策：对于行政违法行为，要根据违法行为的危害程度和悔过态度，综合确定处罚种类和幅度。对于涉嫌犯罪的，要重点打击情节恶劣、后果严重的犯罪行为；对于情节轻微且真诚悔改的，依法予以从宽处理。

（六）维护公平正义。人民法院、人民检察院、公安机关要依法保障犯罪嫌疑人、被告人的各项诉讼权利特别是辩护权，切实维护当事人合法权益，维护法律正确实施。司法行政机关要加强对律师辩护代理工作的指导监督，促进律师依法依规执业。人民法院、人民检察院、公安机关、司法行政机关、海关要认真落实“谁执法谁普法”责任制，选取典型案例，开展以案释法，加大警示教育，震慑不法分子，释放正能量，为疫情防控营造良好的法治和社会环境。

第四十五条　交通运输工具违规的处罚

违反本法规定，有下列情形之一的，对交通运输工具负责人，由海关责令改正，给予警告，可以并处五万元以下的罚款；情节严重的，并处五万元以上三十万元以下的罚款：

（一）未按照规定向海关申报与检疫查验有关的事项或者不如实申报有关事项；

（二）拒绝接受对交通运输工具的检疫查验或者拒绝实施卫生处理；

（三）未取得进境检疫证或者出境检疫证，交通运输工具擅自进境或者出境；

（四）未经海关准许，交通运输工具驶离指定的检疫查验地点，装卸货物、物品或者上下人员；

（五）已经实施检疫查验的交通运输工具在口岸停留期间，发现检疫传染病染疫人、疑似染疫人或者有人非因意外伤害死亡且死因不明的，未立即向海关报告；

（六）过境的交通运输工具在中国境内装卸货物、物品或者上下人员，或者添加燃料、饮用水、食品和供应品不接受海关监督。

有下列情形之一的，依照前款规定给予处罚：

（一）进境出境货物、物品的收发货人、收寄件人、携运人（携带人）、承运人或者其代理人未按照规定向海关申报与检疫查验有关的事项或者不如实申报有关事项，或者拒绝接受检疫查验、拒绝实施卫生处理，或者未经海关准许移运或者提离货物、物品；

（二）托运尸体、骸骨进境出境的托运人或者其代理人未按照规定向海关申报或者不如实申报，或者未经检疫查验合格擅自进境出境。

● 法　律

1. 《刑法》（2023 年 12 月 29 日）

第 332 条　违反国境卫生检疫规定，引起检疫传染病传播或者有传播严重危险的，处三年以下有期徒刑或者拘役，并处或者单处罚金。

单位犯前款罪的，对单位判处罚金，并对其直接负责的主管人员和其他直接责任人员，依照前款的规定处罚。

2.《传染病防治法》（2025 年 4 月 30 日）

第 32 条　采供血机构、生物制品生产单位应当严格执行国家有关规定，保证血液、血液制品的质量和安全。

禁止非法采集血液或者组织他人出卖血液。

疾病预防控制机构、医疗机构使用血液和血液制品，应当遵守国家有关规定，防止因输入血液、使用血液制品引起经血液传播疾病的发生。

第 71 条　患甲类传染病、炭疽死亡的，应当将其尸体立即进行卫生处理，就近火化；患其他传染病死亡的，必要时应当将其尸体进行卫生处理后火化或者按照规定深埋。对尸体进行火化或者深埋应当及时告知死者家属。

为了查找传染病病因，医疗机构在必要时可以按照国务院卫生健康主管部门、疾病预防控制部门的规定，对传染病患者尸体或者疑似传染病患者尸体进行解剖查验，并应当及时告知死者家属。对尸体进行解剖查验应当在符合生物安全条件的场所进行。

第 79 条　国家鼓励传染病防治用药品、医疗器械的研制和创新，对防治传染病急需的药品、医疗器械予以优先审评审批。

因重大传染病疫情医疗救治紧急需要，医师可以按照国家统一制定的诊疗方案，在一定范围和期限内采用药品说明书中未明确的药品用法进行救治。

发生重大传染病疫情，构成特别重大突发公共卫生事件的，国务院卫生健康主管部门根据传染病预防、控制和医疗救治需要提出紧急使用药物的建议，经国务院药品监督管理部门组织论证同意后可以在一定范围和期限内紧急使用。

第四十六条 未经检疫审批或查验的处罚

违反本法规定，血液等人体组织、病原微生物、生物制品等关系公共卫生安全的货物、物品进境出境未经检疫审批或者未经检疫查验合格擅自进境出境的，由海关责令改正，给予警告，没收违法所得，并处一万元以上五十万元以下的罚款；情节严重的，并处五十万元以上二百万元以下的罚款。

第四十七条 未经许可经营及卫生监督违规的处罚

违反本法规定，未经许可在口岸从事食品生产经营、饮用水供应服务、公共场所经营的，由海关依照《中华人民共和国食品安全法》等有关法律、行政法规的规定给予处罚。

违反本法有关卫生监督的其他规定，或者拒绝接受卫生监督的，由海关责令改正，给予警告，可以并处十万元以下的罚款；情节严重的，并处十万元以上三十万元以下的罚款。

法　律

《食品安全法》（2021 年 4 月 29 日）

第 90 条　食品添加剂的检验，适用本法有关食品检验的规定。

第 91 条　国家出入境检验检疫部门对进出口食品安全实施监督管理。

第 92 条　进口的食品、食品添加剂、食品相关产品应当符合我国食品安全国家标准。

进口的食品、食品添加剂应当经出入境检验检疫机构依照进出口商品检验相关法律、行政法规的规定检验合格。

进口的食品、食品添加剂应当按照国家出入境检验检疫部门的要求随附合格证明材料。

第 93 条　进口尚无食品安全国家标准的食品，由境外出口商、境外生产企业或者其委托的进口商向国务院卫生行政部门提交所执行的相关国家（地区）标准或者国际标准。国务院卫生行政部门对相关标准进行审查，认为符合食品安全要求的，决定暂予适用，并及时制定相应的食品安全国家标准。进口利用新的食品原料生产的食品或者进口食品添加剂新品种、食品相关产品新品种，依照本法第三十七条的规定办理。

出入境检验检疫机构按照国务院卫生行政部门的要求，对前款规定的食品、食品添加剂、食品相关产品进行检验。检验结果应当公开。

第 94 条　境外出口商、境外生产企业应当保证向我国出口的食品、食品添加剂、食品相关产品符合本法以及我国其他有关法律、行政法规的规定和食品安全国家标准的要求，并对标签、说明书的内容负责。

进口商应当建立境外出口商、境外生产企业审核制度，重点审核前款规定的内容；审核不合格的，不得进口。

发现进口食品不符合我国食品安全国家标准或者有证据证明可能危害人体健康的，进口商应当立即停止进口，并依照本法第六十三条的规定召回。

第 95 条　境外发生的食品安全事件可能对我国境内造成影响，或者在进口食品、食品添加剂、食品相关产品中发现严重食品安全问题的，国家出入境检验检疫部门应当及时采取风险预警或者控制措施，并向国务院食品安全监督管理、卫生行政、农业行政部门通报。接到通报的部门应当及时采取相应措施。

县级以上人民政府食品安全监督管理部门对国内市场上销售的进口食品、食品添加剂实施监督管理。发现存在严重食品安全问题的，国务院食品安全监督管理部门应当及时向国家出入境检验检疫部门通报。国家出入境检验检疫部门应当及时采取相应措施。

第 96 条　向我国境内出口食品的境外出口商或者代理商、

进口食品的进口商应当向国家出入境检验检疫部门备案。向我国境内出口食品的境外食品生产企业应当经国家出入境检验检疫部门注册。已经注册的境外食品生产企业提供虚假材料，或者因其自身的原因致使进口食品发生重大食品安全事故的，国家出入境检验检疫部门应当撤销注册并公告。

国家出入境检验检疫部门应当定期公布已经备案的境外出口商、代理商、进口商和已经注册的境外食品生产企业名单。

第 97 条　进口的预包装食品、食品添加剂应当有中文标签；依法应当有说明书的，还应当有中文说明书。标签、说明书应当符合本法以及我国其他有关法律、行政法规的规定和食品安全国家标准的要求，并载明食品的原产地以及境内代理商的名称、地址、联系方式。预包装食品没有中文标签、中文说明书或者标签、说明书不符合本条规定的，不得进口。

第 98 条　进口商应当建立食品、食品添加剂进口和销售记录制度，如实记录食品、食品添加剂的名称、规格、数量、生产日期、生产或者进口批号、保质期、境外出口商和购货者名称、地址及联系方式、交货日期等内容，并保存相关凭证。记录和凭证保存期限应当符合本法第五十条第二款的规定。

第 99 条　出口食品生产企业应当保证其出口食品符合进口国（地区）的标准或者合同要求。

出口食品生产企业和出口食品原料种植、养殖场应当向国家出入境检验检疫部门备案。

第 100 条　国家出入境检验检疫部门应当收集、汇总下列进出口食品安全信息，并及时通报相关部门、机构和企业：

（一）出入境检验检疫机构对进出口食品实施检验检疫发现的食品安全信息；

（二）食品行业协会和消费者协会等组织、消费者反映的进口食品安全信息；

（三）国际组织、境外政府机构发布的风险预警信息及其他食品安全信息，以及境外食品行业协会等组织、消费者反映的食品安全信息；

（四）其他食品安全信息。

国家出入境检验检疫部门应当对进出口食品的进口商、出口商和出口食品生产企业实施信用管理，建立信用记录，并依法向社会公布。对有不良记录的进口商、出口商和出口食品生产企业，应当加强对其进出口食品的检验检疫。

第 101 条　国家出入境检验检疫部门可以对向我国境内出口食品的国家（地区）的食品安全管理体系和食品安全状况进行评估和审查，并根据评估和审查结果，确定相应检验检疫要求。

第 129 条　违反本法规定，有下列情形之一的，由出入境检验检疫机构依照本法第一百二十四条的规定给予处罚：

（一）提供虚假材料，进口不符合我国食品安全国家标准的食品、食品添加剂、食品相关产品；

（二）进口尚无食品安全国家标准的食品，未提交所执行的标准并经国务院卫生行政部门审查，或者进口利用新的食品原料生产的食品或者进口食品添加剂新品种、食品相关产品新品种，未通过安全性评估；

（三）未遵守本法的规定出口食品；

（四）进口商在有关主管部门责令其依照本法规定召回进口的食品后，仍拒不召回。

违反本法规定，进口商未建立并遵守食品、食品添加剂进口和销售记录制度、境外出口商或者生产企业审核制度的，由出入境检验检疫机构依照本法第一百二十六条的规定给予处罚。

第 152 条　铁路、民航运营中食品安全的管理办法由国务院食品安全监督管理部门会同国务院有关部门依照本法制定。

保健食品的具体管理办法由国务院食品安全监督管理部门依

照本法制定。

食品相关产品生产活动的具体管理办法由国务院食品安全监督管理部门依照本法制定。

国境口岸食品的监督管理由出入境检验检疫机构依照本法以及有关法律、行政法规的规定实施。

军队专用食品和自供食品的食品安全管理办法由中央军事委员会依照本法制定。

● 案例指引

胡某、李某甲等生产、销售不符合安全标准的食品案【（2023）苏0803刑初342号】

裁判要旨：法院认为，被告人胡某、李某甲、汤某、嵇某、陈某、肖某销售走私自境外疫区的牛肉，其中胡某情节严重，上述被告人的行为均构成销售不符合安全标准的食品罪。被告人胡某与他人共同实施部分犯罪行为，系共同犯罪；被告人胡某在共同犯罪中起次要作用，系从犯，依法应当减轻处罚。被告人嵇某与他人共同实施犯罪行为，系共同犯罪；被告人嵇某在共同犯罪中起主要作用，系主犯，依法应当按照其所参与的全部犯罪处罚。被告人胡某、李某甲、陈某归案后如实供述自己的罪行，系坦白，依法可以从轻处罚。被告人汤某、嵇某、肖某犯罪以后自动投案，如实供述自己的罪行，均系自首，依法可以从轻处罚。被告人胡某、李某甲、汤某、嵇某、陈某、肖某均自愿认罪认罚，可以依法从宽处理。被告人胡某有犯罪前科，可酌情从重处罚。根据各被告人犯罪的事实、性质、情节和对于社会的危害程度，结合其各自具有的量刑情节，本院依法对被告人李某甲、汤某、嵇某、陈某、肖某宣告缓刑。

第四十八条 使用伪造检疫单证的处罚

使用买卖、出借或者伪造、变造的国境卫生检疫单证的，由海关责令改正，处二万元以上十万元以下的罚款。

第四十九条　工作人员失职的处分

海关等有关部门、地方人民政府及其工作人员在国境卫生检疫工作中玩忽职守、滥用职权、徇私舞弊的，由上级机关或者所在单位责令改正，对负有责任的领导人员和直接责任人员依法给予处分。

第五十条　违法行为的治安管理处罚及刑事责任

违反本法规定，构成违反治安管理行为的，由公安机关依法给予治安管理处罚；构成犯罪的，依法追究刑事责任。

第八章　附　　则

第五十一条　用语含义

本法中下列用语的含义：

（一）检疫查验，是指对进境出境的人员、交通运输工具、货物、物品、尸体、骸骨等采取检查措施、实施医学措施。

（二）医学巡查，是指检疫医师在口岸进境出境旅客通道，观察进境出境人员是否有传染病临床症状，并对有临床症状的人员进行询问的活动。

（三）医学检查，是指检疫医师对进境出境人员检查医学证明文件，实施必要的体格检查、采样检验的活动。

（四）卫生处理，是指消毒、杀虫、灭鼠、除污等措施。

第五十二条　国际条约的适用

中华人民共和国缔结或者参加的有关卫生检疫的国际条约同本法有不同规定的，适用该国际条约的规定，但中华人民共和国声明保留的条款除外。

第五十三条　特殊规定

从口岸以外经国务院或者国务院授权的部门批准的地点进境出境的人员、交通运输工具、货物、物品的卫生检疫，我国与有关国家或者地区有双边协议的，按照协议办理；没有协议的，按照国家有关规定办理。

第五十四条　便利化安排

经国务院批准，海关总署可以根据境内外传染病监测和风险评估情况，对有关口岸的卫生检疫措施作出便利化安排。

第五十五条　未作规定时的适用

国境卫生检疫及相关活动，本法未作规定的，适用《中华人民共和国传染病防治法》等有关法律、行政法规的规定。

第五十六条　解放军、武装部队检疫工作特殊规定

中国人民解放军、中国人民武装警察部队的人员、交通运输工具和装备物资进境出境的卫生检疫工作，依照本法和国务院、中央军事委员会的有关规定办理。

第五十七条　施行日期

本法自 2025 年 1 月 1 日起施行。

附录一

中华人民共和国基本医疗卫生与健康促进法

（2019 年 12 月 28 日第十三届全国人民代表大会常务委员会第十五次会议通过　2019 年 12 月 28 日中华人民共和国主席令第 38 号公布　自 2020 年 6 月 1 日起施行）

第一章　总　　则

第一条　为了发展医疗卫生与健康事业，保障公民享有基本医疗卫生服务，提高公民健康水平，推进健康中国建设，根据宪法，制定本法。

第二条　从事医疗卫生、健康促进及其监督管理活动，适用本法。

第三条　医疗卫生与健康事业应当坚持以人民为中心，为人民健康服务。

医疗卫生事业应当坚持公益性原则。

第四条　国家和社会尊重、保护公民的健康权。

国家实施健康中国战略，普及健康生活，优化健康服务，完善健康保障，建设健康环境，发展健康产业，提升公民全生命周期健康水平。

国家建立健康教育制度，保障公民获得健康教育的权利，提高公民的健康素养。

第五条　公民依法享有从国家和社会获得基本医疗卫生服务的权利。

国家建立基本医疗卫生制度，建立健全医疗卫生服务体系，保护和实现公民获得基本医疗卫生服务的权利。

第六条 各级人民政府应当把人民健康放在优先发展的战略地位，将健康理念融入各项政策，坚持预防为主，完善健康促进工作体系，组织实施健康促进的规划和行动，推进全民健身，建立健康影响评估制度，将公民主要健康指标改善情况纳入政府目标责任考核。

全社会应当共同关心和支持医疗卫生与健康事业的发展。

第七条 国务院和地方各级人民政府领导医疗卫生与健康促进工作。

国务院卫生健康主管部门负责统筹协调全国医疗卫生与健康促进工作。国务院其他有关部门在各自职责范围内负责有关的医疗卫生与健康促进工作。

县级以上地方人民政府卫生健康主管部门负责统筹协调本行政区域医疗卫生与健康促进工作。县级以上地方人民政府其他有关部门在各自职责范围内负责有关的医疗卫生与健康促进工作。

第八条 国家加强医学基础科学研究，鼓励医学科学技术创新，支持临床医学发展，促进医学科技成果的转化和应用，推进医疗卫生与信息技术融合发展，推广医疗卫生适宜技术，提高医疗卫生服务质量。

国家发展医学教育，完善适应医疗卫生事业发展需要的医学教育体系，大力培养医疗卫生人才。

第九条 国家大力发展中医药事业，坚持中西医并重、传承与创新相结合，发挥中医药在医疗卫生与健康事业中的独特作用。

第十条 国家合理规划和配置医疗卫生资源，以基层为重点，采取多种措施优先支持县级以下医疗卫生机构发展，提高其医疗卫生服务能力。

第十一条 国家加大对医疗卫生与健康事业的财政投入，通过增加转移支付等方式重点扶持革命老区、民族地区、边疆地区和经济欠发达地区发展医疗卫生与健康事业。

第十二条 国家鼓励和支持公民、法人和其他组织通过依法举办机构和捐赠、资助等方式，参与医疗卫生与健康事业，满足公民多样化、差异化、个性化健康需求。

公民、法人和其他组织捐赠财产用于医疗卫生与健康事业的，依法享受税收优惠。

第十三条 对在医疗卫生与健康事业中做出突出贡献的组织和个人，按照国家规定给予表彰、奖励。

第十四条 国家鼓励和支持医疗卫生与健康促进领域的对外交流合作。

开展医疗卫生与健康促进对外交流合作活动，应当遵守法律、法规，维护国家主权、安全和社会公共利益。

第二章 基本医疗卫生服务

第十五条 基本医疗卫生服务，是指维护人体健康所必需、与经济社会发展水平相适应、公民可公平获得的，采用适宜药物、适宜技术、适宜设备提供的疾病预防、诊断、治疗、护理和康复等服务。

基本医疗卫生服务包括基本公共卫生服务和基本医疗服务。基本公共卫生服务由国家免费提供。

第十六条 国家采取措施，保障公民享有安全有效的基本公共卫生服务，控制影响健康的危险因素，提高疾病的预防控制水平。

国家基本公共卫生服务项目由国务院卫生健康主管部门会同国务院财政部门、中医药主管部门等共同确定。

省、自治区、直辖市人民政府可以在国家基本公共卫生服务项目基础上，补充确定本行政区域的基本公共卫生服务项目，并报国务院卫生健康主管部门备案。

第十七条 国务院和省、自治区、直辖市人民政府可以将针对重点地区、重点疾病和特定人群的服务内容纳入基本公共卫生服务项目并组织实施。

县级以上地方人民政府针对本行政区域重大疾病和主要健康危

险因素，开展专项防控工作。

第十八条 县级以上人民政府通过举办专业公共卫生机构、基层医疗卫生机构和医院，或者从其他医疗卫生机构购买服务的方式提供基本公共卫生服务。

第十九条 国家建立健全突发事件卫生应急体系，制定和完善应急预案，组织开展突发事件的医疗救治、卫生学调查处置和心理援助等卫生应急工作，有效控制和消除危害。

第二十条 国家建立传染病防控制度，制定传染病防治规划并组织实施，加强传染病监测预警，坚持预防为主、防治结合，联防联控、群防群控、源头防控、综合治理，阻断传播途径，保护易感人群，降低传染病的危害。

任何组织和个人应当接受、配合医疗卫生机构为预防、控制、消除传染病危害依法采取的调查、检验、采集样本、隔离治疗、医学观察等措施。

第二十一条 国家实行预防接种制度，加强免疫规划工作。居民有依法接种免疫规划疫苗的权利和义务。政府向居民免费提供免疫规划疫苗。

第二十二条 国家建立慢性非传染性疾病防控与管理制度，对慢性非传染性疾病及其致病危险因素开展监测、调查和综合防控干预，及时发现高危人群，为患者和高危人群提供诊疗、早期干预、随访管理和健康教育等服务。

第二十三条 国家加强职业健康保护。县级以上人民政府应当制定职业病防治规划，建立健全职业健康工作机制，加强职业健康监督管理，提高职业病综合防治能力和水平。

用人单位应当控制职业病危害因素，采取工程技术、个体防护和健康管理等综合治理措施，改善工作环境和劳动条件。

第二十四条 国家发展妇幼保健事业，建立健全妇幼健康服务体系，为妇女、儿童提供保健及常见病防治服务，保障妇女、儿童健康。

国家采取措施，为公民提供婚前保健、孕产期保健等服务，促进生殖健康，预防出生缺陷。

第二十五条 国家发展老年人保健事业。国务院和省、自治区、直辖市人民政府应当将老年人健康管理和常见病预防等纳入基本公共卫生服务项目。

第二十六条 国家发展残疾预防和残疾人康复事业，完善残疾预防和残疾人康复及其保障体系，采取措施为残疾人提供基本康复服务。

县级以上人民政府应当优先开展残疾儿童康复工作，实行康复与教育相结合。

第二十七条 国家建立健全院前急救体系，为急危重症患者提供及时、规范、有效的急救服务。

卫生健康主管部门、红十字会等有关部门、组织应当积极开展急救培训，普及急救知识，鼓励医疗卫生人员、经过急救培训的人员积极参与公共场所急救服务。公共场所应当按照规定配备必要的急救设备、设施。

急救中心（站）不得以未付费为由拒绝或者拖延为急危重症患者提供急救服务。

第二十八条 国家发展精神卫生事业，建设完善精神卫生服务体系，维护和增进公民心理健康，预防、治疗精神障碍。

国家采取措施，加强心理健康服务体系和人才队伍建设，促进心理健康教育、心理评估、心理咨询与心理治疗服务的有效衔接，设立为公众提供公益服务的心理援助热线，加强未成年人、残疾人和老年人等重点人群心理健康服务。

第二十九条 基本医疗服务主要由政府举办的医疗卫生机构提供。鼓励社会力量举办的医疗卫生机构提供基本医疗服务。

第三十条 国家推进基本医疗服务实行分级诊疗制度，引导非急诊患者首先到基层医疗卫生机构就诊，实行首诊负责制和转诊审核责任制，逐步建立基层首诊、双向转诊、急慢分治、上下联动的机制，并与基本医疗保险制度相衔接。

县级以上地方人民政府根据本行政区域医疗卫生需求，整合区域内政府举办的医疗卫生资源，因地制宜建立医疗联合体等协同联动的医疗服务合作机制。鼓励社会力量举办的医疗卫生机构参与医疗服务合作机制。

第三十一条 国家推进基层医疗卫生机构实行家庭医生签约服务，建立家庭医生服务团队，与居民签订协议，根据居民健康状况和医疗需求提供基本医疗卫生服务。

第三十二条 公民接受医疗卫生服务，对病情、诊疗方案、医疗风险、医疗费用等事项依法享有知情同意的权利。

需要实施手术、特殊检查、特殊治疗的，医疗卫生人员应当及时向患者说明医疗风险、替代医疗方案等情况，并取得其同意；不能或者不宜向患者说明的，应当向患者的近亲属说明，并取得其同意。法律另有规定的，依照其规定。

开展药物、医疗器械临床试验和其他医学研究应当遵守医学伦理规范，依法通过伦理审查，取得知情同意。

第三十三条 公民接受医疗卫生服务，应当受到尊重。医疗卫生机构、医疗卫生人员应当关心爱护、平等对待患者，尊重患者人格尊严，保护患者隐私。

公民接受医疗卫生服务，应当遵守诊疗制度和医疗卫生服务秩序，尊重医疗卫生人员。

第三章 医疗卫生机构

第三十四条 国家建立健全由基层医疗卫生机构、医院、专业公共卫生机构等组成的城乡全覆盖、功能互补、连续协同的医疗卫生服务体系。

国家加强县级医院、乡镇卫生院、村卫生室、社区卫生服务中心（站）和专业公共卫生机构等的建设，建立健全农村医疗卫生服务网络和城市社区卫生服务网络。

第三十五条 基层医疗卫生机构主要提供预防、保健、健康教育、疾病管理，为居民建立健康档案，常见病、多发病的诊疗以及部分疾病的康复、护理，接收医院转诊患者，向医院转诊超出自身服务能力的患者等基本医疗卫生服务。

医院主要提供疾病诊治，特别是急危重症和疑难病症的诊疗，突发事件医疗处置和救援以及健康教育等医疗卫生服务，并开展医学教育、医疗卫生人员培训、医学科学研究和对基层医疗卫生机构的业务指导等工作。

专业公共卫生机构主要提供传染病、慢性非传染性疾病、职业病、地方病等疾病预防控制和健康教育、妇幼保健、精神卫生、院前急救、采供血、食品安全风险监测评估、出生缺陷防治等公共卫生服务。

第三十六条 各级各类医疗卫生机构应当分工合作，为公民提供预防、保健、治疗、护理、康复、安宁疗护等全方位全周期的医疗卫生服务。

各级人民政府采取措施支持医疗卫生机构与养老机构、儿童福利机构、社区组织建立协作机制，为老年人、孤残儿童提供安全、便捷的医疗和健康服务。

第三十七条 县级以上人民政府应当制定并落实医疗卫生服务体系规划，科学配置医疗卫生资源，举办医疗卫生机构，为公民获得基本医疗卫生服务提供保障。

政府举办医疗卫生机构，应当考虑本行政区域人口、经济社会发展状况、医疗卫生资源、健康危险因素、发病率、患病率以及紧急救治需求等情况。

第三十八条 举办医疗机构，应当具备下列条件，按照国家有关规定办理审批或者备案手续：

（一）有符合规定的名称、组织机构和场所；

（二）有与其开展的业务相适应的经费、设施、设备和医疗卫生人员；

（三）有相应的规章制度；

（四）能够独立承担民事责任；

（五）法律、行政法规规定的其他条件。

医疗机构依法取得执业许可证。禁止伪造、变造、买卖、出租、出借医疗机构执业许可证。

各级各类医疗卫生机构的具体条件和配置应当符合国务院卫生健康主管部门制定的医疗卫生机构标准。

第三十九条 国家对医疗卫生机构实行分类管理。

医疗卫生服务体系坚持以非营利性医疗卫生机构为主体、营利性医疗卫生机构为补充。政府举办非营利性医疗卫生机构，在基本医疗卫生事业中发挥主导作用，保障基本医疗卫生服务公平可及。

以政府资金、捐赠资产举办或者参与举办的医疗卫生机构不得设立为营利性医疗卫生机构。

医疗卫生机构不得对外出租、承包医疗科室。非营利性医疗卫生机构不得向出资人、举办者分配或者变相分配收益。

第四十条 政府举办的医疗卫生机构应当坚持公益性质，所有收支均纳入预算管理，按照医疗卫生服务体系规划合理设置并控制规模。

国家鼓励政府举办的医疗卫生机构与社会力量合作举办非营利性医疗卫生机构。

政府举办的医疗卫生机构不得与其他组织投资设立非独立法人资格的医疗卫生机构，不得与社会资本合作举办营利性医疗卫生机构。

第四十一条 国家采取多种措施，鼓励和引导社会力量依法举办医疗卫生机构，支持和规范社会力量举办的医疗卫生机构与政府举办的医疗卫生机构开展多种类型的医疗业务、学科建设、人才培养等合作。

社会力量举办的医疗卫生机构在基本医疗保险定点、重点专科建设、科研教学、等级评审、特定医疗技术准入、医疗卫生人员职称评定等方面享有与政府举办的医疗卫生机构同等的权利。

社会力量可以选择设立非营利性或者营利性医疗卫生机构。社会力量举办的非营利性医疗卫生机构按照规定享受与政府举办的医疗卫生机构同等的税收、财政补助、用地、用水、用电、用气、用热等政策，并依法接受监督管理。

第四十二条 国家以建成的医疗卫生机构为基础，合理规划与设置国家医学中心和国家、省级区域性医疗中心，诊治疑难重症，研究攻克重大医学难题，培养高层次医疗卫生人才。

第四十三条 医疗卫生机构应当遵守法律、法规、规章，建立健全内部质量管理和控制制度，对医疗卫生服务质量负责。

医疗卫生机构应当按照临床诊疗指南、临床技术操作规范和行业标准以及医学伦理规范等有关要求，合理进行检查、用药、诊疗，加强医疗卫生安全风险防范，优化服务流程，持续改进医疗卫生服务质量。

第四十四条 国家对医疗卫生技术的临床应用进行分类管理，对技术难度大、医疗风险高，服务能力、人员专业技术水平要求较高的医疗卫生技术实行严格管理。

医疗卫生机构开展医疗卫生技术临床应用，应当与其功能任务相适应，遵循科学、安全、规范、有效、经济的原则，并符合伦理。

第四十五条 国家建立权责清晰、管理科学、治理完善、运行高效、监督有力的现代医院管理制度。

医院应当制定章程，建立和完善法人治理结构，提高医疗卫生服务能力和运行效率。

第四十六条 医疗卫生机构执业场所是提供医疗卫生服务的公共场所，任何组织或者个人不得扰乱其秩序。

第四十七条 国家完善医疗风险分担机制，鼓励医疗机构参加医疗责任保险或者建立医疗风险基金，鼓励患者参加医疗意外保险。

第四十八条 国家鼓励医疗卫生机构不断改进预防、保健、诊断、治疗、护理和康复的技术、设备与服务，支持开发适合基层和边远地区应用的医疗卫生技术。

第四十九条 国家推进全民健康信息化，推动健康医疗大数据、人工智能等的应用发展，加快医疗卫生信息基础设施建设，制定健康医疗数据采集、存储、分析和应用的技术标准，运用信息技术促进优质医疗卫生资源的普及与共享。

县级以上人民政府及其有关部门应当采取措施，推进信息技术在医疗卫生领域和医学教育中的应用，支持探索发展医疗卫生服务新模式、新业态。

国家采取措施，推进医疗卫生机构建立健全医疗卫生信息交流和信息安全制度，应用信息技术开展远程医疗服务，构建线上线下一体化医疗服务模式。

第五十条 发生自然灾害、事故灾难、公共卫生事件和社会安全事件等严重威胁人民群众生命健康的突发事件时，医疗卫生机构、医疗卫生人员应当服从政府部门的调遣，参与卫生应急处置和医疗救治。对致病、致残、死亡的参与人员，按照规定给予工伤或者抚恤、烈士褒扬等相关待遇。

第四章 医疗卫生人员

第五十一条 医疗卫生人员应当弘扬敬佑生命、救死扶伤、甘于奉献、大爱无疆的崇高职业精神，遵守行业规范，恪守医德，努力提高专业水平和服务质量。

医疗卫生行业组织、医疗卫生机构、医学院校应当加强对医疗卫生人员的医德医风教育。

第五十二条 国家制定医疗卫生人员培养规划，建立适应行业特点和社会需求的医疗卫生人员培养机制和供需平衡机制，完善医学院校教育、毕业后教育和继续教育体系，建立健全住院医师、专科医师规范化培训制度，建立规模适宜、结构合理、分布均衡的医疗卫生队伍。

国家加强全科医生的培养和使用。全科医生主要提供常见病、多发病的诊疗和转诊、预防、保健、康复，以及慢性病管理、健康管理等服务。

第五十三条 国家对医师、护士等医疗卫生人员依法实行执业注册制度。医疗卫生人员应当依法取得相应的职业资格。

第五十四条 医疗卫生人员应当遵循医学科学规律，遵守有关临床诊疗技术规范和各项操作规范以及医学伦理规范，使用适宜技术和药物，合理诊疗，因病施治，不得对患者实施过度医疗。

医疗卫生人员不得利用职务之便索要、非法收受财物或者牟取其他不正当利益。

第五十五条 国家建立健全符合医疗卫生行业特点的人事、薪酬、奖励制度，体现医疗卫生人员职业特点和技术劳动价值。

对从事传染病防治、放射医学和精神卫生工作以及其他在特殊岗位工作的医疗卫生人员，应当按照国家规定给予适当的津贴。津贴标准应当定期调整。

第五十六条 国家建立医疗卫生人员定期到基层和艰苦边远地区从事医疗卫生工作制度。

国家采取定向免费培养、对口支援、退休返聘等措施，加强基层和艰苦边远地区医疗卫生队伍建设。

执业医师晋升为副高级技术职称的，应当有累计一年以上在县级以下或者对口支援的医疗卫生机构提供医疗卫生服务的经历。

对在基层和艰苦边远地区工作的医疗卫生人员，在薪酬津贴、职称评定、职业发展、教育培训和表彰奖励等方面实行优惠待遇。

国家加强乡村医疗卫生队伍建设，建立县乡村上下贯通的职业发展机制，完善对乡村医疗卫生人员的服务收入多渠道补助机制和养老政策。

第五十七条 全社会应当关心、尊重医疗卫生人员，维护良好安全的医疗卫生服务秩序，共同构建和谐医患关系。

医疗卫生人员的人身安全、人格尊严不受侵犯，其合法权益受法律保护。禁止任何组织或者个人威胁、危害医疗卫生人员人身安全，侵犯医疗卫生人员人格尊严。

国家采取措施，保障医疗卫生人员执业环境。

第五章　药品供应保障

第五十八条　国家完善药品供应保障制度，建立工作协调机制，保障药品的安全、有效、可及。

第五十九条　国家实施基本药物制度，遴选适当数量的基本药物品种，满足疾病防治基本用药需求。

国家公布基本药物目录，根据药品临床应用实践、药品标准变化、药品新上市情况等，对基本药物目录进行动态调整。

基本药物按照规定优先纳入基本医疗保险药品目录。

国家提高基本药物的供给能力，强化基本药物质量监管，确保基本药物公平可及、合理使用。

第六十条　国家建立健全以临床需求为导向的药品审评审批制度，支持临床急需药品、儿童用药品和防治罕见病、重大疾病等药品的研制、生产，满足疾病防治需求。

第六十一条　国家建立健全药品研制、生产、流通、使用全过程追溯制度，加强药品管理，保证药品质量。

第六十二条　国家建立健全药品价格监测体系，开展成本价格调查，加强药品价格监督检查，依法查处价格垄断、价格欺诈、不正当竞争等违法行为，维护药品价格秩序。

国家加强药品分类采购管理和指导。参加药品采购投标的投标人不得以低于成本的报价竞标，不得以欺诈、串通投标、滥用市场支配地位等方式竞标。

第六十三条　国家建立中央与地方两级医药储备，用于保障重大灾情、疫情及其他突发事件等应急需要。

第六十四条　国家建立健全药品供求监测体系，及时收集和汇总分析药品供求信息，定期公布药品生产、流通、使用等情况。

第六十五条　国家加强对医疗器械的管理，完善医疗器械的标准和规范，提高医疗器械的安全有效水平。

国务院卫生健康主管部门和省、自治区、直辖市人民政府卫生健康主管部门应当根据技术的先进性、适宜性和可及性，编制大型医用设备配置规划，促进区域内医用设备合理配置、充分共享。

第六十六条 国家加强中药的保护与发展，充分体现中药的特色和优势，发挥其在预防、保健、医疗、康复中的作用。

第六章 健康促进

第六十七条 各级人民政府应当加强健康教育工作及其专业人才培养，建立健康知识和技能核心信息发布制度，普及健康科学知识，向公众提供科学、准确的健康信息。

医疗卫生、教育、体育、宣传等机构、基层群众性自治组织和社会组织应当开展健康知识的宣传和普及。医疗卫生人员在提供医疗卫生服务时，应当对患者开展健康教育。新闻媒体应当开展健康知识的公益宣传。健康知识的宣传应当科学、准确。

第六十八条 国家将健康教育纳入国民教育体系。学校应当利用多种形式实施健康教育，普及健康知识、科学健身知识、急救知识和技能，提高学生主动防病的意识，培养学生良好的卫生习惯和健康的行为习惯，减少、改善学生近视、肥胖等不良健康状况。

学校应当按照规定开设体育与健康课程，组织学生开展广播体操、眼保健操、体能锻炼等活动。

学校按照规定配备校医，建立和完善卫生室、保健室等。

县级以上人民政府教育主管部门应当按照规定将学生体质健康水平纳入学校考核体系。

第六十九条 公民是自己健康的第一责任人，树立和践行对自己健康负责的健康管理理念，主动学习健康知识，提高健康素养，加强健康管理。倡导家庭成员相互关爱，形成符合自身和家庭特点的健康生活方式。

公民应当尊重他人的健康权利和利益，不得损害他人健康和社会公共利益。

第七十条 国家组织居民健康状况调查和统计，开展体质监测，对健康绩效进行评估，并根据评估结果制定、完善与健康相关的法律、法规、政策和规划。

第七十一条 国家建立疾病和健康危险因素监测、调查和风险评估制度。县级以上人民政府及其有关部门针对影响健康的主要问题，组织开展健康危险因素研究，制定综合防治措施。

国家加强影响健康的环境问题预防和治理，组织开展环境质量对健康影响的研究，采取措施预防和控制与环境问题有关的疾病。

第七十二条 国家大力开展爱国卫生运动，鼓励和支持开展爱国卫生月等群众性卫生与健康活动，依靠和动员群众控制和消除健康危险因素，改善环境卫生状况，建设健康城市、健康村镇、健康社区。

第七十三条 国家建立科学、严格的食品、饮用水安全监督管理制度，提高安全水平。

第七十四条 国家建立营养状况监测制度，实施经济欠发达地区、重点人群营养干预计划，开展未成年人和老年人营养改善行动，倡导健康饮食习惯，减少不健康饮食引起的疾病风险。

第七十五条 国家发展全民健身事业，完善覆盖城乡的全民健身公共服务体系，加强公共体育设施建设，组织开展和支持全民健身活动，加强全民健身指导服务，普及科学健身知识和方法。

国家鼓励单位的体育场地设施向公众开放。

第七十六条 国家制定并实施未成年人、妇女、老年人、残疾人等的健康工作计划，加强重点人群健康服务。

国家推动长期护理保障工作，鼓励发展长期护理保险。

第七十七条 国家完善公共场所卫生管理制度。县级以上人民政府卫生健康等主管部门应当加强对公共场所的卫生监督。公共场所卫生监督信息应当依法向社会公开。

公共场所经营单位应当建立健全并严格实施卫生管理制度，保证其经营活动持续符合国家对公共场所的卫生要求。

第七十八条 国家采取措施，减少吸烟对公民健康的危害。

公共场所控制吸烟，强化监督执法。

烟草制品包装应当印制带有说明吸烟危害的警示。

禁止向未成年人出售烟酒。

第七十九条 用人单位应当为职工创造有益于健康的环境和条件，严格执行劳动安全卫生等相关规定，积极组织职工开展健身活动，保护职工健康。

国家鼓励用人单位开展职工健康指导工作。

国家提倡用人单位为职工定期开展健康检查。法律、法规对健康检查有规定的，依照其规定。

第七章 资金保障

第八十条 各级人民政府应当切实履行发展医疗卫生与健康事业的职责，建立与经济社会发展、财政状况和健康指标相适应的医疗卫生与健康事业投入机制，将医疗卫生与健康促进经费纳入本级政府预算，按照规定主要用于保障基本医疗服务、公共卫生服务、基本医疗保障和政府举办的医疗卫生机构建设和运行发展。

第八十一条 县级以上人民政府通过预算、审计、监督执法、社会监督等方式，加强资金的监督管理。

第八十二条 基本医疗服务费用主要由基本医疗保险基金和个人支付。国家依法多渠道筹集基本医疗保险基金，逐步完善基本医疗保险可持续筹资和保障水平调整机制。

公民有依法参加基本医疗保险的权利和义务。用人单位和职工按照国家规定缴纳职工基本医疗保险费。城乡居民按照规定缴纳城乡居民基本医疗保险费。

第八十三条 国家建立以基本医疗保险为主体，商业健康保险、医疗救助、职工互助医疗和医疗慈善服务等为补充的、多层次的医疗保障体系。

国家鼓励发展商业健康保险，满足人民群众多样化健康保障需求。

国家完善医疗救助制度，保障符合条件的困难群众获得基本医疗服务。

第八十四条 国家建立健全基本医疗保险经办机构与协议定点医疗卫生机构之间的协商谈判机制，科学合理确定基本医疗保险基金支付标准和支付方式，引导医疗卫生机构合理诊疗，促进患者有序流动，提高基本医疗保险基金使用效益。

第八十五条 基本医疗保险基金支付范围由国务院医疗保障主管部门组织制定，并应当听取国务院卫生健康主管部门、中医药主管部门、药品监督管理部门、财政部门等的意见。

省、自治区、直辖市人民政府可以按照国家有关规定，补充确定本行政区域基本医疗保险基金支付的具体项目和标准，并报国务院医疗保障主管部门备案。

国务院医疗保障主管部门应当对纳入支付范围的基本医疗保险药品目录、诊疗项目、医疗服务设施标准等组织开展循证医学和经济性评价，并应当听取国务院卫生健康主管部门、中医药主管部门、药品监督管理部门、财政部门等有关方面的意见。评价结果应当作为调整基本医疗保险基金支付范围的依据。

第八章　监督管理

第八十六条 国家建立健全机构自治、行业自律、政府监管、社会监督相结合的医疗卫生综合监督管理体系。

县级以上人民政府卫生健康主管部门对医疗卫生行业实行属地化、全行业监督管理。

第八十七条 县级以上人民政府医疗保障主管部门应当提高医疗保障监管能力和水平，对纳入基本医疗保险基金支付范围的医疗服务行为和医疗费用加强监督管理，确保基本医疗保险基金合理使用、安全可控。

第八十八条 县级以上人民政府应当组织卫生健康、医疗保障、药品监督管理、发展改革、财政等部门建立沟通协商机制，加强制度衔接和工作配合，提高医疗卫生资源使用效率和保障水平。

第八十九条 县级以上人民政府应当定期向本级人民代表大会或者其常务委员会报告基本医疗卫生与健康促进工作，依法接受监督。

第九十条 县级以上人民政府有关部门未履行医疗卫生与健康促进工作相关职责的，本级人民政府或者上级人民政府有关部门应当对其主要负责人进行约谈。

地方人民政府未履行医疗卫生与健康促进工作相关职责的，上级人民政府应当对其主要负责人进行约谈。

被约谈的部门和地方人民政府应当立即采取措施，进行整改。

约谈情况和整改情况应当纳入有关部门和地方人民政府工作评议、考核记录。

第九十一条 县级以上地方人民政府卫生健康主管部门应当建立医疗卫生机构绩效评估制度，组织对医疗卫生机构的服务质量、医疗技术、药品和医用设备使用等情况进行评估。评估应当吸收行业组织和公众参与。评估结果应当以适当方式向社会公开，作为评价医疗卫生机构和卫生监管的重要依据。

第九十二条 国家保护公民个人健康信息，确保公民个人健康信息安全。任何组织或者个人不得非法收集、使用、加工、传输公民个人健康信息，不得非法买卖、提供或者公开公民个人健康信息。

第九十三条 县级以上人民政府卫生健康主管部门、医疗保障主管部门应当建立医疗卫生机构、人员等信用记录制度，纳入全国信用信息共享平台，按照国家规定实施联合惩戒。

第九十四条 县级以上地方人民政府卫生健康主管部门及其委托的卫生健康监督机构，依法开展本行政区域医疗卫生等行政执法工作。

第九十五条 县级以上人民政府卫生健康主管部门应当积极培

育医疗卫生行业组织，发挥其在医疗卫生与健康促进工作中的作用，支持其参与行业管理规范、技术标准制定和医疗卫生评价、评估、评审等工作。

第九十六条 国家建立医疗纠纷预防和处理机制，妥善处理医疗纠纷，维护医疗秩序。

第九十七条 国家鼓励公民、法人和其他组织对医疗卫生与健康促进工作进行社会监督。

任何组织和个人对违反本法规定的行为，有权向县级以上人民政府卫生健康主管部门和其他有关部门投诉、举报。

第九章 法律责任

第九十八条 违反本法规定，地方各级人民政府、县级以上人民政府卫生健康主管部门和其他有关部门，滥用职权、玩忽职守、徇私舞弊的，对直接负责的主管人员和其他直接责任人员依法给予处分。

第九十九条 违反本法规定，未取得医疗机构执业许可证擅自执业的，由县级以上人民政府卫生健康主管部门责令停止执业活动，没收违法所得和药品、医疗器械，并处违法所得五倍以上二十倍以下的罚款，违法所得不足一万元的，按一万元计算。

违反本法规定，伪造、变造、买卖、出租、出借医疗机构执业许可证的，由县级以上人民政府卫生健康主管部门责令改正，没收违法所得，并处违法所得五倍以上十五倍以下的罚款，违法所得不足一万元的，按一万元计算；情节严重的，吊销医疗机构执业许可证。

第一百条 违反本法规定，有下列行为之一的，由县级以上人民政府卫生健康主管部门责令改正，没收违法所得，并处违法所得二倍以上十倍以下的罚款，违法所得不足一万元的，按一万元计算；对直接负责的主管人员和其他直接责任人员依法给予处分：

（一）政府举办的医疗卫生机构与其他组织投资设立非独立法人

资格的医疗卫生机构；

（二）医疗卫生机构对外出租、承包医疗科室；

（三）非营利性医疗卫生机构向出资人、举办者分配或者变相分配收益。

第一百零一条 违反本法规定，医疗卫生机构等的医疗信息安全制度、保障措施不健全，导致医疗信息泄露，或者医疗质量管理和医疗技术管理制度、安全措施不健全的，由县级以上人民政府卫生健康等主管部门责令改正，给予警告，并处一万元以上五万元以下的罚款；情节严重的，可以责令停止相应执业活动，对直接负责的主管人员和其他直接责任人员依法追究法律责任。

第一百零二条 违反本法规定，医疗卫生人员有下列行为之一的，由县级以上人民政府卫生健康主管部门依照有关执业医师、护士管理和医疗纠纷预防处理等法律、行政法规的规定给予行政处罚：

（一）利用职务之便索要、非法收受财物或者牟取其他不正当利益；

（二）泄露公民个人健康信息；

（三）在开展医学研究或提供医疗卫生服务过程中未按照规定履行告知义务或者违反医学伦理规范。

前款规定的人员属于政府举办的医疗卫生机构中的人员的，依法给予处分。

第一百零三条 违反本法规定，参加药品采购投标的投标人以低于成本的报价竞标，或者以欺诈、串通投标、滥用市场支配地位等方式竞标的，由县级以上人民政府医疗保障主管部门责令改正，没收违法所得；中标的，中标无效，处中标项目金额千分之五以上千分之十以下的罚款，对法定代表人、主要负责人、直接负责的主管人员和其他责任人员处对单位罚款数额百分之五以上百分之十以下的罚款；情节严重的，取消其二年至五年内参加药品采购投标的资格并予以公告。

第一百零四条 违反本法规定，以欺诈、伪造证明材料或者其他手段骗取基本医疗保险待遇，或者基本医疗保险经办机构以及医疗机构、药品经营单位等以欺诈、伪造证明材料或者其他手段骗取基本医疗保险基金支出的，由县级以上人民政府医疗保障主管部门依照有关社会保险的法律、行政法规规定给予行政处罚。

第一百零五条 违反本法规定，扰乱医疗卫生机构执业场所秩序，威胁、危害医疗卫生人员人身安全，侵犯医疗卫生人员人格尊严，非法收集、使用、加工、传输公民个人健康信息，非法买卖、提供或者公开公民个人健康信息等，构成违反治安管理行为的，依法给予治安管理处罚。

第一百零六条 违反本法规定，构成犯罪的，依法追究刑事责任；造成人身、财产损害的，依法承担民事责任。

第十章 附 则

第一百零七条 本法中下列用语的含义：

（一）主要健康指标，是指人均预期寿命、孕产妇死亡率、婴儿死亡率、五岁以下儿童死亡率等。

（二）医疗卫生机构，是指基层医疗卫生机构、医院和专业公共卫生机构等。

（三）基层医疗卫生机构，是指乡镇卫生院、社区卫生服务中心（站）、村卫生室、医务室、门诊部和诊所等。

（四）专业公共卫生机构，是指疾病预防控制中心、专科疾病防治机构、健康教育机构、急救中心（站）和血站等。

（五）医疗卫生人员，是指执业医师、执业助理医师、注册护士、药师（士）、检验技师（士）、影像技师（士）和乡村医生等卫生专业人员。

（六）基本药物，是指满足疾病防治基本用药需求，适应现阶段基本国情和保障能力，剂型适宜，价格合理，能够保障供应，可公平获得的药品。

第一百零八条 省、自治区、直辖市和设区的市、自治州可以结合实际，制定本地方发展医疗卫生与健康事业的具体办法。

第一百零九条 中国人民解放军和中国人民武装警察部队的医疗卫生与健康促进工作，由国务院和中央军事委员会依照本法制定管理办法。

第一百一十条 本法自2020年6月1日起施行。

中华人民共和国药品管理法

（1984年9月20日第六届全国人民代表大会常务委员会第七次会议通过 2001年2月28日第九届全国人民代表大会常务委员会第二十次会议第一次修订 根据2013年12月28日第十二届全国人民代表大会常务委员会第六次会议《关于修改〈中华人民共和国海洋环境保护法〉等七部法律的决定》第一次修正 根据2015年4月24日第十二届全国人民代表大会常务委员会第十四次会议《关于修改〈中华人民共和国药品管理法〉的决定》第二次修正 2019年8月26日第十三届全国人民代表大会常务委员会第十二次会议第二次修订 2019年8月26日中华人民共和国主席令第31号公布 自2019年12月1日起施行）

第一章 总　　则

第一条 为了加强药品管理，保证药品质量，保障公众用药安全和合法权益，保护和促进公众健康，制定本法。

第二条 在中华人民共和国境内从事药品研制、生产、经营、使用和监督管理活动，适用本法。

本法所称药品，是指用于预防、治疗、诊断人的疾病，有目的地调节人的生理机能并规定有适应症或者功能主治、用法和用量的物质，包括中药、化学药和生物制品等。

第三条 药品管理应当以人民健康为中心，坚持风险管理、全程管控、社会共治的原则，建立科学、严格的监督管理制度，全面提升药品质量，保障药品的安全、有效、可及。

第四条 国家发展现代药和传统药，充分发挥其在预防、医疗和保健中的作用。

国家保护野生药材资源和中药品种，鼓励培育道地中药材。

第五条 国家鼓励研究和创制新药，保护公民、法人和其他组织研究、开发新药的合法权益。

第六条 国家对药品管理实行药品上市许可持有人制度。药品上市许可持有人依法对药品研制、生产、经营、使用全过程中药品的安全性、有效性和质量可控性负责。

第七条 从事药品研制、生产、经营、使用活动，应当遵守法律、法规、规章、标准和规范，保证全过程信息真实、准确、完整和可追溯。

第八条 国务院药品监督管理部门主管全国药品监督管理工作。国务院有关部门在各自职责范围内负责与药品有关的监督管理工作。国务院药品监督管理部门配合国务院有关部门，执行国家药品行业发展规划和产业政策。

省、自治区、直辖市人民政府药品监督管理部门负责本行政区域内的药品监督管理工作。设区的市级、县级人民政府承担药品监督管理职责的部门（以下称药品监督管理部门）负责本行政区域内的药品监督管理工作。县级以上地方人民政府有关部门在各自职责范围内负责与药品有关的监督管理工作。

第九条 县级以上地方人民政府对本行政区域内的药品监督管理工作负责，统一领导、组织、协调本行政区域内的药品监督管理工作以及药品安全突发事件应对工作，建立健全药品监督管理工作机制和信息共享机制。

第十条 县级以上人民政府应当将药品安全工作纳入本级国民

经济和社会发展规划，将药品安全工作经费列入本级政府预算，加强药品监督管理能力建设，为药品安全工作提供保障。

第十一条 药品监督管理部门设置或者指定的药品专业技术机构，承担依法实施药品监督管理所需的审评、检验、核查、监测与评价等工作。

第十二条 国家建立健全药品追溯制度。国务院药品监督管理部门应当制定统一的药品追溯标准和规范，推进药品追溯信息互通互享，实现药品可追溯。

国家建立药物警戒制度，对药品不良反应及其他与用药有关的有害反应进行监测、识别、评估和控制。

第十三条 各级人民政府及其有关部门、药品行业协会等应当加强药品安全宣传教育，开展药品安全法律法规等知识的普及工作。

新闻媒体应当开展药品安全法律法规等知识的公益宣传，并对药品违法行为进行舆论监督。有关药品的宣传报道应当全面、科学、客观、公正。

第十四条 药品行业协会应当加强行业自律，建立健全行业规范，推动行业诚信体系建设，引导和督促会员依法开展药品生产经营等活动。

第十五条 县级以上人民政府及其有关部门对在药品研制、生产、经营、使用和监督管理工作中做出突出贡献的单位和个人，按照国家有关规定给予表彰、奖励。

第二章 药品研制和注册

第十六条 国家支持以临床价值为导向、对人的疾病具有明确或者特殊疗效的药物创新，鼓励具有新的治疗机理、治疗严重危及生命的疾病或者罕见病、对人体具有多靶向系统性调节干预功能等的新药研制，推动药品技术进步。

国家鼓励运用现代科学技术和传统中药研究方法开展中药科学技术研究和药物开发，建立和完善符合中药特点的技术评价体系，促进中药传承创新。

国家采取有效措施，鼓励儿童用药品的研制和创新，支持开发符合儿童生理特征的儿童用药品新品种、剂型和规格，对儿童用药品予以优先审评审批。

第十七条 从事药品研制活动，应当遵守药物非临床研究质量管理规范、药物临床试验质量管理规范，保证药品研制全过程持续符合法定要求。

药物非临床研究质量管理规范、药物临床试验质量管理规范由国务院药品监督管理部门会同国务院有关部门制定。

第十八条 开展药物非临床研究，应当符合国家有关规定，有与研究项目相适应的人员、场地、设备、仪器和管理制度，保证有关数据、资料和样品的真实性。

第十九条 开展药物临床试验，应当按照国务院药品监督管理部门的规定如实报送研制方法、质量指标、药理及毒理试验结果等有关数据、资料和样品，经国务院药品监督管理部门批准。国务院药品监督管理部门应当自受理临床试验申请之日起六十个工作日内决定是否同意并通知临床试验申办者，逾期未通知的，视为同意。其中，开展生物等效性试验的，报国务院药品监督管理部门备案。

开展药物临床试验，应当在具备相应条件的临床试验机构进行。药物临床试验机构实行备案管理，具体办法由国务院药品监督管理部门、国务院卫生健康主管部门共同制定。

第二十条 开展药物临床试验，应当符合伦理原则，制定临床试验方案，经伦理委员会审查同意。

伦理委员会应当建立伦理审查工作制度，保证伦理审查过程独立、客观、公正，监督规范开展药物临床试验，保障受试者合法权益，维护社会公共利益。

第二十一条 实施药物临床试验，应当向受试者或者其监护人如实说明和解释临床试验的目的和风险等详细情况，取得受试者或者其监护人自愿签署的知情同意书，并采取有效措施保护受试者合法权益。

第二十二条 药物临床试验期间，发现存在安全性问题或者其他风险的，临床试验申办者应当及时调整临床试验方案、暂停或者终止临床试验，并向国务院药品监督管理部门报告。必要时，国务院药品监督管理部门可以责令调整临床试验方案、暂停或者终止临床试验。

第二十三条 对正在开展临床试验的用于治疗严重危及生命且尚无有效治疗手段的疾病的药物，经医学观察可能获益，并且符合伦理原则的，经审查、知情同意后可以在开展临床试验的机构内用于其他病情相同的患者。

第二十四条 在中国境内上市的药品，应当经国务院药品监督管理部门批准，取得药品注册证书；但是，未实施审批管理的中药材和中药饮片除外。实施审批管理的中药材、中药饮片品种目录由国务院药品监督管理部门会同国务院中医药主管部门制定。

申请药品注册，应当提供真实、充分、可靠的数据、资料和样品，证明药品的安全性、有效性和质量可控性。

第二十五条 对申请注册的药品，国务院药品监督管理部门应当组织药学、医学和其他技术人员进行审评，对药品的安全性、有效性和质量可控性以及申请人的质量管理、风险防控和责任赔偿等能力进行审查；符合条件的，颁发药品注册证书。

国务院药品监督管理部门在审批药品时，对化学原料药一并审评审批，对相关辅料、直接接触药品的包装材料和容器一并审评，对药品的质量标准、生产工艺、标签和说明书一并核准。

本法所称辅料，是指生产药品和调配处方时所用的赋形剂和附加剂。

第二十六条 对治疗严重危及生命且尚无有效治疗手段的疾病以及公共卫生方面急需的药品，药物临床试验已有数据显示疗效并能预测其临床价值的，可以附条件批准，并在药品注册证书中载明相关事项。

第二十七条 国务院药品监督管理部门应当完善药品审评审批工作制度，加强能力建设，建立健全沟通交流、专家咨询等机制，优化审评审批流程，提高审评审批效率。

批准上市药品的审评结论和依据应当依法公开，接受社会监督。对审评审批中知悉的商业秘密应当保密。

第二十八条 药品应当符合国家药品标准。经国务院药品监督管理部门核准的药品质量标准高于国家药品标准的，按照经核准的药品质量标准执行；没有国家药品标准的，应当符合经核准的药品质量标准。

国务院药品监督管理部门颁布的《中华人民共和国药典》和药品标准为国家药品标准。

国务院药品监督管理部门会同国务院卫生健康主管部门组织药典委员会，负责国家药品标准的制定和修订。

国务院药品监督管理部门设置或者指定的药品检验机构负责标定国家药品标准品、对照品。

第二十九条 列入国家药品标准的药品名称为药品通用名称。已经作为药品通用名称的，该名称不得作为药品商标使用。

第三章 药品上市许可持有人

第三十条 药品上市许可持有人是指取得药品注册证书的企业或者药品研制机构等。

药品上市许可持有人应当依照本法规定，对药品的非临床研究、临床试验、生产经营、上市后研究、不良反应监测及报告与处理等承担责任。其他从事药品研制、生产、经营、储存、运输、使用等活动的单位和个人依法承担相应责任。

药品上市许可持有人的法定代表人、主要负责人对药品质量全面负责。

第三十一条 药品上市许可持有人应当建立药品质量保证体系，配备专门人员独立负责药品质量管理。

药品上市许可持有人应当对受托药品生产企业、药品经营企业的质量管理体系进行定期审核，监督其持续具备质量保证和控制能力。

第三十二条 药品上市许可持有人可以自行生产药品，也可以委托药品生产企业生产。

药品上市许可持有人自行生产药品的，应当依照本法规定取得药品生产许可证；委托生产的，应当委托符合条件的药品生产企业。药品上市许可持有人和受托生产企业应当签订委托协议和质量协议，并严格履行协议约定的义务。

国务院药品监督管理部门制定药品委托生产质量协议指南，指导、监督药品上市许可持有人和受托生产企业履行药品质量保证义务。

血液制品、麻醉药品、精神药品、医疗用毒性药品、药品类易制毒化学品不得委托生产；但是，国务院药品监督管理部门另有规定的除外。

第三十三条 药品上市许可持有人应当建立药品上市放行规程，对药品生产企业出厂放行的药品进行审核，经质量受权人签字后方可放行。不符合国家药品标准的，不得放行。

第三十四条 药品上市许可持有人可以自行销售其取得药品注册证书的药品，也可以委托药品经营企业销售。药品上市许可持有人从事药品零售活动的，应当取得药品经营许可证。

药品上市许可持有人自行销售药品的，应当具备本法第五十二条规定的条件；委托销售的，应当委托符合条件的药品经营企业。药品上市许可持有人和受托经营企业应当签订委托协议，并严格履行协议约定的义务。

第三十五条 药品上市许可持有人、药品生产企业、药品经营企业委托储存、运输药品的，应当对受托方的质量保证能力和风险管理能力进行评估，与其签订委托协议，约定药品质量责任、操作规程等内容，并对受托方进行监督。

第三十六条 药品上市许可持有人、药品生产企业、药品经营企业和医疗机构应当建立并实施药品追溯制度，按照规定提供追溯信息，保证药品可追溯。

第三十七条 药品上市许可持有人应当建立年度报告制度，每年将药品生产销售、上市后研究、风险管理等情况按照规定向省、自治区、直辖市人民政府药品监督管理部门报告。

第三十八条 药品上市许可持有人为境外企业的，应当由其指定的在中国境内的企业法人履行药品上市许可持有人义务，与药品上市许可持有人承担连带责任。

第三十九条 中药饮片生产企业履行药品上市许可持有人的相关义务，对中药饮片生产、销售实行全过程管理，建立中药饮片追溯体系，保证中药饮片安全、有效、可追溯。

第四十条 经国务院药品监督管理部门批准，药品上市许可持有人可以转让药品上市许可。受让方应当具备保障药品安全性、有效性和质量可控性的质量管理、风险防控和责任赔偿等能力，履行药品上市许可持有人义务。

第四章　药 品 生 产

第四十一条 从事药品生产活动，应当经所在地省、自治区、直辖市人民政府药品监督管理部门批准，取得药品生产许可证。无药品生产许可证的，不得生产药品。

药品生产许可证应当标明有效期和生产范围，到期重新审查发证。

第四十二条 从事药品生产活动，应当具备以下条件：

（一）有依法经过资格认定的药学技术人员、工程技术人员及相应的技术工人；

（二）有与药品生产相适应的厂房、设施和卫生环境；

（三）有能对所生产药品进行质量管理和质量检验的机构、人员及必要的仪器设备；

（四）有保证药品质量的规章制度，并符合国务院药品监督管理部门依据本法制定的药品生产质量管理规范要求。

第四十三条 从事药品生产活动，应当遵守药品生产质量管理规范，建立健全药品生产质量管理体系，保证药品生产全过程持续符合法定要求。

药品生产企业的法定代表人、主要负责人对本企业的药品生产活动全面负责。

第四十四条 药品应当按照国家药品标准和经药品监督管理部门核准的生产工艺进行生产。生产、检验记录应当完整准确，不得编造。

中药饮片应当按照国家药品标准炮制；国家药品标准没有规定的，应当按照省、自治区、直辖市人民政府药品监督管理部门制定的炮制规范炮制。省、自治区、直辖市人民政府药品监督管理部门制定的炮制规范应当报国务院药品监督管理部门备案。不符合国家药品标准或者不按照省、自治区、直辖市人民政府药品监督管理部门制定的炮制规范炮制的，不得出厂、销售。

第四十五条 生产药品所需的原料、辅料，应当符合药用要求、药品生产质量管理规范的有关要求。

生产药品，应当按照规定对供应原料、辅料等的供应商进行审核，保证购进、使用的原料、辅料等符合前款规定要求。

第四十六条 直接接触药品的包装材料和容器，应当符合药用要求，符合保障人体健康、安全的标准。

对不合格的直接接触药品的包装材料和容器，由药品监督管理部门责令停止使用。

第四十七条 药品生产企业应当对药品进行质量检验。不符合国家药品标准的，不得出厂。

药品生产企业应当建立药品出厂放行规程，明确出厂放行的标准、条件。符合标准、条件的，经质量受权人签字后方可放行。

第四十八条 药品包装应当适合药品质量的要求，方便储存、运输和医疗使用。

发运中药材应当有包装。在每件包装上，应当注明品名、产地、日期、供货单位，并附有质量合格的标志。

第四十九条 药品包装应当按照规定印有或者贴有标签并附有说明书。

标签或者说明书应当注明药品的通用名称、成份、规格、上市许可持有人及其地址、生产企业及其地址、批准文号、产品批号、生产日期、有效期、适应症或者功能主治、用法、用量、禁忌、不良反应和注意事项。标签、说明书中的文字应当清晰，生产日期、有效期等事项应当显著标注，容易辨识。

麻醉药品、精神药品、医疗用毒性药品、放射性药品、外用药品和非处方药的标签、说明书，应当印有规定的标志。

第五十条 药品上市许可持有人、药品生产企业、药品经营企业和医疗机构中直接接触药品的工作人员，应当每年进行健康检查。患有传染病或者其他可能污染药品的疾病的，不得从事直接接触药品的工作。

第五章　药品经营

第五十一条 从事药品批发活动，应当经所在地省、自治区、直辖市人民政府药品监督管理部门批准，取得药品经营许可证。从事药品零售活动，应当经所在地县级以上地方人民政府药品监督管理部门批准，取得药品经营许可证。无药品经营许可证的，不得经营药品。

药品经营许可证应当标明有效期和经营范围，到期重新审查发证。

药品监督管理部门实施药品经营许可，除依据本法第五十二条规定的条件外，还应当遵循方便群众购药的原则。

第五十二条 从事药品经营活动应当具备以下条件：

（一）有依法经过资格认定的药师或者其他药学技术人员；

（二）有与所经营药品相适应的营业场所、设备、仓储设施和卫生环境；

（三）有与所经营药品相适应的质量管理机构或者人员；

（四）有保证药品质量的规章制度，并符合国务院药品监督管理部门依据本法制定的药品经营质量管理规范要求。

第五十三条 从事药品经营活动，应当遵守药品经营质量管理规范，建立健全药品经营质量管理体系，保证药品经营全过程持续符合法定要求。

国家鼓励、引导药品零售连锁经营。从事药品零售连锁经营活动的企业总部，应当建立统一的质量管理制度，对所属零售企业的经营活动履行管理责任。

药品经营企业的法定代表人、主要负责人对本企业的药品经营活动全面负责。

第五十四条 国家对药品实行处方药与非处方药分类管理制度。具体办法由国务院药品监督管理部门会同国务院卫生健康主管部门制定。

第五十五条 药品上市许可持有人、药品生产企业、药品经营企业和医疗机构应当从药品上市许可持有人或者具有药品生产、经营资格的企业购进药品；但是，购进未实施审批管理的中药材除外。

第五十六条 药品经营企业购进药品，应当建立并执行进货检查验收制度，验明药品合格证明和其他标识；不符合规定要求的，不得购进和销售。

第五十七条 药品经营企业购销药品，应当有真实、完整的购销记录。购销记录应当注明药品的通用名称、剂型、规格、产品批号、有效期、上市许可持有人、生产企业、购销单位、购销数量、购销价格、购销日期及国务院药品监督管理部门规定的其他内容。

第五十八条 药品经营企业零售药品应当准确无误，并正确说明用法、用量和注意事项；调配处方应当经过核对，对处方所列药品不得擅自更改或者代用。对有配伍禁忌或者超剂量的处方，应当拒绝调配；必要时，经处方医师更正或者重新签字，方可调配。

药品经营企业销售中药材，应当标明产地。

依法经过资格认定的药师或者其他药学技术人员负责本企业的药品管理、处方审核和调配、合理用药指导等工作。

第五十九条 药品经营企业应当制定和执行药品保管制度，采取必要的冷藏、防冻、防潮、防虫、防鼠等措施，保证药品质量。

药品入库和出库应当执行检查制度。

第六十条 城乡集市贸易市场可以出售中药材，国务院另有规定的除外。

第六十一条 药品上市许可持有人、药品经营企业通过网络销售药品，应当遵守本法药品经营的有关规定。具体管理办法由国务院药品监督管理部门会同国务院卫生健康主管部门等部门制定。

疫苗、血液制品、麻醉药品、精神药品、医疗用毒性药品、放射性药品、药品类易制毒化学品等国家实行特殊管理的药品不得在网络上销售。

第六十二条 药品网络交易第三方平台提供者应当按照国务院药品监督管理部门的规定，向所在地省、自治区、直辖市人民政府药品监督管理部门备案。

第三方平台提供者应当依法对申请进入平台经营的药品上市许可持有人、药品经营企业的资质等进行审核，保证其符合法定要求，并对发生在平台的药品经营行为进行管理。

第三方平台提供者发现进入平台经营的药品上市许可持有人、药品经营企业有违反本法规定行为的，应当及时制止并立即报告所在地县级人民政府药品监督管理部门；发现严重违法行为的，应当立即停止提供网络交易平台服务。

第六十三条 新发现和从境外引种的药材，经国务院药品监督管理部门批准后，方可销售。

第六十四条 药品应当从允许药品进口的口岸进口，并由进口药品的企业向口岸所在地药品监督管理部门备案。海关凭药品监督管理部门出具的进口药品通关单办理通关手续。无进口药品通关单的，海关不得放行。

口岸所在地药品监督管理部门应当通知药品检验机构按照国务院药品监督管理部门的规定对进口药品进行抽查检验。

允许药品进口的口岸由国务院药品监督管理部门会同海关总署提出，报国务院批准。

第六十五条 医疗机构因临床急需进口少量药品的，经国务院药品监督管理部门或者国务院授权的省、自治区、直辖市人民政府批准，可以进口。进口的药品应当在指定医疗机构内用于特定医疗目的。

个人自用携带入境少量药品，按照国家有关规定办理。

第六十六条 进口、出口麻醉药品和国家规定范围内的精神药品，应当持有国务院药品监督管理部门颁发的进口准许证、出口准许证。

第六十七条 禁止进口疗效不确切、不良反应大或者因其他原因危害人体健康的药品。

第六十八条 国务院药品监督管理部门对下列药品在销售前或者进口时，应当指定药品检验机构进行检验；未经检验或者检验不合格的，不得销售或者进口：

（一）首次在中国境内销售的药品；

（二）国务院药品监督管理部门规定的生物制品；

（三）国务院规定的其他药品。

第六章　医疗机构药事管理

第六十九条 医疗机构应当配备依法经过资格认定的药师或者其他药学技术人员，负责本单位的药品管理、处方审核和调配、合理用药指导等工作。非药学技术人员不得直接从事药剂技术工作。

第七十条 医疗机构购进药品，应当建立并执行进货检查验收制度，验明药品合格证明和其他标识；不符合规定要求的，不得购进和使用。

第七十一条 医疗机构应当有与所使用药品相适应的场所、设备、仓储设施和卫生环境，制定和执行药品保管制度，采取必要的冷藏、防冻、防潮、防虫、防鼠等措施，保证药品质量。

第七十二条 医疗机构应当坚持安全有效、经济合理的用药原则，遵循药品临床应用指导原则、临床诊疗指南和药品说明书等合理用药，对医师处方、用药医嘱的适宜性进行审核。

医疗机构以外的其他药品使用单位，应当遵守本法有关医疗机构使用药品的规定。

第七十三条 依法经过资格认定的药师或者其他药学技术人员调配处方，应当进行核对，对处方所列药品不得擅自更改或者代用。对有配伍禁忌或者超剂量的处方，应当拒绝调配；必要时，经处方医师更正或者重新签字，方可调配。

第七十四条 医疗机构配制制剂，应当经所在地省、自治区、直辖市人民政府药品监督管理部门批准，取得医疗机构制剂许可证。无医疗机构制剂许可证的，不得配制制剂。

医疗机构制剂许可证应当标明有效期，到期重新审查发证。

第七十五条 医疗机构配制制剂，应当有能够保证制剂质量的设施、管理制度、检验仪器和卫生环境。

医疗机构配制制剂，应当按照经核准的工艺进行，所需的原料、辅料和包装材料等应当符合药用要求。

第七十六条 医疗机构配制的制剂，应当是本单位临床需要而市场上没有供应的品种，并应当经所在地省、自治区、直辖市人民政府药品监督管理部门批准；但是，法律对配制中药制剂另有规定的除外。

医疗机构配制的制剂应当按照规定进行质量检验；合格的，凭医师处方在本单位使用。经国务院药品监督管理部门或者省、自治区、直辖市人民政府药品监督管理部门批准，医疗机构配制的制剂可以在指定的医疗机构之间调剂使用。

医疗机构配制的制剂不得在市场上销售。

第七章　药品上市后管理

第七十七条　药品上市许可持有人应当制定药品上市后风险管理计划，主动开展药品上市后研究，对药品的安全性、有效性和质量可控性进行进一步确证，加强对已上市药品的持续管理。

第七十八条　对附条件批准的药品，药品上市许可持有人应当采取相应风险管理措施，并在规定期限内按照要求完成相关研究；逾期未按照要求完成研究或者不能证明其获益大于风险的，国务院药品监督管理部门应当依法处理，直至注销药品注册证书。

第七十九条　对药品生产过程中的变更，按照其对药品安全性、有效性和质量可控性的风险和产生影响的程度，实行分类管理。属于重大变更的，应当经国务院药品监督管理部门批准，其他变更应当按照国务院药品监督管理部门的规定备案或者报告。

药品上市许可持有人应当按照国务院药品监督管理部门的规定，全面评估、验证变更事项对药品安全性、有效性和质量可控性的影响。

第八十条　药品上市许可持有人应当开展药品上市后不良反应监测，主动收集、跟踪分析疑似药品不良反应信息，对已识别风险的药品及时采取风险控制措施。

第八十一条　药品上市许可持有人、药品生产企业、药品经营企业和医疗机构应当经常考察本单位所生产、经营、使用的药品质量、疗效和不良反应。发现疑似不良反应的，应当及时向药品监督管理部门和卫生健康主管部门报告。具体办法由国务院药品监督管理部门会同国务院卫生健康主管部门制定。

对已确认发生严重不良反应的药品，由国务院药品监督管理部门或者省、自治区、直辖市人民政府药品监督管理部门根据实际情况采取停止生产、销售、使用等紧急控制措施，并应当在五日内组织鉴定，自鉴定结论作出之日起十五日内依法作出行政处理决定。

第八十二条 药品存在质量问题或者其他安全隐患的，药品上市许可持有人应当立即停止销售，告知相关药品经营企业和医疗机构停止销售和使用，召回已销售的药品，及时公开召回信息，必要时应当立即停止生产，并将药品召回和处理情况向省、自治区、直辖市人民政府药品监督管理部门和卫生健康主管部门报告。药品生产企业、药品经营企业和医疗机构应当配合。

药品上市许可持有人依法应当召回药品而未召回的，省、自治区、直辖市人民政府药品监督管理部门应当责令其召回。

第八十三条 药品上市许可持有人应当对已上市药品的安全性、有效性和质量可控性定期开展上市后评价。必要时，国务院药品监督管理部门可以责令药品上市许可持有人开展上市后评价或者直接组织开展上市后评价。

经评价，对疗效不确切、不良反应大或者因其他原因危害人体健康的药品，应当注销药品注册证书。

已被注销药品注册证书的药品，不得生产或者进口、销售和使用。

已被注销药品注册证书、超过有效期等的药品，应当由药品监督管理部门监督销毁或者依法采取其他无害化处理等措施。

第八章 药品价格和广告

第八十四条 国家完善药品采购管理制度，对药品价格进行监测，开展成本价格调查，加强药品价格监督检查，依法查处价格垄断、哄抬价格等药品价格违法行为，维护药品价格秩序。

第八十五条 依法实行市场调节价的药品，药品上市许可持有人、药品生产企业、药品经营企业和医疗机构应当按照公平、合理和诚实信用、质价相符的原则制定价格，为用药者提供价格合理的药品。

药品上市许可持有人、药品生产企业、药品经营企业和医疗机构应当遵守国务院药品价格主管部门关于药品价格管理的规定，制定和标明药品零售价格，禁止暴利、价格垄断和价格欺诈等行为。

第八十六条 药品上市许可持有人、药品生产企业、药品经营企业和医疗机构应当依法向药品价格主管部门提供其药品的实际购销价格和购销数量等资料。

第八十七条 医疗机构应当向患者提供所用药品的价格清单，按照规定如实公布其常用药品的价格，加强合理用药管理。具体办法由国务院卫生健康主管部门制定。

第八十八条 禁止药品上市许可持有人、药品生产企业、药品经营企业和医疗机构在药品购销中给予、收受回扣或者其他不正当利益。

禁止药品上市许可持有人、药品生产企业、药品经营企业或者代理人以任何名义给予使用其药品的医疗机构的负责人、药品采购人员、医师、药师等有关人员财物或者其他不正当利益。禁止医疗机构的负责人、药品采购人员、医师、药师等有关人员以任何名义收受药品上市许可持有人、药品生产企业、药品经营企业或者代理人给予的财物或者其他不正当利益。

第八十九条 药品广告应当经广告主所在地省、自治区、直辖市人民政府确定的广告审查机关批准；未经批准的，不得发布。

第九十条 药品广告的内容应当真实、合法，以国务院药品监督管理部门核准的药品说明书为准，不得含有虚假的内容。

药品广告不得含有表示功效、安全性的断言或者保证；不得利用国家机关、科研单位、学术机构、行业协会或者专家、学者、医师、药师、患者等的名义或者形象作推荐、证明。

非药品广告不得有涉及药品的宣传。

第九十一条 药品价格和广告，本法未作规定的，适用《中华人民共和国价格法》、《中华人民共和国反垄断法》、《中华人民共和国反不正当竞争法》、《中华人民共和国广告法》等的规定。

第九章　药品储备和供应

第九十二条 国家实行药品储备制度，建立中央和地方两级药品储备。

发生重大灾情、疫情或者其他突发事件时，依照《中华人民共和国突发事件应对法》的规定，可以紧急调用药品。

第九十三条 国家实行基本药物制度，遴选适当数量的基本药物品种，加强组织生产和储备，提高基本药物的供给能力，满足疾病防治基本用药需求。

第九十四条 国家建立药品供求监测体系，及时收集和汇总分析短缺药品供求信息，对短缺药品实行预警，采取应对措施。

第九十五条 国家实行短缺药品清单管理制度。具体办法由国务院卫生健康主管部门会同国务院药品监督管理部门等部门制定。

药品上市许可持有人停止生产短缺药品的，应当按照规定向国务院药品监督管理部门或者省、自治区、直辖市人民政府药品监督管理部门报告。

第九十六条 国家鼓励短缺药品的研制和生产，对临床急需的短缺药品、防治重大传染病和罕见病等疾病的新药予以优先审评审批。

第九十七条 对短缺药品，国务院可以限制或者禁止出口。必要时，国务院有关部门可以采取组织生产、价格干预和扩大进口等措施，保障药品供应。

药品上市许可持有人、药品生产企业、药品经营企业应当按照规定保障药品的生产和供应。

第十章　监督管理

第九十八条 禁止生产（包括配制，下同）、销售、使用假药、劣药。

有下列情形之一的，为假药：

（一）药品所含成份与国家药品标准规定的成份不符；

（二）以非药品冒充药品或者以他种药品冒充此种药品；

（三）变质的药品；

（四）药品所标明的适应症或者功能主治超出规定范围。

有下列情形之一的，为劣药：

（一）药品成份的含量不符合国家药品标准；

（二）被污染的药品；

（三）未标明或者更改有效期的药品；

（四）未注明或者更改产品批号的药品；

（五）超过有效期的药品；

（六）擅自添加防腐剂、辅料的药品；

（七）其他不符合药品标准的药品。

禁止未取得药品批准证明文件生产、进口药品；禁止使用未按照规定审评、审批的原料药、包装材料和容器生产药品。

第九十九条 药品监督管理部门应当依照法律、法规的规定对药品研制、生产、经营和药品使用单位使用药品等活动进行监督检查，必要时可以对为药品研制、生产、经营、使用提供产品或者服务的单位和个人进行延伸检查，有关单位和个人应当予以配合，不得拒绝和隐瞒。

药品监督管理部门应当对高风险的药品实施重点监督检查。

对有证据证明可能存在安全隐患的，药品监督管理部门根据监督检查情况，应当采取告诫、约谈、限期整改以及暂停生产、销售、使用、进口等措施，并及时公布检查处理结果。

药品监督管理部门进行监督检查时，应当出示证明文件，对监督检查中知悉的商业秘密应当保密。

第一百条 药品监督管理部门根据监督管理的需要，可以对药品质量进行抽查检验。抽查检验应当按照规定抽样，并不得收取任何费用；抽样应当购买样品。所需费用按照国务院规定列支。

对有证据证明可能危害人体健康的药品及其有关材料，药品监督管理部门可以查封、扣押，并在七日内作出行政处理决定；药品需要检验的，应当自检验报告书发出之日起十五日内作出行政处理决定。

第一百零一条 国务院和省、自治区、直辖市人民政府的药品监督管理部门应当定期公告药品质量抽查检验结果；公告不当的，应当在原公告范围内予以更正。

第一百零二条 当事人对药品检验结果有异议的，可以自收到药品检验结果之日起七日内向原药品检验机构或者上一级药品监督管理部门设置或者指定的药品检验机构申请复验，也可以直接向国务院药品监督管理部门设置或者指定的药品检验机构申请复验。受理复验的药品检验机构应当在国务院药品监督管理部门规定的时间内作出复验结论。

第一百零三条 药品监督管理部门应当对药品上市许可持有人、药品生产企业、药品经营企业和药物非临床安全性评价研究机构、药物临床试验机构等遵守药品生产质量管理规范、药品经营质量管理规范、药物非临床研究质量管理规范、药物临床试验质量管理规范等情况进行检查，监督其持续符合法定要求。

第一百零四条 国家建立职业化、专业化药品检查员队伍。检查员应当熟悉药品法律法规，具备药品专业知识。

第一百零五条 药品监督管理部门建立药品上市许可持有人、药品生产企业、药品经营企业、药物非临床安全性评价研究机构、药物临床试验机构和医疗机构药品安全信用档案，记录许可颁发、日常监督检查结果、违法行为查处等情况，依法向社会公布并及时更新；对有不良信用记录的，增加监督检查频次，并可以按照国家规定实施联合惩戒。

第一百零六条 药品监督管理部门应当公布本部门的电子邮件地址、电话，接受咨询、投诉、举报，并依法及时答复、核实、处理。对查证属实的举报，按照有关规定给予举报人奖励。

药品监督管理部门应当对举报人的信息予以保密，保护举报人的合法权益。举报人举报所在单位的，该单位不得以解除、变更劳动合同或者其他方式对举报人进行打击报复。

第一百零七条 国家实行药品安全信息统一公布制度。国家药品安全总体情况、药品安全风险警示信息、重大药品安全事件及其调查处理信息和国务院确定需要统一公布的其他信息由国务院药品监督管理部门统一公布。药品安全风险警示信息和重大药品安全事件及其调查处理信息的影响限于特定区域的，也可以由有关省、自治区、直辖市人民政府药品监督管理部门公布。未经授权不得发布上述信息。

公布药品安全信息，应当及时、准确、全面，并进行必要的说明，避免误导。

任何单位和个人不得编造、散布虚假药品安全信息。

第一百零八条 县级以上人民政府应当制定药品安全事件应急预案。药品上市许可持有人、药品生产企业、药品经营企业和医疗机构等应当制定本单位的药品安全事件处置方案，并组织开展培训和应急演练。

发生药品安全事件，县级以上人民政府应当按照应急预案立即组织开展应对工作；有关单位应当立即采取有效措施进行处置，防止危害扩大。

第一百零九条 药品监督管理部门未及时发现药品安全系统性风险，未及时消除监督管理区域内药品安全隐患的，本级人民政府或者上级人民政府药品监督管理部门应当对其主要负责人进行约谈。

地方人民政府未履行药品安全职责，未及时消除区域性重大药品安全隐患的，上级人民政府或者上级人民政府药品监督管理部门应当对其主要负责人进行约谈。

被约谈的部门和地方人民政府应当立即采取措施，对药品监督管理工作进行整改。

约谈情况和整改情况应当纳入有关部门和地方人民政府药品监督管理工作评议、考核记录。

第一百一十条 地方人民政府及其药品监督管理部门不得以要求实施药品检验、审批等手段限制或者排斥非本地区药品上市许可持有人、药品生产企业生产的药品进入本地区。

第一百一十一条 药品监督管理部门及其设置或者指定的药品专业技术机构不得参与药品生产经营活动，不得以其名义推荐或者监制、监销药品。

药品监督管理部门及其设置或者指定的药品专业技术机构的工作人员不得参与药品生产经营活动。

第一百一十二条 国务院对麻醉药品、精神药品、医疗用毒性药品、放射性药品、药品类易制毒化学品等有其他特殊管理规定的，依照其规定。

第一百一十三条 药品监督管理部门发现药品违法行为涉嫌犯罪的，应当及时将案件移送公安机关。

对依法不需要追究刑事责任或者免予刑事处罚，但应当追究行政责任的，公安机关、人民检察院、人民法院应当及时将案件移送药品监督管理部门。

公安机关、人民检察院、人民法院商请药品监督管理部门、生态环境主管部门等部门提供检验结论、认定意见以及对涉案药品进行无害化处理等协助的，有关部门应当及时提供，予以协助。

第十一章 法律责任

第一百一十四条 违反本法规定，构成犯罪的，依法追究刑事责任。

第一百一十五条 未取得药品生产许可证、药品经营许可证或者医疗机构制剂许可证生产、销售药品的，责令关闭，没收违法生产、销售的药品和违法所得，并处违法生产、销售的药品（包括已售出和未售出的药品，下同）货值金额十五倍以上三十倍以下的罚款；货值金额不足十万元的，按十万元计算。

第一百一十六条 生产、销售假药的，没收违法生产、销售的药品和违法所得，责令停产停业整顿，吊销药品批准证明文件，并处违法生产、销售的药品货值金额十五倍以上三十倍以下的罚款；货值金额不足十万元的，按十万元计算；情节严重的，吊销药品生产许可证、药品经营许可证或者医疗机构制剂许可证，十年内不受理其相应申请；药品上市许可持有人为境外企业的，十年内禁止其药品进口。

第一百一十七条 生产、销售劣药的，没收违法生产、销售的药品和违法所得，并处违法生产、销售的药品货值金额十倍以上二十倍以下的罚款；违法生产、批发的药品货值金额不足十万元的，按十万元计算，违法零售的药品货值金额不足一万元的，按一万元计算；情节严重的，责令停产停业整顿直至吊销药品批准证明文件、药品生产许可证、药品经营许可证或者医疗机构制剂许可证。

生产、销售的中药饮片不符合药品标准，尚不影响安全性、有效性的，责令限期改正，给予警告；可以处十万元以上五十万元以下的罚款。

第一百一十八条 生产、销售假药，或者生产、销售劣药且情节严重的，对法定代表人、主要负责人、直接负责的主管人员和其他责任人员，没收违法行为发生期间自本单位所获收入，并处所获收入百分之三十以上三倍以下的罚款，终身禁止从事药品生产经营活动，并可以由公安机关处五日以上十五日以下的拘留。

对生产者专门用于生产假药、劣药的原料、辅料、包装材料、生产设备予以没收。

第一百一十九条 药品使用单位使用假药、劣药的，按照销售假药、零售劣药的规定处罚；情节严重的，法定代表人、主要负责人、直接负责的主管人员和其他责任人员有医疗卫生人员执业证书的，还应当吊销执业证书。

第一百二十条 知道或者应当知道属于假药、劣药或者本法第一百二十四条第一款第一项至第五项规定的药品，而为其提供储存、运输等便利条件的，没收全部储存、运输收入，并处违法收入一倍以上五倍以下的罚款；情节严重的，并处违法收入五倍以上十五倍以下的罚款；违法收入不足五万元的，按五万元计算。

第一百二十一条 对假药、劣药的处罚决定，应当依法载明药品检验机构的质量检验结论。

第一百二十二条 伪造、变造、出租、出借、非法买卖许可证或者药品批准证明文件的，没收违法所得，并处违法所得一倍以上五倍以下的罚款；情节严重的，并处违法所得五倍以上十五倍以下的罚款，吊销药品生产许可证、药品经营许可证、医疗机构制剂许可证或者药品批准证明文件，对法定代表人、主要负责人、直接负责的主管人员和其他责任人员，处二万元以上二十万元以下的罚款，十年内禁止从事药品生产经营活动，并可以由公安机关处五日以上十五日以下的拘留；违法所得不足十万元的，按十万元计算。

第一百二十三条 提供虚假的证明、数据、资料、样品或者采取其他手段骗取临床试验许可、药品生产许可、药品经营许可、医疗机构制剂许可或者药品注册等许可的，撤销相关许可，十年内不受理其相应申请，并处五十万元以上五百万元以下的罚款；情节严重的，对法定代表人、主要负责人、直接负责的主管人员和其他责任人员，处二万元以上二十万元以下的罚款，十年内禁止从事药品生产经营活动，并可以由公安机关处五日以上十五日以下的拘留。

第一百二十四条 违反本法规定，有下列行为之一的，没收违法生产、进口、销售的药品和违法所得以及专门用于违法生产的原料、辅料、包装材料和生产设备，责令停产停业整顿，并处违法生产、进口、销售的药品货值金额十五倍以上三十倍以下的罚款；货值金额不足十万元的，按十万元计算；情节严重的，吊销药品批准证明文件直至吊销药品生产许可证、药品经营许可证或者医疗机构制剂许可证，对法定代表人、主要负责人、直接负责的主管人员和其他责任人员，没收违法行为发生期间自本单位所获收入，并处所获收入百分之三十以上三倍以下的罚款，十年直至终身禁止从事药品生产经营活动，并可以由公安机关处五日以上十五日以下的拘留：

（一）未取得药品批准证明文件生产、进口药品；

（二）使用采取欺骗手段取得的药品批准证明文件生产、进口药品；

（三）使用未经审评审批的原料药生产药品；

（四）应当检验而未经检验即销售药品；

（五）生产、销售国务院药品监督管理部门禁止使用的药品；

（六）编造生产、检验记录；

（七）未经批准在药品生产过程中进行重大变更。

销售前款第一项至第三项规定的药品，或者药品使用单位使用前款第一项至第五项规定的药品的，依照前款规定处罚；情节严重的，药品使用单位的法定代表人、主要负责人、直接负责的主管人员和其他责任人员有医疗卫生人员执业证书的，还应当吊销执业证书。

未经批准进口少量境外已合法上市的药品，情节较轻的，可以依法减轻或者免予处罚。

第一百二十五条 违反本法规定，有下列行为之一的，没收违法生产、销售的药品和违法所得以及包装材料、容器，责令停产停业整顿，并处五十万元以上五百万元以下的罚款；情节严重的，吊销药品批准证明文件、药品生产许可证、药品经营许可证，对法定代表人、主要负责人、直接负责的主管人员和其他责任人员处二万元以上二十万元以下的罚款，十年直至终身禁止从事药品生产经营活动：

（一）未经批准开展药物临床试验；

（二）使用未经审评的直接接触药品的包装材料或者容器生产药品，或者销售该类药品；

（三）使用未经核准的标签、说明书。

第一百二十六条 除本法另有规定的情形外，药品上市许可持有人、药品生产企业、药品经营企业、药物非临床安全性评价研究机构、药物临床试验机构等未遵守药品生产质量管理规范、药品经营质量管理规范、药物非临床研究质量管理规范、药物临床试验质量管理规范等的，责令限期改正，给予警告；逾期不改正的，处十万元以上五十万元以下的罚款；情节严重的，处五十万元以上二百万元以下的罚款，责令停产停业整顿直至吊销药品批准证明文件、药品生产许可证、药品经营许可证等，药物非临床安全性评价研究机构、药物临床试验机构等五年内不得开展药物非临床安全性评价研究、药物临床试验，对法定代表人、主要负责人、直接负责的主管人员和其他责任人员，没收违法行为发生期间自本单位所获收入，并处所获收入百分之十以上百分之五十以下的罚款，十年直至终身禁止从事药品生产经营等活动。

第一百二十七条 违反本法规定，有下列行为之一的，责令限期改正，给予警告；逾期不改正的，处十万元以上五十万元以下的罚款：

（一）开展生物等效性试验未备案；

（二）药物临床试验期间，发现存在安全性问题或者其他风险，临床试验申办者未及时调整临床试验方案、暂停或者终止临床试验，或者未向国务院药品监督管理部门报告；

（三）未按照规定建立并实施药品追溯制度；

（四）未按照规定提交年度报告；

（五）未按照规定对药品生产过程中的变更进行备案或者报告；

（六）未制定药品上市后风险管理计划；

（七）未按照规定开展药品上市后研究或者上市后评价。

第一百二十八条 除依法应当按照假药、劣药处罚的外，药品包装未按照规定印有、贴有标签或者附有说明书，标签、说明书未按照规定注明相关信息或者印有规定标志的，责令改正，给予警告；情节严重的，吊销药品注册证书。

第一百二十九条 违反本法规定，药品上市许可持有人、药品生产企业、药品经营企业或者医疗机构未从药品上市许可持有人或者具有药品生产、经营资格的企业购进药品的，责令改正，没收违法购进的药品和违法所得，并处违法购进药品货值金额二倍以上十倍以下的罚款；情节严重的，并处货值金额十倍以上三十倍以下的罚款，吊销药品批准证明文件、药品生产许可证、药品经营许可证或者医疗机构执业许可证；货值金额不足五万元的，按五万元计算。

第一百三十条 违反本法规定，药品经营企业购销药品未按照规定进行记录，零售药品未正确说明用法、用量等事项，或者未按照规定调配处方的，责令改正，给予警告；情节严重的，吊销药品经营许可证。

第一百三十一条 违反本法规定，药品网络交易第三方平台提供者未履行资质审核、报告、停止提供网络交易平台服务等义务的，责令改正，没收违法所得，并处二十万元以上二百万元以下的罚款；情节严重的，责令停业整顿，并处二百万元以上五百万元以下的罚款。

第一百三十二条 进口已获得药品注册证书的药品，未按照规定向允许药品进口的口岸所在地药品监督管理部门备案的，责令限期改正，给予警告；逾期不改正的，吊销药品注册证书。

第一百三十三条 违反本法规定，医疗机构将其配制的制剂在市场上销售的，责令改正，没收违法销售的制剂和违法所得，并处违法销售制剂货值金额二倍以上五倍以下的罚款；情节严重的，并处货值金额五倍以上十五倍以下的罚款；货值金额不足五万元的，按五万元计算。

第一百三十四条 药品上市许可持有人未按照规定开展药品不良反应监测或者报告疑似药品不良反应的，责令限期改正，给予警告；逾期不改正的，责令停产停业整顿，并处十万元以上一百万元以下的罚款。

药品经营企业未按照规定报告疑似药品不良反应的，责令限期改正，给予警告；逾期不改正的，责令停产停业整顿，并处五万元以上五十万元以下的罚款。

医疗机构未按照规定报告疑似药品不良反应的，责令限期改正，给予警告；逾期不改正的，处五万元以上五十万元以下的罚款。

第一百三十五条 药品上市许可持有人在省、自治区、直辖市人民政府药品监督管理部门责令其召回后，拒不召回的，处应召回药品货值金额五倍以上十倍以下的罚款；货值金额不足十万元的，按十万元计算；情节严重的，吊销药品批准证明文件、药品生产许可证、药品经营许可证，对法定代表人、主要负责人、直接负责的主管人员和其他责任人员，处二万元以上二十万元以下的罚款。药品生产企业、药品经营企业、医疗机构拒不配合召回的，处十万元以上五十万元以下的罚款。

第一百三十六条 药品上市许可持有人为境外企业的，其指定的在中国境内的企业法人未依照本法规定履行相关义务的，适用本法有关药品上市许可持有人法律责任的规定。

第一百三十七条 有下列行为之一的，在本法规定的处罚幅度内从重处罚：

（一）以麻醉药品、精神药品、医疗用毒性药品、放射性药品、药品类易制毒化学品冒充其他药品，或者以其他药品冒充上述药品；

（二）生产、销售以孕产妇、儿童为主要使用对象的假药、劣药；

（三）生产、销售的生物制品属于假药、劣药；

（四）生产、销售假药、劣药，造成人身伤害后果；

（五）生产、销售假药、劣药，经处理后再犯；

（六）拒绝、逃避监督检查，伪造、销毁、隐匿有关证据材料，或者擅自动用查封、扣押物品。

第一百三十八条 药品检验机构出具虚假检验报告的，责令改正，给予警告，对单位并处二十万元以上一百万元以下的罚款；对直接负责的主管人员和其他直接责任人员依法给予降级、撤职、开除处分，没收违法所得，并处五万元以下的罚款；情节严重的，撤销其检验资格。药品检验机构出具的检验结果不实，造成损失的，应当承担相应的赔偿责任。

第一百三十九条 本法第一百一十五条至第一百三十八条规定的行政处罚，由县级以上人民政府药品监督管理部门按照职责分工决定；撤销许可、吊销许可证件的，由原批准、发证的部门决定。

第一百四十条 药品上市许可持有人、药品生产企业、药品经营企业或者医疗机构违反本法规定聘用人员的，由药品监督管理部门或者卫生健康主管部门责令解聘，处五万元以上二十万元以下的罚款。

第一百四十一条 药品上市许可持有人、药品生产企业、药品经营企业或者医疗机构在药品购销中给予、收受回扣或者其他不正当利益的，药品上市许可持有人、药品生产企业、药品经营企业或者代理人给予使用其药品的医疗机构的负责人、药品采购人员、医师、药师等有关人员财物或者其他不正当利益的，由市场监督管理部门没收违法所得，并处三十万元以上三百万元以下的罚款；情节严重的，吊销药品上市许可持有人、药品生产企业、药品经营企业营业执照，并由药品监督管理部门吊销药品批准证明文件、药品生产许可证、药品经营许可证。

药品上市许可持有人、药品生产企业、药品经营企业在药品研制、生产、经营中向国家工作人员行贿的，对法定代表人、主要负责人、直接负责的主管人员和其他责任人员终身禁止从事药品生产经营活动。

第一百四十二条 药品上市许可持有人、药品生产企业、药品经营企业的负责人、采购人员等有关人员在药品购销中收受其他药品上市许可持有人、药品生产企业、药品经营企业或者代理人给予的财物或者其他不正当利益的，没收违法所得，依法给予处罚；情节严重的，五年内禁止从事药品生产经营活动。

医疗机构的负责人、药品采购人员、医师、药师等有关人员收受药品上市许可持有人、药品生产企业、药品经营企业或者代理人给予的财物或者其他不正当利益的，由卫生健康主管部门或者本单位给予处分，没收违法所得；情节严重的，还应当吊销其执业证书。

第一百四十三条 违反本法规定，编造、散布虚假药品安全信息，构成违反治安管理行为的，由公安机关依法给予治安管理处罚。

第一百四十四条 药品上市许可持有人、药品生产企业、药品经营企业或者医疗机构违反本法规定，给用药者造成损害的，依法承担赔偿责任。

因药品质量问题受到损害的，受害人可以向药品上市许可持有人、药品生产企业请求赔偿损失，也可以向药品经营企业、医疗机构请求赔偿损失。接到受害人赔偿请求的，应当实行首负责任制，先行赔付；先行赔付后，可以依法追偿。

生产假药、劣药或者明知是假药、劣药仍然销售、使用的，受害人或者其近亲属除请求赔偿损失外，还可以请求支付价款十倍或者损失三倍的赔偿金；增加赔偿的金额不足一千元的，为一千元。

第一百四十五条 药品监督管理部门或者其设置、指定的药品专业技术机构参与药品生产经营活动的，由其上级主管机关责令改正，没收违法收入；情节严重的，对直接负责的主管人员和其他直接责任人员依法给予处分。

药品监督管理部门或者其设置、指定的药品专业技术机构的工作人员参与药品生产经营活动的，依法给予处分。

第一百四十六条 药品监督管理部门或者其设置、指定的药品检验机构在药品监督检验中违法收取检验费用的，由政府有关部门责令退还，对直接负责的主管人员和其他直接责任人员依法给予处分；情节严重的，撤销其检验资格。

第一百四十七条 违反本法规定，药品监督管理部门有下列行为之一的，应当撤销相关许可，对直接负责的主管人员和其他直接责任人员依法给予处分：

（一）不符合条件而批准进行药物临床试验；

（二）对不符合条件的药品颁发药品注册证书；

（三）对不符合条件的单位颁发药品生产许可证、药品经营许可证或者医疗机构制剂许可证。

第一百四十八条 违反本法规定，县级以上地方人民政府有下列行为之一的，对直接负责的主管人员和其他直接责任人员给予记过或者记大过处分；情节严重的，给予降级、撤职或者开除处分：

（一）瞒报、谎报、缓报、漏报药品安全事件；

（二）未及时消除区域性重大药品安全隐患，造成本行政区域内发生特别重大药品安全事件，或者连续发生重大药品安全事件；

（三）履行职责不力，造成严重不良影响或者重大损失。

第一百四十九条 违反本法规定，药品监督管理等部门有下列行为之一的，对直接负责的主管人员和其他直接责任人员给予记过或者记大过处分；情节较重的，给予降级或者撤职处分；情节严重的，给予开除处分：

（一）瞒报、谎报、缓报、漏报药品安全事件；

（二）对发现的药品安全违法行为未及时查处；

（三）未及时发现药品安全系统性风险，或者未及时消除监督管理区域内药品安全隐患，造成严重影响；

（四）其他不履行药品监督管理职责，造成严重不良影响或者重大损失。

第一百五十条 药品监督管理人员滥用职权、徇私舞弊、玩忽职守的，依法给予处分。

查处假药、劣药违法行为有失职、渎职行为的，对药品监督管理部门直接负责的主管人员和其他直接责任人员依法从重给予处分。

第一百五十一条 本章规定的货值金额以违法生产、销售药品的标价计算；没有标价的，按照同类药品的市场价格计算。

第十二章　附　　则

第一百五十二条 中药材种植、采集和饲养的管理，依照有关法律、法规的规定执行。

第一百五十三条 地区性民间习用药材的管理办法，由国务院药品监督管理部门会同国务院中医药主管部门制定。

第一百五十四条 中国人民解放军和中国人民武装警察部队执行本法的具体办法，由国务院、中央军事委员会依据本法制定。

第一百五十五条 本法自2019年12月1日起施行。

中华人民共和国疫苗管理法

（2019年6月29日第十三届全国人民代表大会常务委员会第十一次会议通过　2019年6月29日中华人民共和国主席令第30号公布　自2019年12月1日起施行）

第一章　总　　则

第一条　为了加强疫苗管理，保证疫苗质量和供应，规范预防接种，促进疫苗行业发展，保障公众健康，维护公共卫生安全，制定本法。

第二条　在中华人民共和国境内从事疫苗研制、生产、流通和预防接种及其监督管理活动，适用本法。本法未作规定的，适用《中华人民共和国药品管理法》、《中华人民共和国传染病防治法》等法律、行政法规的规定。

本法所称疫苗，是指为预防、控制疾病的发生、流行，用于人体免疫接种的预防性生物制品，包括免疫规划疫苗和非免疫规划疫苗。

第三条　国家对疫苗实行最严格的管理制度，坚持安全第一、风险管理、全程管控、科学监管、社会共治。

第四条　国家坚持疫苗产品的战略性和公益性。

国家支持疫苗基础研究和应用研究，促进疫苗研制和创新，将预防、控制重大疾病的疫苗研制、生产和储备纳入国家战略。

国家制定疫苗行业发展规划和产业政策，支持疫苗产业发展和结构优化，鼓励疫苗生产规模化、集约化，不断提升疫苗生产工艺和质量水平。

第五条　疫苗上市许可持有人应当加强疫苗全生命周期质量管理，

对疫苗的安全性、有效性和质量可控性负责。

从事疫苗研制、生产、流通和预防接种活动的单位和个人，应当遵守法律、法规、规章、标准和规范，保证全过程信息真实、准确、完整和可追溯，依法承担责任，接受社会监督。

第六条 国家实行免疫规划制度。

居住在中国境内的居民，依法享有接种免疫规划疫苗的权利，履行接种免疫规划疫苗的义务。政府免费向居民提供免疫规划疫苗。

县级以上人民政府及其有关部门应当保障适龄儿童接种免疫规划疫苗。监护人应当依法保证适龄儿童按时接种免疫规划疫苗。

第七条 县级以上人民政府应当将疫苗安全工作和预防接种工作纳入本级国民经济和社会发展规划，加强疫苗监督管理能力建设，建立健全疫苗监督管理工作机制。

县级以上地方人民政府对本行政区域疫苗监督管理工作负责，统一领导、组织、协调本行政区域疫苗监督管理工作。

第八条 国务院药品监督管理部门负责全国疫苗监督管理工作。国务院卫生健康主管部门负责全国预防接种监督管理工作。国务院其他有关部门在各自职责范围内负责与疫苗有关的监督管理工作。

省、自治区、直辖市人民政府药品监督管理部门负责本行政区域疫苗监督管理工作。设区的市级、县级人民政府承担药品监督管理职责的部门（以下称药品监督管理部门）负责本行政区域疫苗监督管理工作。县级以上地方人民政府卫生健康主管部门负责本行政区域预防接种监督管理工作。县级以上地方人民政府其他有关部门在各自职责范围内负责与疫苗有关的监督管理工作。

第九条 国务院和省、自治区、直辖市人民政府建立部门协调机制，统筹协调疫苗监督管理有关工作，定期分析疫苗安全形势，加强疫苗监督管理，保障疫苗供应。

第十条 国家实行疫苗全程电子追溯制度。

国务院药品监督管理部门会同国务院卫生健康主管部门制定统一的疫苗追溯标准和规范，建立全国疫苗电子追溯协同平台，整合疫苗生产、流通和预防接种全过程追溯信息，实现疫苗可追溯。

疫苗上市许可持有人应当建立疫苗电子追溯系统，与全国疫苗电子追溯协同平台相衔接，实现生产、流通和预防接种全过程最小包装单位疫苗可追溯、可核查。

疾病预防控制机构、接种单位应当依法如实记录疫苗流通、预防接种等情况，并按照规定向全国疫苗电子追溯协同平台提供追溯信息。

第十一条 疫苗研制、生产、检验等过程中应当建立健全生物安全管理制度，严格控制生物安全风险，加强菌毒株等病原微生物的生物安全管理，保护操作人员和公众的健康，保证菌毒株等病原微生物用途合法、正当。

疫苗研制、生产、检验等使用的菌毒株和细胞株，应当明确历史、生物学特征、代次，建立详细档案，保证来源合法、清晰、可追溯；来源不明的，不得使用。

第十二条 各级人民政府及其有关部门、疾病预防控制机构、接种单位、疫苗上市许可持有人和疫苗行业协会等应当通过全国儿童预防接种日等活动定期开展疫苗安全法律、法规以及预防接种知识等的宣传教育、普及工作。

新闻媒体应当开展疫苗安全法律、法规以及预防接种知识等的公益宣传，并对疫苗违法行为进行舆论监督。有关疫苗的宣传报道应当全面、科学、客观、公正。

第十三条 疫苗行业协会应当加强行业自律，建立健全行业规范，推动行业诚信体系建设，引导和督促会员依法开展生产经营等活动。

第二章　疫苗研制和注册

第十四条 国家根据疾病流行情况、人群免疫状况等因素，制定相关研制规划，安排必要资金，支持多联多价等新型疫苗的研制。

国家组织疫苗上市许可持有人、科研单位、医疗卫生机构联合攻关，研制疾病预防、控制急需的疫苗。

第十五条 国家鼓励疫苗上市许可持有人加大研制和创新资金投入，优化生产工艺，提升质量控制水平，推动疫苗技术进步。

第十六条 开展疫苗临床试验，应当经国务院药品监督管理部门依法批准。

疫苗临床试验应当由符合国务院药品监督管理部门和国务院卫生健康主管部门规定条件的三级医疗机构或者省级以上疾病预防控制机构实施或者组织实施。

国家鼓励符合条件的医疗机构、疾病预防控制机构等依法开展疫苗临床试验。

第十七条 疫苗临床试验申办者应当制定临床试验方案，建立临床试验安全监测与评价制度，审慎选择受试者，合理设置受试者群体和年龄组，并根据风险程度采取有效措施，保护受试者合法权益。

第十八条 开展疫苗临床试验，应当取得受试者的书面知情同意；受试者为无民事行为能力人的，应当取得其监护人的书面知情同意；受试者为限制民事行为能力人的，应当取得本人及其监护人的书面知情同意。

第十九条 在中国境内上市的疫苗应当经国务院药品监督管理部门批准，取得药品注册证书；申请疫苗注册，应当提供真实、充分、可靠的数据、资料和样品。

对疾病预防、控制急需的疫苗和创新疫苗，国务院药品监督管理部门应当予以优先审评审批。

第二十条 应对重大突发公共卫生事件急需的疫苗或者国务院卫生健康主管部门认定急需的其他疫苗，经评估获益大于风险的，国务院药品监督管理部门可以附条件批准疫苗注册申请。

出现特别重大突发公共卫生事件或者其他严重威胁公众健康的紧急事件，国务院卫生健康主管部门根据传染病预防、控制需要提出紧急使用疫苗的建议，经国务院药品监督管理部门组织论证同意后可以在一定范围和期限内紧急使用。

第二十一条 国务院药品监督管理部门在批准疫苗注册申请时，对疫苗的生产工艺、质量控制标准和说明书、标签予以核准。

国务院药品监督管理部门应当在其网站上及时公布疫苗说明书、标签内容。

第三章 疫苗生产和批签发

第二十二条 国家对疫苗生产实行严格准入制度。

从事疫苗生产活动，应当经省级以上人民政府药品监督管理部门批准，取得药品生产许可证。

从事疫苗生产活动，除符合《中华人民共和国药品管理法》规定的从事药品生产活动的条件外，还应当具备下列条件：

（一）具备适度规模和足够的产能储备；

（二）具有保证生物安全的制度和设施、设备；

（三）符合疾病预防、控制需要。

疫苗上市许可持有人应当具备疫苗生产能力；超出疫苗生产能力确需委托生产的，应当经国务院药品监督管理部门批准。接受委托生产的，应当遵守本法规定和国家有关规定，保证疫苗质量。

第二十三条 疫苗上市许可持有人的法定代表人、主要负责人应当具有良好的信用记录，生产管理负责人、质量管理负责人、质量受权人等关键岗位人员应当具有相关专业背景和从业经历。

疫苗上市许可持有人应当加强对前款规定人员的培训和考核，及时将其任职和变更情况向省、自治区、直辖市人民政府药品监督管理部门报告。

第二十四条 疫苗应当按照经核准的生产工艺和质量控制标准进行生产和检验，生产全过程应当符合药品生产质量管理规范的要求。

疫苗上市许可持有人应当按照规定对疫苗生产全过程和疫苗质量进行审核、检验。

第二十五条 疫苗上市许可持有人应当建立完整的生产质量管理体系，持续加强偏差管理，采用信息化手段如实记录生产、检验过程中形成的所有数据，确保生产全过程持续符合法定要求。

第二十六条 国家实行疫苗批签发制度。

每批疫苗销售前或者进口时，应当经国务院药品监督管理部门指定的批签发机构按照相关技术要求进行审核、检验。符合要求的，发给批签发证明；不符合要求的，发给不予批签发通知书。

不予批签发的疫苗不得销售，并应当由省、自治区、直辖市人民政府药品监督管理部门监督销毁；不予批签发的进口疫苗应当由口岸所在地药品监督管理部门监督销毁或者依法进行其他处理。

国务院药品监督管理部门、批签发机构应当及时公布上市疫苗批签发结果，供公众查询。

第二十七条 申请疫苗批签发应当按照规定向批签发机构提供批生产及检验记录摘要等资料和同批号产品等样品。进口疫苗还应当提供原产地证明、批签发证明；在原产地免予批签发的，应当提供免予批签发证明。

第二十八条 预防、控制传染病疫情或者应对突发事件急需的疫苗，经国务院药品监督管理部门批准，免予批签发。

第二十九条 疫苗批签发应当逐批进行资料审核和抽样检验。疫苗批签发检验项目和检验频次应当根据疫苗质量风险评估情况进行动态调整。

对疫苗批签发申请资料或者样品的真实性有疑问，或者存在其他需要进一步核实的情况的，批签发机构应当予以核实，必要时应当采用现场抽样检验等方式组织开展现场核实。

第三十条 批签发机构在批签发过程中发现疫苗存在重大质量风险的，应当及时向国务院药品监督管理部门和省、自治区、直辖市人民政府药品监督管理部门报告。

接到报告的部门应当立即对疫苗上市许可持有人进行现场检查，根据检查结果通知批签发机构对疫苗上市许可持有人的相关产品或者所有产品不予批签发或者暂停批签发，并责令疫苗上市许可持有人整改。疫苗上市许可持有人应当立即整改，并及时将整改情况向责令其整改的部门报告。

第三十一条 对生产工艺偏差、质量差异、生产过程中的故障和事故以及采取的措施，疫苗上市许可持有人应当如实记录，并在相应批产品申请批签发的文件中载明；可能影响疫苗质量的，疫苗上市许可持有人应当立即采取措施，并向省、自治区、直辖市人民政府药品监督管理部门报告。

第四章 疫苗流通

第三十二条 国家免疫规划疫苗由国务院卫生健康主管部门会同国务院财政部门等组织集中招标或者统一谈判，形成并公布中标价格或者成交价格，各省、自治区、直辖市实行统一采购。

国家免疫规划疫苗以外的其他免疫规划疫苗、非免疫规划疫苗由各省、自治区、直辖市通过省级公共资源交易平台组织采购。

第三十三条 疫苗的价格由疫苗上市许可持有人依法自主合理制定。疫苗的价格水平、差价率、利润率应当保持在合理幅度。

第三十四条 省级疾病预防控制机构应当根据国家免疫规划和本行政区域疾病预防、控制需要，制定本行政区域免疫规划疫苗使用计划，并按照国家有关规定向组织采购疫苗的部门报告，同时报省、自治区、直辖市人民政府卫生健康主管部门备案。

第三十五条 疫苗上市许可持有人应当按照采购合同约定，向疾病预防控制机构供应疫苗。

疾病预防控制机构应当按照规定向接种单位供应疫苗。

疾病预防控制机构以外的单位和个人不得向接种单位供应疫苗，接种单位不得接收该疫苗。

第三十六条 疫苗上市许可持有人应当按照采购合同约定，向疾病预防控制机构或者疾病预防控制机构指定的接种单位配送疫苗。

疫苗上市许可持有人、疾病预防控制机构自行配送疫苗应当具备疫苗冷链储存、运输条件，也可以委托符合条件的疫苗配送单位配送疫苗。

疾病预防控制机构配送非免疫规划疫苗可以收取储存、运输费用，具体办法由国务院财政部门会同国务院价格主管部门制定，收费标准由省、自治区、直辖市人民政府价格主管部门会同财政部门制定。

第三十七条 疾病预防控制机构、接种单位、疫苗上市许可持有人、疫苗配送单位应当遵守疫苗储存、运输管理规范，保证疫苗质量。

疫苗在储存、运输全过程中应当处于规定的温度环境，冷链储存、运输应当符合要求，并定时监测、记录温度。

疫苗储存、运输管理规范由国务院药品监督管理部门、国务院卫生健康主管部门共同制定。

第三十八条 疫苗上市许可持有人在销售疫苗时，应当提供加盖其印章的批签发证明复印件或者电子文件；销售进口疫苗的，还应当提供加盖其印章的进口药品通关单复印件或者电子文件。

疾病预防控制机构、接种单位在接收或者购进疫苗时，应当索取前款规定的证明文件，并保存至疫苗有效期满后不少于五年备查。

第三十九条 疫苗上市许可持有人应当按照规定，建立真实、准确、完整的销售记录，并保存至疫苗有效期满后不少于五年备查。

疾病预防控制机构、接种单位、疫苗配送单位应当按照规定，建立真实、准确、完整的接收、购进、储存、配送、供应记录，并保存至疫苗有效期满后不少于五年备查。

疾病预防控制机构、接种单位接收或者购进疫苗时，应当索取本次运输、储存全过程温度监测记录，并保存至疫苗有效期满后不少于五年备查；对不能提供本次运输、储存全过程温度监测记录或者温度控制不符合要求的，不得接收或者购进，并应当立即向县级以上地方人民政府药品监督管理部门、卫生健康主管部门报告。

第四十条 疾病预防控制机构、接种单位应当建立疫苗定期检查制度，对存在包装无法识别、储存温度不符合要求、超过有效期等问题的疫苗，采取隔离存放、设置警示标志等措施，并按照国务院药品监督管理部门、卫生健康主管部门、生态环境主管部门的规定处置。疾病预防控制机构、接种单位应当如实记录处置情况，处置记录应当保存至疫苗有效期满后不少于五年备查。

第五章 预防接种

第四十一条 国务院卫生健康主管部门制定国家免疫规划；国家免疫规划疫苗种类由国务院卫生健康主管部门会同国务院财政部门拟订，报国务院批准后公布。

国务院卫生健康主管部门建立国家免疫规划专家咨询委员会，并会同国务院财政部门建立国家免疫规划疫苗种类动态调整机制。

省、自治区、直辖市人民政府在执行国家免疫规划时，可以根据本行政区域疾病预防、控制需要，增加免疫规划疫苗种类，报国务院卫生健康主管部门备案并公布。

第四十二条 国务院卫生健康主管部门应当制定、公布预防接种工作规范，强化预防接种规范化管理。

国务院卫生健康主管部门应当制定、公布国家免疫规划疫苗的免疫程序和非免疫规划疫苗的使用指导原则。

省、自治区、直辖市人民政府卫生健康主管部门应当结合本行政区域实际情况制定接种方案，并报国务院卫生健康主管部门备案。

第四十三条 各级疾病预防控制机构应当按照各自职责，开展与预防接种相关的宣传、培训、技术指导、监测、评价、流行病学调查、应急处置等工作。

第四十四条 接种单位应当具备下列条件：

（一）取得医疗机构执业许可证；

（二）具有经过县级人民政府卫生健康主管部门组织的预防接种专业培训并考核合格的医师、护士或者乡村医生；

（三）具有符合疫苗储存、运输管理规范的冷藏设施、设备和冷藏保管制度。

县级以上地方人民政府卫生健康主管部门指定符合条件的医疗机构承担责任区域内免疫规划疫苗接种工作。符合条件的医疗机构可以承担非免疫规划疫苗接种工作，并应当报颁发其医疗机构执业许可证的卫生健康主管部门备案。

接种单位应当加强内部管理，开展预防接种工作应当遵守预防接种工作规范、免疫程序、疫苗使用指导原则和接种方案。

各级疾病预防控制机构应当加强对接种单位预防接种工作的技术指导和疫苗使用的管理。

第四十五条 医疗卫生人员实施接种，应当告知受种者或者其监护人所接种疫苗的品种、作用、禁忌、不良反应以及现场留观等注意事项，询问受种者的健康状况以及是否有接种禁忌等情况，并如实记录告知和询问情况。受种者或者其监护人应当如实提供受种者的健康状况和接种禁忌等情况。有接种禁忌不能接种的，医疗卫生人员应当向受种者或者其监护人提出医学建议，并如实记录提出医学建议情况。

医疗卫生人员在实施接种前，应当按照预防接种工作规范的要求，检查受种者健康状况、核查接种禁忌，查对预防接种证，检查疫苗、注射器的外观、批号、有效期，核对受种者的姓名、年龄和疫苗的品名、规格、剂量、接种部位、接种途径，做到受种者、预防接种证和疫苗信息相一致，确认无误后方可实施接种。

医疗卫生人员应当对符合接种条件的受种者实施接种。受种者在现场留观期间出现不良反应的，医疗卫生人员应当按照预防接种工作规范的要求，及时采取救治等措施。

第四十六条 医疗卫生人员应当按照国务院卫生健康主管部门的规定，真实、准确、完整记录疫苗的品种、上市许可持有人、最小包装单位的识别信息、有效期、接种时间、实施接种的医疗卫生人员、受种者等接种信息，确保接种信息可追溯、可查询。接种记录应当保存至疫苗有效期满后不少于五年备查。

第四十七条　国家对儿童实行预防接种证制度。在儿童出生后一个月内，其监护人应当到儿童居住地承担预防接种工作的接种单位或者出生医院为其办理预防接种证。接种单位或者出生医院不得拒绝办理。监护人应当妥善保管预防接种证。

预防接种实行居住地管理，儿童离开原居住地期间，由现居住地承担预防接种工作的接种单位负责对其实施接种。

预防接种证的格式由国务院卫生健康主管部门规定。

第四十八条　儿童入托、入学时，托幼机构、学校应当查验预防接种证，发现未按照规定接种免疫规划疫苗的，应当向儿童居住地或者托幼机构、学校所在地承担预防接种工作的接种单位报告，并配合接种单位督促其监护人按照规定补种。疾病预防控制机构应当为托幼机构、学校查验预防接种证等提供技术指导。

儿童入托、入学预防接种证查验办法由国务院卫生健康主管部门会同国务院教育行政部门制定。

第四十九条　接种单位接种免疫规划疫苗不得收取任何费用。

接种单位接种非免疫规划疫苗，除收取疫苗费用外，还可以收取接种服务费。接种服务费的收费标准由省、自治区、直辖市人民政府价格主管部门会同财政部门制定。

第五十条　县级以上地方人民政府卫生健康主管部门根据传染病监测和预警信息，为预防、控制传染病暴发、流行，报经本级人民政府决定，并报省级以上人民政府卫生健康主管部门备案，可以在本行政区域进行群体性预防接种。

需要在全国范围或者跨省、自治区、直辖市范围内进行群体性预防接种的，应当由国务院卫生健康主管部门决定。

作出群体性预防接种决定的县级以上地方人民政府或者国务院卫生健康主管部门应当组织有关部门做好人员培训、宣传教育、物资调用等工作。

任何单位和个人不得擅自进行群体性预防接种。

第五十一条　传染病暴发、流行时，县级以上地方人民政府或者其卫生健康主管部门需要采取应急接种措施的，依照法律、行政法规的规定执行。

第六章　异常反应监测和处理

第五十二条　预防接种异常反应，是指合格的疫苗在实施规范接种过程中或者实施规范接种后造成受种者机体组织器官、功能损害，相关各方均无过错的药品不良反应。

下列情形不属于预防接种异常反应：

（一）因疫苗本身特性引起的接种后一般反应；

（二）因疫苗质量问题给受种者造成的损害；

（三）因接种单位违反预防接种工作规范、免疫程序、疫苗使用指导原则、接种方案给受种者造成的损害；

（四）受种者在接种时正处于某种疾病的潜伏期或者前驱期，接种后偶合发病；

（五）受种者有疫苗说明书规定的接种禁忌，在接种前受种者或者其监护人未如实提供受种者的健康状况和接种禁忌等情况，接种后受种者原有疾病急性复发或者病情加重；

（六）因心理因素发生的个体或者群体的心因性反应。

第五十三条　国家加强预防接种异常反应监测。预防接种异常反应监测方案由国务院卫生健康主管部门会同国务院药品监督管理部门制定。

第五十四条　接种单位、医疗机构等发现疑似预防接种异常反应的，应当按照规定向疾病预防控制机构报告。

疫苗上市许可持有人应当设立专门机构，配备专职人员，主动收集、跟踪分析疑似预防接种异常反应，及时采取风险控制措施，将疑似预防接种异常反应向疾病预防控制机构报告，将质量分析报告提交省、自治区、直辖市人民政府药品监督管理部门。

第五十五条　对疑似预防接种异常反应，疾病预防控制机构应当按照规定及时报告，组织调查、诊断，并将调查、诊断结论告知受种者或者其监护人。对调查、诊断结论有争议的，可以根据国务院卫生健康主管部门制定的鉴定办法申请鉴定。

因预防接种导致受种者死亡、严重残疾，或者群体性疑似预防接种异常反应等对社会有重大影响的疑似预防接种异常反应，由设区的市级以上人民政府卫生健康主管部门、药品监督管理部门按照各自职责组织调查、处理。

第五十六条　国家实行预防接种异常反应补偿制度。实施接种过程中或者实施接种后出现受种者死亡、严重残疾、器官组织损伤等损害，属于预防接种异常反应或者不能排除的，应当给予补偿。补偿范围实行目录管理，并根据实际情况进行动态调整。

接种免疫规划疫苗所需的补偿费用，由省、自治区、直辖市人民政府财政部门在预防接种经费中安排；接种非免疫规划疫苗所需的补偿费用，由相关疫苗上市许可持有人承担。国家鼓励通过商业保险等多种形式对预防接种异常反应受种者予以补偿。

预防接种异常反应补偿应当及时、便民、合理。预防接种异常反应补偿范围、标准、程序由国务院规定，省、自治区、直辖市制定具体实施办法。

第七章　疫苗上市后管理

第五十七条　疫苗上市许可持有人应当建立健全疫苗全生命周期质量管理体系，制定并实施疫苗上市后风险管理计划，开展疫苗上市后研究，对疫苗的安全性、有效性和质量可控性进行进一步确证。

对批准疫苗注册申请时提出进一步研究要求的疫苗，疫苗上市许可持有人应当在规定期限内完成研究；逾期未完成研究或者不能证明其获益大于风险的，国务院药品监督管理部门应当依法处理，直至注销该疫苗的药品注册证书。

第五十八条　疫苗上市许可持有人应当对疫苗进行质量跟踪分析，持续提升质量控制标准，改进生产工艺，提高生产工艺稳定性。

生产工艺、生产场地、关键设备等发生变更的，应当进行评估、验证，按照国务院药品监督管理部门有关变更管理的规定备案或者报告；变更可能影响疫苗安全性、有效性和质量可控性的，应当经国务院药品监督管理部门批准。

第五十九条 疫苗上市许可持有人应当根据疫苗上市后研究、预防接种异常反应等情况持续更新说明书、标签，并按照规定申请核准或者备案。

国务院药品监督管理部门应当在其网站上及时公布更新后的疫苗说明书、标签内容。

第六十条 疫苗上市许可持有人应当建立疫苗质量回顾分析和风险报告制度，每年将疫苗生产流通、上市后研究、风险管理等情况按照规定如实向国务院药品监督管理部门报告。

第六十一条 国务院药品监督管理部门可以根据实际情况，责令疫苗上市许可持有人开展上市后评价或者直接组织开展上市后评价。

对预防接种异常反应严重或者其他原因危害人体健康的疫苗，国务院药品监督管理部门应当注销该疫苗的药品注册证书。

第六十二条 国务院药品监督管理部门可以根据疾病预防、控制需要和疫苗行业发展情况，组织对疫苗品种开展上市后评价，发现该疫苗品种的产品设计、生产工艺、安全性、有效性或者质量可控性明显劣于预防、控制同种疾病的其他疫苗品种的，应当注销该品种所有疫苗的药品注册证书并废止相应的国家药品标准。

第八章 保障措施

第六十三条 县级以上人民政府应当将疫苗安全工作、购买免疫规划疫苗和预防接种工作以及信息化建设等所需经费纳入本级政府预算，保证免疫规划制度的实施。

县级人民政府按照国家有关规定对从事预防接种工作的乡村医生和其他基层医疗卫生人员给予补助。

国家根据需要对经济欠发达地区的预防接种工作给予支持。省、自治区、直辖市人民政府和设区的市级人民政府应当对经济欠发达地区的县级人民政府开展与预防接种相关的工作给予必要的经费补助。

第六十四条 省、自治区、直辖市人民政府根据本行政区域传染病流行趋势，在国务院卫生健康主管部门确定的传染病预防、控制项目范围内，确定本行政区域与预防接种相关的项目，并保证项目的实施。

第六十五条 国务院卫生健康主管部门根据各省、自治区、直辖市国家免疫规划疫苗使用计划，向疫苗上市许可持有人提供国家免疫规划疫苗需求信息，疫苗上市许可持有人根据疫苗需求信息合理安排生产。

疫苗存在供应短缺风险时，国务院卫生健康主管部门、国务院药品监督管理部门提出建议，国务院工业和信息化主管部门、国务院财政部门应当采取有效措施，保障疫苗生产、供应。

疫苗上市许可持有人应当依法组织生产，保障疫苗供应；疫苗上市许可持有人停止疫苗生产的，应当及时向国务院药品监督管理部门或者省、自治区、直辖市人民政府药品监督管理部门报告。

第六十六条 国家将疫苗纳入战略物资储备，实行中央和省级两级储备。

国务院工业和信息化主管部门、财政部门会同国务院卫生健康主管部门、公安部门、市场监督管理部门和药品监督管理部门，根据疾病预防、控制和公共卫生应急准备的需要，加强储备疫苗的产能、产品管理，建立动态调整机制。

第六十七条 各级财政安排用于预防接种的经费应当专款专用，任何单位和个人不得挪用、挤占。

有关单位和个人使用预防接种的经费应当依法接受审计机关的审计监督。

第六十八条 国家实行疫苗责任强制保险制度。

疫苗上市许可持有人应当按照规定投保疫苗责任强制保险。因疫苗质量问题造成受种者损害的，保险公司在承保的责任限额内予以赔付。

疫苗责任强制保险制度的具体实施办法，由国务院药品监督管理部门会同国务院卫生健康主管部门、保险监督管理机构等制定。

第六十九条 传染病暴发、流行时，相关疫苗上市许可持有人应当及时生产和供应预防、控制传染病的疫苗。交通运输单位应当优先运输预防、控制传染病的疫苗。县级以上人民政府及其有关部门应当做好组织、协调、保障工作。

第九章 监督管理

第七十条 药品监督管理部门、卫生健康主管部门按照各自职责对疫苗研制、生产、流通和预防接种全过程进行监督管理，监督疫苗上市许可持有人、疾病预防控制机构、接种单位等依法履行义务。

药品监督管理部门依法对疫苗研制、生产、储存、运输以及预防接种中的疫苗质量进行监督检查。卫生健康主管部门依法对免疫规划制度的实施、预防接种活动进行监督检查。

药品监督管理部门应当加强对疫苗上市许可持有人的现场检查；必要时，可以对为疫苗研制、生产、流通等活动提供产品或者服务的单位和个人进行延伸检查；有关单位和个人应当予以配合，不得拒绝和隐瞒。

第七十一条 国家建设中央和省级两级职业化、专业化药品检查员队伍，加强对疫苗的监督检查。

省、自治区、直辖市人民政府药品监督管理部门选派检查员入驻疫苗上市许可持有人。检查员负责监督检查药品生产质量管理规范执行情况，收集疫苗质量风险和违法违规线索，向省、自治区、直辖市人民政府药品监督管理部门报告情况并提出建议，对派驻期间的行为负责。

第七十二条 疫苗质量管理存在安全隐患，疫苗上市许可持有人等未及时采取措施消除的，药品监督管理部门可以采取责任约谈、限期整改等措施。

严重违反药品相关质量管理规范的，药品监督管理部门应当责令暂停疫苗生产、销售、配送，立即整改；整改完成后，经药品监督管理部门检查符合要求的，方可恢复生产、销售、配送。

药品监督管理部门应当建立疫苗上市许可持有人及其相关人员信用记录制度，纳入全国信用信息共享平台，按照规定公示其严重失信信息，实施联合惩戒。

第七十三条 疫苗存在或者疑似存在质量问题的，疫苗上市许可持有人、疾病预防控制机构、接种单位应当立即停止销售、配送、使用，必要时立即停止生产，按照规定向县级以上人民政府药品监督管理部门、卫生健康主管部门报告。卫生健康主管部门应当立即组织疾病预防控制机构和接种单位采取必要的应急处置措施，同时向上级人民政府卫生健康主管部门报告。药品监督管理部门应当依法采取查封、扣押等措施。对已经销售的疫苗，疫苗上市许可持有人应当及时通知相关疾病预防控制机构、疫苗配送单位、接种单位，按照规定召回，如实记录召回和通知情况，疾病预防控制机构、疫苗配送单位、接种单位应当予以配合。

未依照前款规定停止生产、销售、配送、使用或者召回疫苗的，县级以上人民政府药品监督管理部门、卫生健康主管部门应当按照各自职责责令停止生产、销售、配送、使用或者召回疫苗。

疫苗上市许可持有人、疾病预防控制机构、接种单位发现存在或者疑似存在质量问题的疫苗，不得瞒报、谎报、缓报、漏报，不得隐匿、伪造、毁灭有关证据。

第七十四条 疫苗上市许可持有人应当建立信息公开制度，按照规定在其网站上及时公开疫苗产品信息、说明书和标签、药品相关质量管理规范执行情况、批签发情况、召回情况、接受检查和处罚情况以及投保疫苗责任强制保险情况等信息。

第七十五条 国务院药品监督管理部门会同国务院卫生健康主管部门等建立疫苗质量、预防接种等信息共享机制。

省级以上人民政府药品监督管理部门、卫生健康主管部门等应当按照科学、客观、及时、公开的原则，组织疫苗上市许可持有人、疾病预防控制机构、接种单位、新闻媒体、科研单位等，就疫苗质量和预防接种等信息进行交流沟通。

第七十六条 国家实行疫苗安全信息统一公布制度。

疫苗安全风险警示信息、重大疫苗安全事故及其调查处理信息和国务院确定需要统一公布的其他疫苗安全信息，由国务院药品监督管理部门会同有关部门公布。全国预防接种异常反应报告情况，由国务院卫生健康主管部门会同国务院药品监督管理部门统一公布。未经授权不得发布上述信息。公布重大疫苗安全信息，应当及时、准确、全面，并按照规定进行科学评估，作出必要的解释说明。

县级以上人民政府药品监督管理部门发现可能误导公众和社会舆论的疫苗安全信息，应当立即会同卫生健康主管部门及其他有关部门、专业机构、相关疫苗上市许可持有人等进行核实、分析，并及时公布结果。

任何单位和个人不得编造、散布虚假疫苗安全信息。

第七十七条 任何单位和个人有权依法了解疫苗信息，对疫苗监督管理工作提出意见、建议。

任何单位和个人有权向卫生健康主管部门、药品监督管理部门等部门举报疫苗违法行为，对卫生健康主管部门、药品监督管理部门等部门及其工作人员未依法履行监督管理职责的情况有权向本级或者上级人民政府及其有关部门、监察机关举报。有关部门、机关应当及时核实、处理；对查证属实的举报，按照规定给予举报人奖励；举报人举报所在单位严重违法行为，查证属实的，给予重奖。

第七十八条 县级以上人民政府应当制定疫苗安全事件应急预案，对疫苗安全事件分级、处置组织指挥体系与职责、预防预警机制、处置程序、应急保障措施等作出规定。

疫苗上市许可持有人应当制定疫苗安全事件处置方案，定期检查各项防范措施的落实情况，及时消除安全隐患。

发生疫苗安全事件，疫苗上市许可持有人应当立即向国务院药品监督管理部门或者省、自治区、直辖市人民政府药品监督管理部门报告；疾病预防控制机构、接种单位、医疗机构应当立即向县级以上人民政府卫生健康主管部门、药品监督管理部门报告。药品监督管理部门应当会同卫生健康主管部门按照应急预案的规定，成立疫苗安全事件处置指挥机构，开展医疗救治、风险控制、调查处理、信息发布、解释说明等工作，做好补种等善后处置工作。因质量问题造成的疫苗安全事件的补种费用由疫苗上市许可持有人承担。

有关单位和个人不得瞒报、谎报、缓报、漏报疫苗安全事件，不得隐匿、伪造、毁灭有关证据。

第十章　法律责任

第七十九条　违反本法规定，构成犯罪的，依法从重追究刑事责任。

第八十条　生产、销售的疫苗属于假药的，由省级以上人民政府药品监督管理部门没收违法所得和违法生产、销售的疫苗以及专门用于违法生产疫苗的原料、辅料、包装材料、设备等物品，责令停产停业整顿，吊销药品注册证书，直至吊销药品生产许可证等，并处违法生产、销售疫苗货值金额十五倍以上五十倍以下的罚款，货值金额不足五十万元的，按五十万元计算。

生产、销售的疫苗属于劣药的，由省级以上人民政府药品监督管理部门没收违法所得和违法生产、销售的疫苗以及专门用于违法生产疫苗的原料、辅料、包装材料、设备等物品，责令停产停业整顿，并处违法生产、销售疫苗货值金额十倍以上三十倍以下的罚款，货值金额不足五十万元的，按五十万元计算；情节严重的，吊销药品注册证书，直至吊销药品生产许可证等。

生产、销售的疫苗属于假药，或者生产、销售的疫苗属于劣药且情节严重的，由省级以上人民政府药品监督管理部门对法定代表人、主要负责人、直接负责的主管人员和关键岗位人员以及其他责任人员，没收违法行为发生期间自本单位所获收入，并处所获收入一倍以上十倍以下的罚款，终身禁止从事药品生产经营活动，由公安机关处五日以上十五日以下拘留。

第八十一条 有下列情形之一的，由省级以上人民政府药品监督管理部门没收违法所得和违法生产、销售的疫苗以及专门用于违法生产疫苗的原料、辅料、包装材料、设备等物品，责令停产停业整顿，并处违法生产、销售疫苗货值金额十五倍以上五十倍以下的罚款，货值金额不足五十万元的，按五十万元计算；情节严重的，吊销药品相关批准证明文件，直至吊销药品生产许可证等，对法定代表人、主要负责人、直接负责的主管人员和关键岗位人员以及其他责任人员，没收违法行为发生期间自本单位所获收入，并处所获收入百分之五十以上十倍以下的罚款，十年内直至终身禁止从事药品生产经营活动，由公安机关处五日以上十五日以下拘留：

（一）申请疫苗临床试验、注册、批签发提供虚假数据、资料、样品或者有其他欺骗行为；

（二）编造生产、检验记录或者更改产品批号；

（三）疾病预防控制机构以外的单位或者个人向接种单位供应疫苗；

（四）委托生产疫苗未经批准；

（五）生产工艺、生产场地、关键设备等发生变更按照规定应当经批准而未经批准；

（六）更新疫苗说明书、标签按照规定应当经核准而未经核准。

第八十二条 除本法另有规定的情形外，疫苗上市许可持有人或者其他单位违反药品相关质量管理规范的，由县级以上人民政府药品监督管理部门责令改正，给予警告；拒不改正的，处二十万元以上五十万元以下的罚款；情节严重的，处五十万元以上三百万元以下的罚款，责令停产停业整顿，直至吊销药品相关批准证明文件、药品生产许可证等，对法定代表人、主要负责人、直接负责的主管人员和关键岗位人员以及其他责任人员，没收违法行为发生期间自本单位所获收入，并处所获收入百分之五十以上五倍以下的罚款，十年内直至终身禁止从事药品生产经营活动。

第八十三条 违反本法规定，疫苗上市许可持有人有下列情形之一的，由省级以上人民政府药品监督管理部门责令改正，给予警告；拒不改正的，处二十万元以上五十万元以下的罚款；情节严重的，责令停产停业整顿，并处五十万元以上二百万元以下的罚款：

（一）未按照规定建立疫苗电子追溯系统；

（二）法定代表人、主要负责人和生产管理负责人、质量管理负责人、质量受权人等关键岗位人员不符合规定条件或者未按照规定对其进行培训、考核；

（三）未按照规定报告或者备案；

（四）未按照规定开展上市后研究，或者未按照规定设立机构、配备人员主动收集、跟踪分析疑似预防接种异常反应；

（五）未按照规定投保疫苗责任强制保险；

（六）未按照规定建立信息公开制度。

第八十四条 违反本法规定，批签发机构有下列情形之一的，由国务院药品监督管理部门责令改正，给予警告，对主要负责人、直接负责的主管人员和其他直接责任人员依法给予警告直至降级处分：

（一）未按照规定进行审核和检验；

（二）未及时公布上市疫苗批签发结果；

（三）未按照规定进行核实；

（四）发现疫苗存在重大质量风险未按照规定报告。

违反本法规定，批签发机构未按照规定发给批签发证明或者不予批签发通知书的，由国务院药品监督管理部门责令改正，给予警告，对主要负责人、直接负责的主管人员和其他直接责任人员依法给予降级或者撤职处分；情节严重的，对主要负责人、直接负责的主管人员和其他直接责任人员依法给予开除处分。

第八十五条 疾病预防控制机构、接种单位、疫苗上市许可持有人、疫苗配送单位违反疫苗储存、运输管理规范有关冷链储存、运输要求的，由县级以上人民政府药品监督管理部门责令改正，给予警告，对违法储存、运输的疫苗予以销毁，没收违法所得；拒不改正的，对接种单位、疫苗上市许可持有人、疫苗配送单位处二十万元以上一百万元以下的罚款；情节严重的，对接种单位、疫苗上市许可持有人、疫苗配送单位处违法储存、运输疫苗货值金额十倍以上三十倍以下的罚款，货值金额不足十万元的，按十万元计算，责令疫苗上市许可持有人、疫苗配送单位停产停业整顿，直至吊销药品相关批准证明文件、药品生产许可证等，对疫苗上市许可持有人、疫苗配送单位的法定代表人、主要负责人、直接负责的主管人员和关键岗位人员以及其他责任人员依照本法第八十二条规定给予处罚。

疾病预防控制机构、接种单位有前款规定违法行为的，由县级以上人民政府卫生健康主管部门对主要负责人、直接负责的主管人员和其他直接责任人员依法给予警告直至撤职处分，责令负有责任的医疗卫生人员暂停一年以上十八个月以下执业活动；造成严重后果的，对主要负责人、直接负责的主管人员和其他直接责任人员依法给予开除处分，并可以吊销接种单位的接种资格，由原发证部门吊销负有责任的医疗卫生人员的执业证书。

第八十六条 疾病预防控制机构、接种单位、疫苗上市许可持有人、疫苗配送单位有本法第八十五条规定以外的违反疫苗储存、运输管理规范行为的，由县级以上人民政府药品监督管理部门责令改正，给予警告，没收违法所得；拒不改正的，对接种单位、疫苗上市许可持有人、疫苗配送单位处十万元以上三十万元以下的罚款；情节严重的，对接种单位、疫苗上市许可持有人、疫苗配送单位处违法储存、运输疫苗货值金额三倍以上十倍以下的罚款，货值金额不足十万元的，按十万元计算。

疾病预防控制机构、接种单位有前款规定违法行为的，县级以上人民政府卫生健康主管部门可以对主要负责人、直接负责的主管人员和其他直接责任人员依法给予警告直至撤职处分，责令负有责任的医疗卫生人员暂停六个月以上一年以下执业活动；造成严重后果的，对主要负责人、直接负责的主管人员和其他直接责任人员依法给予开除处分，由原发证部门吊销负有责任的医疗卫生人员的执业证书。

第八十七条 违反本法规定，疾病预防控制机构、接种单位有下列情形之一的，由县级以上人民政府卫生健康主管部门责令改正，给予警告，没收违法所得；情节严重的，对主要负责人、直接负责的主管人员和其他直接责任人员依法给予警告直至撤职处分，责令负有责任的医疗卫生人员暂停一年以上十八个月以下执业活动；造成严重后果的，对主要负责人、直接负责的主管人员和其他直接责任人员依法给予开除处分，由原发证部门吊销负有责任的医疗卫生人员的执业证书：

（一）未按照规定供应、接收、采购疫苗；

（二）接种疫苗未遵守预防接种工作规范、免疫程序、疫苗使用指导原则、接种方案；

（三）擅自进行群体性预防接种。

第八十八条 违反本法规定，疾病预防控制机构、接种单位有下列情形之一的，由县级以上人民政府卫生健康主管部门责令改正，给予警告；情节严重的，对主要负责人、直接负责的主管人员和其他直接责任人员依法给予警告直至撤职处分，责令负有责任的医疗卫生人员暂停六个月以上一年以下执业活动；造成严重后果的，对主要负责人、直接负责的主管人员和其他直接责任人员依法给予开除处分，由原发证部门吊销负有责任的医疗卫生人员的执业证书：

（一）未按照规定提供追溯信息；

（二）接收或者购进疫苗时未按照规定索取并保存相关证明文件、温度监测记录；

（三）未按照规定建立并保存疫苗接收、购进、储存、配送、供应、接种、处置记录；

（四）未按照规定告知、询问受种者或者其监护人有关情况。

第八十九条 疾病预防控制机构、接种单位、医疗机构未按照规定报告疑似预防接种异常反应、疫苗安全事件等，或者未按照规定对疑似预防接种异常反应组织调查、诊断等的，由县级以上人民政府卫生健康主管部门责令改正，给予警告；情节严重的，对接种单位、医疗机构处五万元以上五十万元以下的罚款，对疾病预防控制机构、接种单位、医疗机构的主要负责人、直接负责的主管人员和其他直接责任人员依法给予警告直至撤职处分；造成严重后果的，对主要负责人、直接负责的主管人员和其他直接责任人员依法给予开除处分，由原发证部门吊销负有责任的医疗卫生人员的执业证书。

第九十条 疾病预防控制机构、接种单位违反本法规定收取费用的，由县级以上人民政府卫生健康主管部门监督其将违法收取的费用退还给原缴费的单位或者个人，并由县级以上人民政府市场监督管理部门依法给予处罚。

第九十一条 违反本法规定，未经县级以上地方人民政府卫生健康主管部门指定擅自从事免疫规划疫苗接种工作、从事非免疫规划疫苗接种工作不符合条件或者未备案的，由县级以上人民政府卫生健康主管部门责令改正，给予警告，没收违法所得和违法持有的疫苗，责令停业整顿，并处十万元以上一百万元以下的罚款，对主要负责人、直接负责的主管人员和其他直接责任人员依法给予处分。

违反本法规定，疾病预防控制机构、接种单位以外的单位或者个人擅自进行群体性预防接种的，由县级以上人民政府卫生健康主管部门责令改正，没收违法所得和违法持有的疫苗，并处违法持有的疫苗货值金额十倍以上三十倍以下的罚款，货值金额不足五万元的，按五万元计算。

第九十二条 监护人未依法保证适龄儿童按时接种免疫规划疫苗的，由县级人民政府卫生健康主管部门批评教育，责令改正。

托幼机构、学校在儿童入托、入学时未按照规定查验预防接种证，或者发现未按照规定接种的儿童后未向接种单位报告的，由县级以上地方人民政府教育行政部门责令改正，给予警告，对主要负责人、直接负责的主管人员和其他直接责任人员依法给予处分。

第九十三条 编造、散布虚假疫苗安全信息，或者在接种单位寻衅滋事，构成违反治安管理行为的，由公安机关依法给予治安管理处罚。

报纸、期刊、广播、电视、互联网站等传播媒介编造、散布虚假疫苗安全信息的，由有关部门依法给予处罚，对主要负责人、直接负责的主管人员和其他直接责任人员依法给予处分。

第九十四条 县级以上地方人民政府在疫苗监督管理工作中有下列情形之一的，对直接负责的主管人员和其他直接责任人员依法给予降级或者撤职处分；情节严重的，依法给予开除处分；造成严重后果的，其主要负责人应当引咎辞职：

（一）履行职责不力，造成严重不良影响或者重大损失；

（二）瞒报、谎报、缓报、漏报疫苗安全事件；

（三）干扰、阻碍对疫苗违法行为或者疫苗安全事件的调查；

（四）本行政区域发生特别重大疫苗安全事故，或者连续发生重大疫苗安全事故。

第九十五条 药品监督管理部门、卫生健康主管部门等部门在疫苗监督管理工作中有下列情形之一的，对直接负责的主管人员和其他直接责任人员依法给予降级或者撤职处分；情节严重的，依法给予开除处分；造成严重后果的，其主要负责人应当引咎辞职：

（一）未履行监督检查职责，或者发现违法行为不及时查处；

（二）擅自进行群体性预防接种；

（三）瞒报、谎报、缓报、漏报疫苗安全事件；

（四）干扰、阻碍对疫苗违法行为或者疫苗安全事件的调查；

（五）泄露举报人的信息；

（六）接到疑似预防接种异常反应相关报告，未按照规定组织调查、处理；

（七）其他未履行疫苗监督管理职责的行为，造成严重不良影响或者重大损失。

第九十六条 因疫苗质量问题造成受种者损害的，疫苗上市许可持有人应当依法承担赔偿责任。

疾病预防控制机构、接种单位因违反预防接种工作规范、免疫程序、疫苗使用指导原则、接种方案，造成受种者损害的，应当依法承担赔偿责任。

第十一章 附 则

第九十七条 本法下列用语的含义是：

免疫规划疫苗，是指居民应当按照政府的规定接种的疫苗，包括国家免疫规划确定的疫苗，省、自治区、直辖市人民政府在执行国家免疫规划时增加的疫苗，以及县级以上人民政府或者其卫生健康主管部门组织的应急接种或者群体性预防接种所使用的疫苗。

非免疫规划疫苗，是指由居民自愿接种的其他疫苗。

疫苗上市许可持有人，是指依法取得疫苗药品注册证书和药品生产许可证的企业。

第九十八条 国家鼓励疫苗生产企业按照国际采购要求生产、出口疫苗。

出口的疫苗应当符合进口国（地区）的标准或者合同要求。

第九十九条 出入境预防接种及所需疫苗的采购，由国境卫生检疫机关商国务院财政部门另行规定。

第一百条 本法自 2019 年 12 月 1 日起施行。

中华人民共和国国境卫生检疫法实施细则

（1989 年 2 月 10 日国务院批准　1989 年 3 月 6 日卫生部令第 2 号公布　根据 2010 年 4 月 24 日《国务院关于修改〈中华人民共和国国境卫生检疫法实施细则〉的决定》第一次修订　根据 2016 年 2 月 6 日《国务院关于修改部分行政法规的决定》第二次修订　根据 2019 年 3 月 2 日《国务院关于修改部分行政法规的决定》第三次修订）

第一章　一般规定

第一条　根据《中华人民共和国国境卫生检疫法》（以下称《国境卫生检疫法》）的规定，制定本细则。

第二条　《国境卫生检疫法》和本细则所称：

“查验”指国境卫生检疫机关（以下称卫生检疫机关）实施的医学检查和卫生检查。

“染疫人”指正在患检疫传染病的人，或者经卫生检疫机关初步诊断，认为已经感染检疫传染病或者已经处于检疫传染病潜伏期的人。

“染疫嫌疑人”指接触过检疫传染病的感染环境，并且可能传播检疫传染病的人。

“隔离”指将染疫人收留在指定的处所，限制其活动并进行治疗，直到消除传染病传播的危险。

“留验”指将染疫嫌疑人收留在指定的处所进行诊察和检验。

“就地诊验”指一个人在卫生检疫机关指定的期间，到就近的卫生检疫机关或者其他医疗卫生单位去接受诊察和检验；或者卫生检疫机关、其他医疗卫生单位到该人员的居留地，对其进行诊察和检验。

“运输设备”指货物集装箱。

“卫生处理”指隔离、留验和就地诊验等医学措施，以及消毒、除鼠、除虫等卫生措施。

“传染病监测”指对特定环境、人群进行流行病学、血清学、病原学、临床症状以及其他有关影响因素的调查研究，预测有关传染病的发生、发展和流行。

“卫生监督”指执行卫生法规和卫生标准所进行的卫生检查、卫生鉴定、卫生评价和采样检验。

“交通工具”指船舶、航空器、列车和其他车辆。

“国境口岸”指国际通航的港口、机场、车站、陆地边境和国界江河的关口。

第三条 卫生检疫机关在国境口岸工作的范围，是指为国境口岸服务的涉外宾馆、饭店、俱乐部，为入境、出境交通工具提供饮食、服务的单位和对入境、出境人员、交通工具、集装箱和货物实施检疫、监测、卫生监督的场所。

第四条 入境、出境的人员、交通工具和集装箱，以及可能传播检疫传染病的行李、货物、邮包等，均应当按照本细则的规定接受检疫，经卫生检疫机关许可，方准入境或者出境。

第五条 卫生检疫机关发现染疫人时，应当立即将其隔离，防止任何人遭受感染，并按照本细则第八章的规定处理。

卫生检疫机关发现染疫嫌疑人时，应当按照本细则第八章的规定处理。但对第八章规定以外的其他病种染疫嫌疑人，可以从该人员离开感染环境的时候算起，实施不超过该传染病最长潜伏期的就地诊验或者留验以及其他的卫生处理。

第六条 卫生检疫机关应当阻止染疫人、染疫嫌疑人出境，但是对来自国外并且在到达时受就地诊验的人，本人要求出境的，可以准许出境；如果乘交通工具出境，检疫医师应当将这种情况在出境检疫证上签注，同时通知交通工具负责人采取必要的预防措施。

第七条 在国境口岸以及停留在该场所的入境、出境交通工具上，所有非因意外伤害而死亡并死因不明的尸体，必须经卫生检疫机关查验，并签发尸体移运许可证后，方准移运。

第八条 来自国内疫区的交通工具，或者在国内航行中发现检疫传染病、疑似检疫传染病，或者有人非因意外伤害而死亡并死因不明的，交通工具负责人应当向到达的国境口岸卫生检疫机关报告，接受临时检疫。

第九条 在国内或者国外检疫传染病大流行的时候，国务院卫生行政部门应当立即报请国务院决定采取下列检疫措施的一部或者全部：

（一）下令封锁陆地边境、国界江河的有关区域；

（二）指定某些物品必须经过消毒、除虫，方准由国外运进或者由国内运出；

（三）禁止某些物品由国外运进或者由国内运出；

（四）指定第一入境港口、降落机场。对来自国外疫区的船舶、航空器，除因遇险或者其他特殊原因外，没有经第一入境港口、机场检疫的，不准进入其他港口和机场。

第十条 入境、出境的集装箱、货物、废旧物等物品在到达口岸的时候，承运人、代理人或者货主，必须向卫生检疫机关申报并接受卫生检疫。对来自疫区的、被传染病污染的以及可能传播检疫传染病或者发现与人类健康有关的啮齿动物和病媒昆虫的集装箱、货物、废旧物等物品，应当实施消毒、除鼠、除虫或者其他必要的卫生处理。

集装箱、货物、废旧物等物品的货主要求在其他地方实施卫生检疫、卫生处理的，卫生检疫机关可以给予方便，并按规定办理。

第十一条 入境、出境的微生物、人体组织、生物制品、血液及其制品等特殊物品的携带人、托运人或者邮递人，必须向卫生检疫机关申报并接受卫生检疫，凭卫生检疫机关签发的特殊物品审批单办理通关手续。未经卫生检疫机关许可，不准入境、出境。

第十二条 入境、出境的旅客、员工个人携带或者托运可能传播传染病的行李和物品，应当接受卫生检查。卫生检疫机关对来自疫区或者被传染病污染的各种食品、饮料、水产品等应当实施卫生处理或者销毁，并签发卫生处理证明。

第十三条 卫生检疫机关对应当实施卫生检疫的邮包进行卫生检查和必要的卫生处理时，邮政部门应予配合。未经卫生检疫机关许可，邮政部门不得运递。

第十四条 卫生检疫单、证的种类、式样和签发办法，由海关总署规定。

第二章 疫情通报

第十五条 在国境口岸以及停留在国境口岸的交通工具上，发现检疫传染病、疑似检疫传染病，或者有人非因意外伤害而死亡并死因不明时，国境口岸有关单位以及交通工具的负责人，应当立即向卫生检疫机关报告。

第十六条 卫生检疫机关发现检疫传染病、监测传染病、疑似检疫传染病时，应当向当地卫生行政部门和卫生防疫机构通报；发现检疫传染病时，还应当用最快的办法向国务院卫生行政部门报告。

当地卫生防疫机构发现检疫传染病、监测传染病时，应当向卫生检疫机关通报。

第十七条 在国内或者国外某一地区发生检疫传染病流行时，国务院卫生行政部门可以宣布该地区为疫区。

第三章 卫生检疫机关

第十八条 卫生检疫机关根据工作需要，可以设立派出机构。卫生检疫机关的设立、合并或者撤销，按照有关规定执行。

第十九条 卫生检疫机关的职责：

（一）执行《国境卫生检疫法》及其实施细则和国家有关卫生法规；

（二）收集、整理、报告国际和国境口岸传染病的发生、流行和终息情况；

（三）对国境口岸的卫生状况实施卫生监督；对入境、出境的交通工具、人员、集装箱、尸体、骸骨以及可能传播检疫传染病的行李、货物、邮包等实施检疫查验、传染病监测、卫生监督和卫生处理；

（四）对入境、出境的微生物、生物制品、人体组织、血液及其制品等特殊物品以及能传播人类传染病的动物，实施卫生检疫；

（五）对入境、出境人员进行预防接种、健康检查、医疗服务、国际旅行健康咨询和卫生宣传；

（六）签发卫生检疫证件；

（七）进行流行病学调查研究，开展科学实验；

（八）执行海关总署、国务院卫生行政部门指定的其他工作。

第二十条 国境口岸卫生监督员的职责：

（一）对国境口岸和停留在国境口岸的入境、出境交通工具进行卫生监督和卫生宣传；

（二）在消毒、除鼠、除虫等卫生处理方面进行技术指导；

（三）对造成传染病传播、啮齿动物和病媒昆虫扩散、食物中毒、食物污染等事故进行调查，并提出控制措施。

第二十一条 卫生检疫机关工作人员、国境口岸卫生监督员在执行任务时，应当穿着检疫制服，佩戴检疫标志；卫生检疫机关的交通工具在执行任务期间，应当悬挂检疫旗帜。

检疫制服、标志、旗帜的式样和使用办法由海关总署会同有关部门制定，报国务院审批。

第四章　海港检疫

第二十二条 船舶的入境检疫，必须在港口的检疫锚地或者经卫生检疫机关同意的指定地点实施。

检疫锚地由港务监督机关和卫生检疫机关会商确定，报国务院交通运输主管部门和海关总署备案。

第二十三条 船舶代理应当在受入境检疫的船舶到达以前，尽早向卫生检疫机关通知下列事项：

（一）船名、国籍、预定到达检疫锚地的日期和时间；

（二）发航港、最后寄港；

（三）船员和旅客人数；

（四）货物种类。

港务监督机关应当将船舶确定到达检疫锚地的日期和时间尽早通知卫生检疫机关。

第二十四条 受入境检疫的船舶，在航行中，发现检疫传染病、疑似检疫传染病，或者有人非因意外伤害而死亡并死因不明的，船长必须立即向实施检疫港口的卫生检疫机关报告下列事项：

（一）船名、国籍、预定到达检疫锚地的日期和时间；

（二）发航港、最后寄港；

（三）船员和旅客人数；

（四）货物种类；

（五）病名或者主要症状、患病人数、死亡人数；

（六）船上有无船医。

第二十五条 受入境检疫的船舶，必须按照下列规定悬挂检疫信号等候查验，在卫生检疫机关发给入境检疫证前，不得降下检疫信号。

昼间在明显处所悬挂国际通语信号旗：

（一）“Q”字旗表示：本船没有染疫，请发给入境检疫证；

（二）“QQ”字旗表示：本船有染疫或者染疫嫌疑，请即刻实施检疫。

夜间在明显处所垂直悬挂灯号：

（一）红灯三盏表示：本船没有染疫，请发给入境检疫证；

（二）红、红、白、红灯四盏表示：本船有染疫或者染疫嫌疑，请即刻实施检疫。

第二十六条 悬挂检疫信号的船舶，除引航员和经卫生检疫机关许可的人员外，其他人员不准上船，不准装卸行李、货物、邮包等物品，其他船舶不准靠近；船上的人员，除因船舶遇险外，未经卫生检疫机关许可，不准离船；引航员不得将船引离检疫锚地。

第二十七条 申请电讯检疫的船舶，首先向卫生检疫机关申请卫生检查，合格者发给卫生证书。该证书自签发之日起12个月内可以申请电讯检疫。

第二十八条 持有效卫生证书的船舶在入境前24小时，应当向卫生检疫机关报告下列事项：

（一）船名、国籍、预定到达检疫锚地的日期和时间；

（二）发航港、最后寄港；

（三）船员和旅客人数及健康状况；

（四）货物种类；

（五）船舶卫生证书的签发日期和编号、除鼠证书或者免予除鼠证书的签发日期和签发港，以及其他卫生证件。

经卫生检疫机关对上述报告答复同意后，即可进港。

第二十九条 对船舶的入境检疫，在日出后到日落前的时间内实施；凡具备船舶夜航条件，夜间可靠离码头和装卸作业的港口口岸，应实行24小时检疫。对来自疫区的船舶，不实行夜间检疫。

第三十条 受入境检疫船舶的船长，在检疫医师到达船上时，必须提交由船长签字或者有船医附签的航海健康申报书、船员名单、旅客名单、载货申报单，并出示除鼠证书或者免予除鼠证书。

在查验中，检疫医师有权查阅航海日志和其他有关证件；需要进一步了解船舶航行中卫生情况时，检疫医师可以向船长、船医提出询问，船长、船医必须如实回答。用书面回答时，须经船长签字和船医附签。

第三十一条 船舶实施入境查验完毕以后，对没有染疫的船舶，检疫医师应当立即签发入境检疫证；如果该船有受卫生处理或者限制的事项，应当在入境检疫证上签注，并按照签注事项办理。对染疫船舶、染疫嫌疑船舶，除通知港务监督机关外，对该船舶还应当发给卫生处理通知书，该船舶上的引航员和经卫生检疫机关许可上船的人员应当视同员工接受有关卫生处理，在卫生处理完毕以后，再发给入境检疫证。

船舶领到卫生检疫机关签发的入境检疫证后，可以降下检疫信号。

第三十二条 船舶代理应当在受出境检疫的船舶启航以前，尽早向卫生检疫机关通知下列事项：

（一）船名、国籍、预定开航的日期和时间；

（二）目的港、最初寄港；

（三）船员名单和旅客名单；

（四）货物种类。

港务监督机关应当将船舶确定开航的日期和时间尽早通知卫生检疫机关。

船舶的入境、出境检疫在同一港口实施时，如果船员、旅客没有变动，可以免报船员名单和旅客名单；有变动的，报变动船员、旅客名单。

第三十三条 受出境检疫的船舶，船长应当向卫生检疫机关出示除鼠证书或者免予除鼠证书和其他有关检疫证件。检疫医师可以向船长、船医提出有关船员、旅客健康情况和船上卫生情况的询问，船长、船医对上述询问应当如实回答。

第三十四条 对船舶实施出境检疫完毕以后，检疫医师应当按照检疫结果立即签发出境检疫证，如果因卫生处理不能按原定时间启航，应当及时通知港务监督机关。

第三十五条 对船舶实施出境检疫完毕以后，除引航员和经卫生检疫机关许可的人员外，其他人员不准上船，不准装卸行李、货物、邮包等物品。如果违反上述规定，该船舶必须重新实施出境检疫。

第五章 航空检疫

第三十六条 航空器在飞行中，不得向下投掷或者任其坠下能传播传染病的任何物品。

第三十七条 实施卫生检疫机场的航空站，应当在受入境检疫的航空器到达以前，尽早向卫生检疫机关通知下列事项：

（一）航空器的国籍、机型、号码、识别标志、预定到达时间；

（二）出发站、经停站；

（三）机组和旅客人数。

第三十八条 受入境检疫的航空器，如果在飞行中发现检疫传染病、疑似检疫传染病，或者有人非因意外伤害而死亡并死因不明时，机长应当立即通知到达机场的航空站，向卫生检疫机关报告下列事项：

（一）航空器的国籍、机型、号码、识别标志、预定到达时间；

（二）出发站、经停站；

（三）机组和旅客人数；

（四）病名或者主要症状、患病人数、死亡人数。

第三十九条 受入境检疫的航空器到达机场以后，检疫医师首先登机。机长或者其授权的代理人，必须向卫生检疫机关提交总申报单、旅客名单、货物仓单和有效的灭蚊证书，以及其他有关检疫证件；对检疫医师提出的有关航空器上卫生状况的询问，机长或者其授权的代理人应当如实回答。在检疫没有结束之前，除经卫生检疫机关许可外，任何人不得上下航空器，不准装卸行李、货物、邮包等物品。

第四十条 入境旅客必须在指定的地点，接受入境查验，同时用书面或者口头回答检疫医师提出的有关询问。在此期间，入境旅客不得离开查验场所。

第四十一条 对入境航空器查验完毕以后，根据查验结果，对没有染疫的航空器，检疫医师应当签发入境检疫证；如果该航空器有受卫生处理或者限制的事项，应当在入境检疫证上签注，由机长或者其授权的代理人负责执行；对染疫或者有染疫嫌疑的航空器，除通知航空站外，对该航空器应当发给卫生处理通知单，在规定的卫生处理完毕以后，再发给入境检疫证。

第四十二条 实施卫生检疫机场的航空站，应当在受出境检疫的航空器起飞以前，尽早向卫生检疫机关提交总申报单、货物仓单和其他有关检疫证件，并通知下列事项：

（一）航空器的国籍、机型、号码、识别标志、预定起飞时间；

（二）经停站、目的站；

（三）机组和旅客人数。

第四十三条 对出境航空器查验完毕以后，如果没有染疫，检疫医师应当签发出境检疫证或者在必要的卫生处理完毕以后，再发给出境检疫证；如果该航空器因卫生处理不能按原定时间起飞，应当及时通知航空站。

第六章 陆地边境检疫

第四十四条 实施卫生检疫的车站，应当在受入境检疫的列车到达之前，尽早向卫生检疫机关通知下列事项：

（一）列车的车次，预定到达的时间；

（二）始发站；

（三）列车编组情况。

第四十五条 受入境检疫的列车和其他车辆到达车站、关口后，检疫医师首先登车，列车长或者其他车辆负责人，应当口头或者书面向卫生检疫机关申报该列车或者其他车辆上人员的健康情况，对检疫医师提出有关卫生状况和人员健康的询问，应当如实回答。

第四十六条 受入境检疫的列车和其他车辆到达车站、关口，在实施入境检疫而未取得入境检疫证以前，未经卫生检疫机关许可，任何人不准上下列车或者其他车辆，不准装卸行李、货物、邮包等物品。

第四十七条 实施卫生检疫的车站，应当在受出境检疫列车发车以前，尽早向卫生检疫机关通知下列事项：

（一）列车的车次，预定发车的时间；

（二）终到站；

（三）列车编组情况。

第四十八条 应当受入境、出境检疫的列车和其他车辆，如果在行程中发现检疫传染病、疑似检疫传染病，或者有人非因意外伤害而死亡并死因不明的，列车或者其他车辆到达车站、关口时，列车长或者其他车辆负责人应当向卫生检疫机关报告。

第四十九条 受入境、出境检疫的列车，在查验中发现检疫传染病或者疑似检疫传染病，或者因受卫生处理不能按原定时间发车，卫生检疫机关应当及时通知车站的站长。如果列车在原停车地点不宜实施卫生处理，站长可以选择站内其他地点实施卫生处理。在处理完毕之前，未经卫生检疫机关许可，任何人不准上下列车，不准装卸行李、货物、邮包等物品。

为了保证入境直通列车的正常运输，卫生检疫机关可以派员随车实施检疫，列车长应当提供方便。

第五十条 对列车或者其他车辆实施入境、出境检疫完毕后，检疫医师应当根据检疫结果分别签发入境、出境检疫证，或者在必要的卫生处理完毕后，再分别签发入境、出境检疫证。

第五十一条 徒步入境、出境的人员，必须首先在指定的场所接受入境、出境查验，未经卫生检疫机关许可，不准离开指定的场所。

第五十二条 受入境、出境检疫的列车以及其他车辆，载有来自疫区、有染疫或者染疫嫌疑或者夹带能传播传染病的病媒昆虫和啮齿动物的货物，应当接受卫生检查和必要的卫生处理。

第七章　卫生处理

第五十三条 卫生检疫机关的工作人员在实施卫生处理时，必须注意下列事项：

（一）防止对任何人的健康造成危害；

（二）防止对交通工具的结构和设备造成损害；

（三）防止发生火灾；

（四）防止对行李、货物造成损害。

第五十四条 入境、出境的集装箱、行李、货物、邮包等物品需要卫生处理的，由卫生检疫机关实施。

入境、出境的交通工具有下列情形之一的，应当由卫生检疫机关实施消毒、除鼠、除虫或者其他卫生处理：

（一）来自检疫传染病疫区的；

（二）被检疫传染病污染的；

（三）发现有与人类健康有关的啮齿动物或者病媒昆虫，超过国家卫生标准的。

第五十五条 由国外起运经过中华人民共和国境内的货物，如果不在境内换装，除发生在流行病学上有重要意义的事件，需要实施卫生处理外，在一般情况下不实施卫生处理。

第五十六条 卫生检疫机关对入境、出境的废旧物品和曾行驶于境外港口的废旧交通工具，根据污染程度，分别实施消毒、除鼠、除虫，对污染严重的实施销毁。

第五十七条 入境、出境的尸体、骸骨托运人或者代理人应当申请卫生检疫，并出示死亡证明或者其他有关证件，对不符合卫生要求的，必须接受卫生检疫机关实施的卫生处理。经卫生检疫合格后，方准运进或者运出。

对因患检疫传染病而死亡的病人尸体，必须就近火化，不准移运。

第五十八条 卫生检疫机关对已在到达本口岸前的其他口岸实施卫生处理的交通工具不再重复实施卫生处理。但有下列情形之一的，仍需实施卫生处理：

（一）在原实施卫生处理的口岸或者该交通工具上，发生流行病学上有重要意义的事件，需要进一步实施卫生处理的；

（二）在到达本口岸前的其他口岸实施的卫生处理没有实际效果的。

第五十九条　在国境口岸或者交通工具上发现啮齿动物有反常死亡或者死因不明的，国境口岸有关单位或者交通工具的负责人，必须立即向卫生检疫机关报告，迅速查明原因，实施卫生处理。

第六十条　国际航行船舶的船长，必须每隔6个月向卫生检疫机关申请一次鼠患检查，卫生检疫机关根据检查结果实施除鼠或者免予除鼠，并且分别发给除鼠证书或者免予除鼠证书。该证书自签发之日起6个月内有效。

第六十一条　卫生检疫机关只有在下列之一情况下，经检查确认船舶无鼠害的，方可签发免予除鼠证书：

（一）空舱；

（二）舱内虽然装有压舱物品或者其他物品，但是这些物品不引诱鼠类，放置情况又不妨碍实施鼠患检查。

对油轮在实舱时进行检查，可以签发免予除鼠证书。

第六十二条　对船舶的鼠患检查或者除鼠，应当尽量在船舶空舱的时候进行。如果船舶因故不宜按期进行鼠患检查或者蒸熏除鼠，并且该船又开往便于实施鼠患检查或者蒸熏除鼠的港口，可以准许该船原有的除鼠证书或者免予除鼠证书的有效期延长1个月，并签发延长证明。

第六十三条　对国际航行的船舶，按照国家规定的标准，应当用蒸熏的方法除鼠时，如果该船的除鼠证书或者免予除鼠证书尚未失效，除该船染有鼠疫或者鼠疫嫌疑外，卫生检疫机关应当将除鼠理由通知船长。船长应当按照要求执行。

第六十四条　船舶在港口停靠期间，船长应当负责采取下列的措施：

（一）缆绳上必须使用有效的防鼠板，或者其他防鼠装置；

（二）夜间放置扶梯、桥板时，应当用强光照射；

（三）在船上发现死鼠或者捕获到鼠类时，应当向卫生检疫机关报告。

第六十五条　在国境口岸停留的国内航行的船舶如果存在鼠患，

船方应当进行除鼠。根据船方申请，也可由卫生检疫机关实施除鼠。

第六十六条 国务院卫生行政部门认为必要时，可以要求来自国外或者国外某些地区的人员在入境时，向卫生检疫机关出示有效的某种预防接种证书或者健康证明。

第六十七条 预防接种的有效期如下：

（一）黄热病疫苗自接种后第10日起，10年内有效。如果前次接种不满10年又经复种，自复种的当日起，10年内有效；

（二）其他预防接种的有效期，按照有关规定执行。

第八章 检疫传染病管理

第一节 鼠 疫

第六十八条 鼠疫的潜伏期为6日。

第六十九条 船舶、航空器在到达时，有下列情形之一的，为染有鼠疫：

（一）船舶、航空器上有鼠疫病例的；

（二）船舶、航空器上发现有感染鼠疫的啮齿动物的；

（三）船舶上曾经有人在上船6日以后患鼠疫的。

第七十条 船舶在到达时，有下列情形之一的，为染有鼠疫嫌疑：

（一）船舶上没有鼠疫病例，但曾经有人在上船后6日以内患鼠疫的；

（二）船上啮齿动物有反常死亡，并且死因不明的。

第七十一条 对染有鼠疫的船舶、航空器应当实施下列卫生处理：

（一）对染疫人实施隔离；

（二）对染疫嫌疑人实施除虫，并且从到达时算起，实施不超过6日的就地诊验或者留验。在此期间，船上的船员除因工作需要并且经卫生检疫机关许可外，不准上岸；

（三）对染疫人、染疫嫌疑人的行李、使用过的其他物品和卫生检疫机关认为有污染嫌疑的物品，实施除虫，必要时实施消毒；

（四）对染疫人占用过的部位和卫生检疫机关认为有污染嫌疑的部位，实施除虫，必要时实施消毒；

（五）船舶、航空器上有感染鼠疫的啮齿动物，卫生检疫机关必须实施除鼠。如果船舶上发现只有未感染鼠疫的啮齿动物，卫生检疫机关也可以实施除鼠。实施除鼠可以在隔离的情况下进行。对船舶的除鼠应当在卸货以前进行；

（六）卸货应当在卫生检疫机关的监督下进行，并且防止卸货的工作人员遭受感染，必要时，对卸货的工作人员从卸货完毕时算起，实施不超过6日的就地诊验或者留验。

第七十二条 对染有鼠疫嫌疑的船舶，应当实施本细则第七十一条第（二）至第（六）项规定的卫生处理。

第七十三条 对没有染疫的船舶、航空器，如果来自鼠疫疫区，卫生检疫机关认为必要时，可以实施下列卫生处理：

（一）对离船、离航空器的染疫嫌疑人，从船舶、航空器离开疫区的时候算起，实施不超过6日的就地诊验或者留验；

（二）在特殊情况下，对船舶、航空器实施除鼠。

第七十四条 对到达的时候载有鼠疫病例的列车和其他车辆，应当实施下列卫生处理：

（一）本细则第七十一条第（一）、第（三）、第（四）、第（六）项规定的卫生处理；

（二）对染疫嫌疑人实施除虫，并且从到达时算起，实施不超过6日的就地诊验或者留验；

（三）必要时，对列车和其他车辆实施除鼠。

第二节 霍　乱

第七十五条 霍乱潜伏期为5日。

第七十六条 船舶在到达的时候载有霍乱病例，或者在到达前5

日以内，船上曾经有霍乱病例发生，为染有霍乱。

船舶在航行中曾经有霍乱病例发生，但是在到达前 5 日以内，没有发生新病例，为染有霍乱嫌疑。

第七十七条 航空器在到达的时候载有霍乱病例，为染有霍乱。

航空器在航行中曾经有霍乱病例发生，但在到达以前该病员已经离去，为染有霍乱嫌疑。

第七十八条 对染有霍乱的船舶、航空器，应当实施下列卫生处理：

（一）对染疫人实施隔离；

（二）对离船、离航空器的员工、旅客，从卫生处理完毕时算起，实施不超过 5 日的就地诊验或者留验；从船舶到达时算起 5 日内，船上的船员除因工作需要，并且经卫生检疫机关许可外，不准上岸；

（三）对染疫人、染疫嫌疑人的行李，使用过的其他物品和有污染嫌疑的物品、食品实施消毒；

（四）对染疫人占用的部位，污染嫌疑部位，实施消毒；

（五）对污染或者有污染嫌疑的饮用水，应当实施消毒后排放，并在储水容器消毒后再换清洁饮用水；

（六）人的排泄物、垃圾、废水、废物和装自霍乱疫区的压舱水，未经消毒，不准排放和移下；

（七）卸货必须在卫生检疫机关监督下进行，并且防止工作人员遭受感染，必要时，对卸货工作人员从卸货完毕时算起，实施不超过 5 日的就地诊验或者留验。

第七十九条 对染有霍乱嫌疑的船舶、航空器应当实施下列卫生处理：

（一）本细则第七十八条第（二）至第（七）项规定的卫生处理；

（二）对离船、离航空器的员工、旅客从到达时算起，实施不超过 5 日的就地诊验或者留验。在此期间，船上的船员除因工作需要，并经卫生检疫机关许可外，不准离开口岸区域；或者对离船、离航空器的员工、旅客，从离开疫区时算起，实施不超过5日的就地诊验或者留验。

第八十条 对没有染疫的船舶、航空器，如果来自霍乱疫区，卫生检疫机关认为必要时，可以实施下列卫生处理：

（一）本细则第七十八条第（五）、第（六）项规定的卫生处理；

（二）对离船、离航空器的员工、旅客，从离开疫区时算起，实施不超过5日的就地诊验或者留验。

第八十一条 对到达时载有霍乱病例的列车和其他车辆应当实施下列卫生处理：

（一）按本细则第七十八条第（一）、第（三）、第（四）、第（五）、第（七）项规定的卫生处理；

（二）对染疫嫌疑人从到达时算起，实施不超过5日的就地诊验或者留验。

第八十二条 对来自霍乱疫区的或者染有霍乱嫌疑的交通工具，卫生检疫机关认为必要时，可以实施除虫、消毒；如果交通工具载有水产品、水果、蔬菜、饮料及其他食品，除装在密封容器内没有被污染外，未经卫生检疫机关许可，不准卸下，必要时可以实施卫生处理。

第八十三条 对来自霍乱疫区的水产品、水果、蔬菜、饮料以及装有这些制品的邮包，卫生检疫机关在查验时，为了判明是否被污染，可以抽样检验，必要时可以实施卫生处理。

第三节 黄 热 病

第八十四条 黄热病的潜伏期为6日。

第八十五条 来自黄热病疫区的人员，在入境时，必须向卫生检疫机关出示有效的黄热病预防接种证书。

对无有效的黄热病预防接种证书的人员，卫生检疫机关可以从该人员离开感染环境的时候算起，实施 6 日的留验，或者实施预防接种并留验到黄热病预防接种证书生效时为止。

第八十六条 航空器到达时载有黄热病病例，为染有黄热病。

第八十七条 来自黄热病疫区的航空器，应当出示在疫区起飞前的灭蚊证书；如果在到达时不出示灭蚊证书，或者卫生检疫机关认为出示的灭蚊证书不符合要求，并且在航空器上发现活蚊，为染有黄热病嫌疑。

第八十八条 船舶在到达时载有黄热病病例，或者在航行中曾经有黄热病病例发生，为染有黄热病。

船舶在到达时，如果离开黄热病疫区没有满 6 日，或者没有满 30 日并且在船上发现埃及伊蚊或者其他黄热病媒介，为染有黄热病嫌疑。

第八十九条 对染有黄热病的船舶、航空器，应当实施下列卫生处理：

（一）对染疫人实施隔离；

（二）对离船、离航空器又无有效的黄热病预防接种证书的员工、旅客，实施本细则第八十五条规定的卫生处理；

（三）彻底杀灭船舶、航空器上的埃及伊蚊及其虫卵、幼虫和其他黄热病媒介，并且在没有完成灭蚊以前限制该船与陆地和其他船舶的距离不少于 400 米；

（四）卸货应当在灭蚊以后进行，如果在灭蚊以前卸货，应当在卫生检疫机关监督下进行，并且采取预防措施，使卸货的工作人员免受感染，必要时，对卸货的工作人员，从卸货完毕时算起，实施 6 日的就地诊验或者留验。

第九十条 对染有黄热病嫌疑的船舶、航空器，应当实施本细则第八十九条第（二）至第（四）项规定的卫生处理。

第九十一条 对没有染疫的船舶、航空器，如果来自黄热病疫区，卫生检疫机关认为必要时，可以实施本细则第八十九条第（三）项规定的卫生处理。

第九十二条 对到达的时候载有黄热病病例的列车和其他车辆，或者来自黄热病疫区的列车和其他车辆，应当实施本细则第八十九条第（一）、第（四）项规定的卫生处理；对列车、车辆彻底杀灭成蚊及其虫卵、幼虫；对无有效黄热病预防接种证书的员工、旅客，应当实施本细则第八十五条规定的卫生处理。

第四节 就地诊验、留验和隔离

第九十三条 卫生检疫机关对受就地诊验的人员，应当发给就地诊验记录簿，必要的时候，可以在该人员出具履行就地诊验的保证书以后，再发给其就地诊验记录簿。

受就地诊验的人员应当携带就地诊验记录簿，按照卫生检疫机关指定的期间、地点，接受医学检查；如果就地诊验的结果没有染疫，就地诊验期满的时候，受就地诊验的人员应当将就地诊验记录簿退还卫生检疫机关。

第九十四条 卫生检疫机关应当将受就地诊验人员的情况，用最快的方法通知受就地诊验人员的旅行停留地的卫生检疫机关或者其他医疗卫生单位。

卫生检疫机关、医疗卫生单位遇有受就地诊验的人员请求医学检查时，应当视同急诊给予医学检查，并将检查结果在就地诊验记录簿上签注；如果发现其患检疫传染病或者监测传染病、疑似检疫传染病或者疑似监测传染病时，应当立即采取必要的卫生措施，将其就地诊验记录簿收回存查，并且报告当地卫生防疫机构和签发就地诊验记录簿的卫生检疫机关。

第九十五条 受留验的人员必须在卫生检疫机关指定的场所接受留验；但是有下列情形之一的，经卫生检疫机关同意，可以在船上留验：

（一）船长请求船员在船上留验的；

（二）旅客请求在船上留验，经船长同意，并且船上有船医和医疗、消毒设备的。

第九十六条 受留验的人员在留验期间如果出现检疫传染病的症状，卫生检疫机关应当立即对该人员实施隔离，对与其接触的其他受留验的人员，应当实施必要的卫生处理，并且从卫生处理完毕时算起，重新计算留验时间。

第九章 传染病监测

第九十七条 入境、出境的交通工具、人员、食品、饮用水和其他物品以及病媒昆虫、动物，均为传染病监测的对象。

第九十八条 传染病监测内容是：

（一）首发病例的个案调查；

（二）暴发流行的流行病学调查；

（三）传染源调查；

（四）国境口岸内监测传染病的回顾性调查；

（五）病原体的分离、鉴定，人群、有关动物血清学调查以及流行病学调查；

（六）有关动物、病媒昆虫、食品、饮用水和环境因素的调查；

（七）消毒、除鼠、除虫的效果观察与评价；

（八）国境口岸以及国内外监测传染病疫情的收集、整理、分析和传递；

（九）对监测对象开展健康检查和对监测传染病病人、疑似病人、密切接触人员的管理。

第九十九条 卫生检疫机关应当阻止患有严重精神病、传染性肺结核病或者有可能对公共卫生造成重大危害的其他传染病的外国人入境。

第一百条 受入境、出境检疫的人员，必须根据检疫医师的要求，如实填报健康申明卡，出示某种有效的传染病预防接种证书、健康证明或者其他有关证件。

第一百零一条 卫生检疫机关对国境口岸的涉外宾馆、饭店内居住的入境、出境人员及工作人员实施传染病监测，并区别情况采取必要的预防、控制措施。

对来自检疫传染病和监测传染病疫区的人员，检疫医师可以根据流行病学和医学检查结果，发给就诊方便卡。

卫生检疫机关、医疗卫生单位遇到持有就诊方便卡的人员请求医学检查时，应当视同急诊给予医学检查；如果发现其患检疫传染病或者监测传染病，疑似检疫传染病或者疑似监测传染病，应当立即实施必要的卫生措施，并且将情况报告当地卫生防疫机构和签发就诊方便卡的卫生检疫机关。

第一百零二条 凡申请出境居住1年以上的中国籍人员，必须持有卫生检疫机关签发的健康证明。中国公民出境、入境管理机关凭卫生检疫机关签发的健康证明办理出境手续。

凡在境外居住1年以上的中国籍人员，入境时必须向卫生检疫机关申报健康情况，并在入境后1个月内到就近的卫生检疫机关或者县级以上的医院进行健康检查。公安机关凭健康证明办理有关手续。健康证明的副本应当寄送到原入境口岸的卫生检疫机关备案。

国际通行交通工具上的中国籍员工，应当持有卫生检疫机关或者县级以上医院出具的健康证明。健康证明的项目、格式由海关总署统一规定，有效期为12个月。

第一百零三条 卫生检疫机关在国境口岸内设立传染病监测点时，有关单位应当给予协助并提供方便。

第十章　卫生监督

第一百零四条 卫生检疫机关依照《国境卫生检疫法》第十八条、第十九条规定的内容，对国境口岸和交通工具实施卫生监督。

第一百零五条 对国境口岸的卫生要求是：

（一）国境口岸和国境口岸内涉外的宾馆、生活服务单位以及候船、候车、候机厅（室）应当有健全的卫生制度和必要的卫生设施，并保持室内外环境整洁、通风良好；

（二）国境口岸有关部门应当采取切实可行的措施，控制啮齿动物、病媒昆虫，使其数量降低到不足为害的程度。仓库、货场必须具有防鼠设施；

（三）国境口岸的垃圾、废物、污水、粪便必须进行无害化处理，保持国境口岸环境整洁卫生。

第一百零六条 对交通工具的卫生要求是：

（一）交通工具上的宿舱、车厢必须保持清洁卫生，通风良好；

（二）交通工具上必须备有足够的消毒、除鼠、除虫药物及器械，并备有防鼠装置；

（三）交通工具上的货舱、行李舱、货车车厢在装货前或者卸货后应当进行彻底清扫，有毒物品和食品不得混装，防止污染；

（四）对不符合卫生要求的入境、出境交通工具，必须接受卫生检疫机关的督导立即进行改进。

第一百零七条 对饮用水、食品及从业人员的卫生要求是：

（一）国境口岸和交通工具上的食品、饮用水必须符合有关的卫生标准；

（二）国境口岸内的涉外宾馆，以及向入境、出境的交通工具提供饮食服务的部门，必须取得卫生检疫机关发放的卫生许可证；

（三）国境口岸内涉外的宾馆和入境、出境交通工具上的食品、饮用水从业人员应当持有有效健康证明。

第一百零八条 国境口岸有关单位和交通工具负责人应当遵守下列事项：

（一）遵守《国境卫生检疫法》和本细则及有关卫生法规的规定；

（二）接受卫生监督员的监督和检查，并为其工作提供方便；

（三）按照卫生监督员的建议，对国境口岸和交通工具的卫生状况及时采取改进措施。

第十一章　罚　　则

第一百零九条 《国境卫生检疫法》和本细则所规定的应当受

行政处罚的行为是指：

（一）应当受入境检疫的船舶，不悬挂检疫信号的；

（二）入境、出境的交通工具，在入境检疫之前或者在出境检疫之后，擅自上下人员，装卸行李、货物、邮包等物品的；

（三）拒绝接受检疫或者抵制卫生监督，拒不接受卫生处理的；

（四）伪造或者涂改检疫单、证、不如实申报疫情的；

（五）瞒报携带禁止进口的微生物、人体组织、生物制品、血液及其制品或者其他可能引起传染病传播的动物和物品的；

（六）未经检疫的入境、出境交通工具，擅自离开检疫地点，逃避查验的；

（七）隐瞒疫情或者伪造情节的；

（八）未经卫生检疫机关实施卫生处理，擅自排放压舱水，移下垃圾、污物等控制的物品的；

（九）未经卫生检疫机关实施卫生处理，擅自移运尸体、骸骨的；

（十）废旧物品、废旧交通工具，未向卫生检疫机关申报，未经卫生检疫机关实施卫生处理和签发卫生检疫证书而擅自入境、出境或者使用、拆卸的；

（十一）未经卫生检疫机关检查，从交通工具上移下传染病病人造成传染病传播危险的。

第一百一十条 具有本细则第一百零九条所列第（一）至第（五）项行为的，处以警告或者100元以上5000元以下的罚款；

具有本细则第一百零九条所列第（六）至第（九）项行为的，处以1000元以上1万元以下的罚款；

具有本细则第一百零九条所列第（十）、第（十一）项行为的，处以5000元以上3万元以下的罚款。

第一百一十一条 卫生检疫机关在收取罚款时，应当出具正式的罚款收据。罚款全部上交国库。

第十二章　附　　则

第一百一十二条　国境卫生检疫机关实施卫生检疫的收费标准，由海关总署会同国务院财政、物价部门共同制定。

第一百一十三条　本细则自发布之日起施行。

国境口岸传染病监测实施办法

（2025 年 3 月 20 日　海关总署、国家卫生健康委、国家疾控局公告 2025 年第 40 号）

第一章　总　　则

第一条　为有效防范和化解传染病跨境传播风险，建立跨境传播传染病监测制度，根据《中华人民共和国国境卫生检疫法》等法律、行政法规的规定，制定本办法。

第二条　“国境口岸传染病监测”是指开展全球传染病疫情信息监测，结合对进境出境的人员、交通运输工具，集装箱等运输设备、货物、行李、邮包及外包装（以下统称货物、物品）等实施检疫查验，进行传染病病原学、流行病学调查，系统持续地收集、核对和分析相关数据，对可能跨境传播的传染病的发生、流行及影响因素、发展趋势等进行评估，根据境外传染病疫情风险及时发布相关风险提示信息。

第三条　本办法适用于《中华人民共和国国境卫生检疫法》第三条规定的传染病，即检疫传染病、监测传染病和其他需要在口岸采取相应卫生检疫措施的新发传染病、突发原因不明的传染病。

第四条　海关总署会同国家疾控局，统筹规划全国国境口岸传染病监测工作。各地海关负责本辖区国境口岸传染病监测工作的组织实施，各地疾控部门依职责做好国境口岸传染病监测相关工作。

第五条 国境口岸传染病监测的内容有：

（一）全球传染病疫情信息的收集、整理和分析。

（二）对可能跨境传播本办法第三条规定的传染病风险的进境出境人员，开展流行病学调查、症状体征监测、病原学监测。

（三）重点国家、重点航线、重点口岸等的专项传染病监测。

第二章 监测管理

第六条 海关总署会同国家疾控局，制定国境口岸传染病监测规划和方案，依据各自职责指导各地海关、疾控部门开展国境口岸传染病监测工作。

第七条 海关总署在国际公共卫生合作框架下，完善传染病监测网络布局，加强对境外传染病疫情的监测，根据境外传染病监测情况，对境外传染病疫情风险进行评估，并及时发布相关风险提示信息。

第八条 各直属海关会同所在地疾控部门制定国境口岸传染病监测规划和工作方案，组织实施并进行监督管理。陆路边境口岸直属海关根据相关协议，组织开展跨境传染病联合监测工作。

各地海关根据本辖区国境口岸传染病监测情况，会同当地疾控部门，进行日常风险评估和专题风险评估等。

第九条 各有关单位、部门应当加强口岸传染病监测数据、信息的管理，属于保密范围的口岸传染病监测数据、资料、成果，应当按照国家有关保密的规定进行管理。

第三章 监测措施

第十条 对可能跨境传播本办法第三条规定的呼吸道传染病风险的进境出境人员，采取下列监测措施：

（一）流行病学调查：重点调查与相关病例及野生动物、禽鸟接触史等，途经国家和地区呼吸道传染病的流行情况。

（二）症状体征监测：重点关注发热、咳嗽、咳痰、流涕、呼吸困难、咽痛（特别是咽、喉部出现灰白色假膜）、皮疹等症状。

（三）病原学监测：对可疑病例采集口咽拭子，如疑似感染流感以外其他呼吸道传染病的，采集血液，并根据情况采集唾液、深部痰液、咽漱液、鼻咽拭子等，如可疑病例咽、喉部出现灰白色假膜，应当在假膜边缘蘸取标本，开展快速检测、实验室检测。

第十一条 对可能跨境传播本办法第三条规定的消化道传染病风险的进境出境人员，采取下列监测措施：

（一）流行病学调查：重点调查发病前 3 天可疑病例食用的食品、饮用水情况和密切接触人员发病情况等，初步判断发病时间、传播途径及传染源。

（二）症状体征监测：重点关注呕吐、腹泻、腹痛等特征性症状。

（三）病原学监测：对可疑病例采集肛拭子、粪便和呕吐物（如有）以及怀疑被污染的食品和饮用水，开展快速检测、实验室检测。

第十二条 对可能跨境传播本办法第三条规定的虫媒传播传染病风险的进境出境人员，采取下列监测措施：

（一）流行病学调查：重点调查蚊虫叮咬史、啮齿动物接触史等，途经国家和地区的主要虫媒传播传染病流行情况。

（二）症状体征监测：重点关注热度、热型、皮疹、肌肉关节痛等特征性症状。

（三）病原学监测：对可疑病例采集血液、唾液、尿液等生物样本，开展快速检测、实验室检测；对捕获的病媒生物开展鉴定，并送至实验室开展携带病原体检测。

第十三条 对可能跨境传播本办法第三条规定的接触传播传染病风险的进境出境人员，采取下列监测措施：

（一）流行病学调查：重点调查与相关病例接触史等，途经地区的主要接触传染病流行情况。

（二）症状体征监测：重点关注发热、淋巴结肿大、皮疹、出血等症状体征。

（三）病原学监测：对可疑病例采集血液、皮疹、疱液、痂皮等样本，开展快速检测、实验室检测。

第十四条 海关发现需要在口岸采取相应卫生检疫措施的新发传染病、突发原因不明的传染病时，参照本办法第十、十一、十二、十三条采取相关措施。

第四章 信息报告及通报

第十五条 海关总署、国务院卫生健康主管部门、国务院疾控部门依据职责及时互相通报传染病相关信息。

第十六条 各地海关发现本办法第三条规定的传染病，应当及时采取相应的控制措施，并向海关总署报告。

第十七条 各地海关、口岸所在地县级以上地方人民政府卫生健康部门和疾控部门发现本办法第三条规定的传染病，应当及时相互通报。

第十八条 任何单位和个人发现口岸或者进境出境的人员、交通运输工具、货物、物品等存在传播传染病风险的，应当及时向就近的海关或者口岸所在地疾控机构报告。

第五章 保障措施

第十九条 各相关单位和部门要认真落实本办法相关规定，加强组织领导，规范开展国境口岸传染病监测工作。

第二十条 各相关单位和部门按照工作部署，强化科技赋能，加强信息系统间数据互联互通，进一步提升国境口岸传染病监测工作信息化和智能化水平。

第二十一条 各相关单位和部门统筹加强人才培养和卫生检疫技术机构建设，持续提升传染病检测技术能力，加强关地联合检测、科研攻关合作，推进实验室检测技术和资源共享，为口岸传染病监测工作提供技术支撑。

第二十二条 各相关单位和部门要统筹做好国境口岸传染病监测经费保障工作，在年度预算内做好国境口岸传染病监测经费安排，保障工作顺利开展。

第二十三条 本办法自发布之日起施行。《国境口岸传染病监测试行办法》（一九八〇年六月十八日卫生部发布）同时废止。

附录二

本书所涉文件目录

法律

2024 年 11 月 8 日　中华人民共和国学前教育法
2024 年 4 月 26 日　中华人民共和国未成年人保护法
2024 年 4 月 26 日　中华人民共和国生物安全法
2023 年 12 月 29 日　中华人民共和国刑法
2022 年 12 月 30 日　中华人民共和国野生动物保护法
2021 年 10 月 23 日　中华人民共和国陆地国界法
2021 年 8 月 20 日　中华人民共和国个人信息保护法
2021 年 8 月 20 日　中华人民共和国医师法
2021 年 4 月 29 日　中华人民共和国食品安全法
2020 年 5 月 28 日　中华人民共和国民法典
2020 年 4 月 29 日　中华人民共和国固体废物污染环境防治法
2019 年 12 月 28 日　中华人民共和国基本医疗卫生与健康促进法
2019 年 8 月 26 日　中华人民共和国药品管理法
2019 年 6 月 29 日　中华人民共和国疫苗管理法
2018 年 12 月 29 日　中华人民共和国社会保险法
2017 年 11 月 4 日　中华人民共和国母婴保健法
2016 年 12 月 25 日　中华人民共和国中医药法
2015 年 4 月 24 日　中华人民共和国就业促进法

行政法规及文件

2025 年 4 月 13 日　快递暂行条例
2025 年 3 月 15 日　国务院办公厅关于提升中药质量促进中医药产业高质量发展的意见

2024 年 12 月 6 日	病原微生物实验室生物安全管理条例
2023 年 12 月 25 日	国务院办公厅关于推动疾病预防控制事业高质量发展的指导意见
2019 年 3 月 2 日	中华人民共和国国境口岸卫生监督办法
2019 年 3 月 2 日	国际航行船舶进出中华人民共和国口岸检查办法
2019 年 3 月 2 日	中华人民共和国国境卫生检疫法实施细则
2018 年 7 月 31 日	医疗纠纷预防和处理条例
2011 年 1 月 8 日	突发公共卫生事件应急条例
1998 年 11 月 28 日	国内交通卫生检疫条例

部门规章及文件

2025 年 4 月 25 日	边境旅游管理办法
2025 年 3 月 31 日	国家疾控局综合司关于组织开展 2025 年全国儿童预防接种日宣传活动的通知
2025 年 3 月 20 日	国境口岸传染病监测实施办法
2025 年 2 月 17 日	中华人民共和国海关进出境行李物品监管办法
2024 年 12 月 30 日	关于公布监测传染病目录的公告
2024 年 12 月 30 日	关于公布检疫传染病目录的公告
2024 年 11 月 13 日	国际航行船舶出入境检验检疫管理办法
2024 年 11 月 13 日	海南出入境游艇检疫管理办法
2024 年 11 月 13 日	出入境邮轮检疫管理办法
2024 年 7 月 15 日	关于加强和改进全国鼠疫防控工作的指导意见
2023 年 10 月 11 日	医疗机构传染病防控责任清单
2020 年 3 月 13 日	关于进一步加强国境卫生检疫工作依法惩治妨害国境卫生检疫违法犯罪的意见

图书在版编目（CIP）数据

传染病防治法、国境卫生检疫法一本通 / 法规应用研究中心编. -- 北京 : 中国法治出版社, 2025. 5.
(法律一本通). -- ISBN 978-7-5216-5294-9

Ⅰ. D922. 16

中国国家版本馆 CIP 数据核字第 2025L8M400 号

责任编辑：李若瑶　　　封面设计：杨泽江

传染病防治法、国境卫生检疫法一本通

CHUANRANBING FANGZHIFA、GUOJING WEISHENG JIANYIFA YIBENTONG

编者/法规应用研究中心

经销/新华书店

印刷/保定市中画美凯印刷有限公司

开本/880 毫米×1230 毫米　32 开　　　印张/ 9. 75　字数/ 240 千

版次/2025 年 5 月第 1 版　　　2025 年 5 月第 1 次印刷

中国法治出版社出版

书号 ISBN 978-7-5216-5294-9　　　定价：35. 00 元

北京市西城区西便门西里甲 16 号西便门办公区

邮政编码：100053　　　传真：010-63141600

网址：http：//www. zgfzs. com　　　**编辑部电话：010-63141833**

市场营销部电话：010-63141612　　　**印务部电话：010-63141606**

（如有印装质量问题，请与本社印务部联系。）

法律一本通丛书·第十版

1. 民法典一本通
2. 刑法一本通
3. 行政许可法、行政处罚法、行政强制法一本通
4. 土地管理法一本通
5. 农村土地承包法一本通
6. 道路交通安全法一本通
7. 劳动法一本通
8. 劳动合同法一本通
9. 公司法一本通
10. 安全生产法一本通
11. 税法一本通
12. 产品质量法、食品安全法、消费者权益保护法一本通
13. 公务员法一本通
14. 商标法、专利法、著作权法一本通
15. 民事诉讼法一本通
16. 刑事诉讼法一本通
17. 行政复议法、行政诉讼法一本通
18. 社会保险法一本通
19. 行政处罚法一本通
20. 环境保护法一本通
21. 网络安全法、数据安全法、个人信息保护法一本通
22. 监察法、监察官法、监察法实施条例一本通
23. 法律援助法一本通
24. 家庭教育促进法、未成年人保护法、预防未成年人犯罪法一本通
25. 工会法一本通
26. 反电信网络诈骗法一本通
27. 劳动争议调解仲裁法一本通
28. 劳动法、劳动合同法、劳动争议调解仲裁法一本通
29. 保险法一本通
30. 妇女权益保障法一本通
31. 治安管理处罚法一本通
32. 农产品质量安全法一本通
33. 企业破产法一本通
34. 反间谍法一本通
35. 民法典：总则编一本通
36. 民法典：物权编一本通
37. 民法典：合同编一本通
38. 民法典：人格权编一本通
39. 民法典：婚姻家庭编一本通
40. 民法典：继承编一本通
41. 民法典：侵权责任编一本通
42. 文物保护法一本通
43. 反洗钱法一本通
44. 学前教育法、未成年人保护法、教育法一本通
45. 能源法一本通
46. 各级人民代表大会常务委员会监督法、全国人民代表大会和地方各级人民代表大会选举法、全国人民代表大会和地方各级人民代表大会代表法一本通
47. 矿产资源法一本通
48. 未成年人保护法、妇女权益保障法、老年人权益保障法一本通

……